元 脫脫等撰

宋史

第一二册

卷一六一至卷一七二（志）

中華書局

宋史卷一百六十一

志第一百一十四

職官一

三師　三公　宰執　門下省　中書省　尚書省

昔武王克商，史臣紀其成功，有曰：「列爵惟五，分土惟三，建官惟賢，位事惟能。」後世曰爵，曰官，曰職，分而任之，其原蓋始乎此。然周初之制已不可考。周公作六典，自天官冢宰而下，小大高下，各帥其屬以任其事，未聞建官而不任以事，位事而不命以官者；至於列爵分土，此封建諸侯之制也，亦未聞以爵以土，如後世虛稱以備恩數者也。秦、漢及魏、晉、南北朝，官制沿革不常，不可殫舉。後周復周禮六典官稱，而參用秦、漢。隋文帝廢周禮之制，惟用近代之法。唐承隋制，至天授中，始有試官之格，又有員外之置，尋為檢校、試、攝、判、知之名。其初立法之意，未嘗不善。蓋欲以名器事功甄別能否，又使不肖者絕年勞序遷之覬覦。而世戚勳舊之家，寵之以祿，而不責以猷爲。其居位任事者，不限資格，使得自竭其所長，以爲治效。且黜陟進退之際，權歸於上，而有司若不得預。殊不知名實混殽，品秩貿亂之弊，亦起於是矣。

宋承唐制，抑又甚焉。三師、三公不常置，宰相不專任三省長官，尚書、門下並列于外，又別置中書禁中，是爲政事堂，與樞密對掌大政。天下財賦，內庭諸司，中外筦庫，悉隸三司。中書省但掌册文、覆奏、考帳；門下省主乘輿八寶，朝會板位，流外考較，諸司附奏挾名而已。臺、省、寺、監，官無定員，無專職，悉皆出入分涖庶務。故三省、六曹、二十四司，類以他官主判，雖有正官，非別敕不治本司事，事之所寄，十亡二三。故中書令、侍中、尚書令不預朝政，侍郎、給事不領省職，諫議無言責，起居不記注；中書常闕舍人，門下罕除常侍，司諫、正言非特旨供職亦不任諫諍。至於僕射、尚書、丞、郎、員外，居其官不知其職者，十常八九。其官人受授之別，則有官、有職、有差遣。官以寓祿秩、敍位著，職以待文學之選，而別爲差遣以治內外之事。其次又有階、有勳、有爵。故仕人以登臺閣、升禁從爲顯宦，而不以官之遲速爲榮滯；以差遣要劇爲貴途，而不以階、勳、爵邑有無爲輕重。時人語曰：「寧登瀛，不爲卿；寧抱槧，不爲監。」虛名不足以砥礪天下若此。外官，則懲五代藩鎮專恣，頗用文臣知州，復設通判以貳之。階官未行之先，州縣守令，多帶中朝職事官外補；階官既行之後，或帶或否，視是爲優劣。

大凡一品以下，謂之「文武官」；未常參者，謂之「京官」；樞密、宣徽、三司使副、學士、諸司而下，謂之「內職」；殿前都校以下，謂之「軍職」。外官則有親民、釐務二等，而監軍、巡警亦比親民。此其槪也。故自眞宗、仁宗以來，議者多以正名爲請。咸平中，楊億首言：「文昌會府，有名無實，宜復其舊。」既而言者相繼，乞復二十四司之制。至和中，吳育亦言：「尙書省天下之大有司，而廢爲閑所，當漸復之。」然朝論異同，未遑釐正。神宗卽位，慨然欲更其制。熙寧末，始命館閣校唐六典。元豐三年，以摹本賜羣臣，乃置局中書，命翰林學士張璪等詳定。八月，下詔肇新官制，省、臺、寺、監領空名者一切罷去，而易之以階。九月，詳定所上寄祿格。會明堂禮成，近臣遷秩卽用新制，而省、臺、寺、監之官，各還所職矣。五年，省、臺、寺、監法成。六年，尙書新省成，帝親臨幸，召六曹長貳以下，詢以職事，因誡敕焉。初，新階尙少，而轉行者易以混雜〔一〕。及元祐初，於朝議大夫六階以上始分左右。既又以流品無別，乃詔寄祿官悉分左右，詞人爲左，餘人爲右。紹聖中罷之。崇寧初，以議者有請，自承直至將仕郎，凡換選人七階。大觀初，又增宣奉至奉直大夫四階。政和末，自從政至迪功郎，又改選人三階，於是文階始備。而武階亦詔易以新名：正使爲大夫，副使爲郎，而橫班十二階使、副亦然。故有郎居大夫之上者。繼以新名未具，增置宣正履正大夫、郎，凡十階，通爲橫班，而文武官制益加詳矣。

大抵自元祐以後，漸更元豐之制：二府不分班奏事，樞密加置簽書，戶部則不令右曹專典常平而總於其長，起居郎、舍人則通記起居而不分言動，館職則增置校勘黃本。凡此，皆與元豐稍異也。其後蔡京當國，率意自用。然動以繼志爲言，首更開封守臣爲尹、牧，由是府分六曹，縣分六案。又內侍省職，悉倣機廷之號。已而修六尚局，建三衞郎，又更兩省之長爲左輔、右弼，易端揆之稱爲太宰、少宰。是時員既濫冗，名且紊雜。甚者走馬承受，升擁使華；黃冠道流，亦濫朝品。元豐之制，至此大壞。及宣和末，王黼用事，方且追咎元祐紛更，乃請設局，以修官制格目爲正名，亦何補矣。

建炎中興，參酌潤色，因呂頤浩之請，左右僕射並同中書門下平章事，兩省侍郎改爲參知政事，三省之政合乎一。乾道八年，又改左右僕射爲左右丞相，删去三省長官虛稱，道揆之名遂定。然維時多艱，政尙權宜。御營置使，國用置使，修政局置提舉，軍馬置都督，並以宰相兼之。總制司理財，同都督、督視理兵，並以執政兼之。因事創名，殊非經久。惟樞密本兵，與中書對掌機務，號東、西二府，命宰相兼知院事。建炎四年，實用慶曆故典。其後，兵興則兼樞密使，兵罷則免；至開禧初，始以宰臣兼樞密爲永制。

當多事時，諸部或長貳不並置，或併郎曹使相兼之，惟吏部、戶部不省不併。兵休稍稍增置。其後，詔非曾任監司、守臣，不除郎官，著爲令。又增館閣員，廣環衞官。然紹興務行元祐故事，以「左右」二字分別流品，其後，以人言省去，寧清濁相溷，無絕人遷善之路。橫班以郎居大夫之上，既釐而正之矣，而介胄之士與縉紳同稱，寧名號未正，毋示人以好武之機。陳傅良欲定史官遷次之序，衆論韙之，而未及行。洪邁欲改三衙軍官稱謂，當時嘉之，卒未暇講。考古之制，量今之宜，蓋自元祐以逮政和，已未嘗拘乎元豐之舊；中興若稽成憲，二者並行而不悖。故凡大而分政任事之臣，微而筦庫監局之官，沿襲不革者，皆先後所同便也。或始創而終罷，或欲革而猶因，則有各當其可者焉。類而書之，先後互見，作職官志。以至稟給、傔從，雖微必錄，並從舊述云。

三師　三公　宋承唐制，以太師、太傅、太保爲三師，太尉、司徒、司空爲三公，爲宰相、親王使相加官，其特拜者不預政事，皆赴上於尚書省。凡除授，則自司徒遷太保，自太傅遷太尉；檢校官亦如之。太尉舊在三師下，由唐至宋加重，遂以太尉居太傅之上。若宰臣官至僕射致仕者，以在位久近，或已任司空、司徒，則拜太尉、太傅等官。若太師則爲異數，自趙普以開國元勳，文彥博以累朝耆德，方特拜焉。雖太傅王旦、司徒呂夷簡各任宰相二十年，止以太尉致仕。

熙寧二年，富弼除守司空兼侍中、平章事，辭司空、侍中。三年，曾公亮除守司空、檢校太師兼侍中，以兩朝定策之功辭相位也。六年，文彥博除守司徒兼侍中。九年，彥博除守太保兼侍中，辭太保。元豐三年，以曹佾檢校太師、守司徒兼中書令。九月，詔檢校官除三公、三師外並罷。又以文彥博落兼侍中，除守太尉，富弼守司徒，皆錄定策之功也。六年，彥博守太師致仕。八年，王安石守司空，曹佾守太保。元祐元年，文彥博落致仕，太師、平章軍國重事，呂公著守司空、同平章軍國重事。崇寧三年，蔡京授司空，行尙書左僕射。大觀元年，京爲太尉；二年，爲太師。政和二年，京落致仕，依前太師，三日一至都堂治事。九月，詔：「以太師、太傅、太保，古三公之官，今爲三師，古無此稱，合依三代爲三公，爲眞相之任。司徒、司空，周六卿之官，太尉，秦主兵之任，皆非三公，並宜罷之。仍考周制，立三孤少師、少傅、少保，亦稱三少，爲三次相之任。」至是，京始以三公任眞相。

三公自國初以來，未嘗備官。獨宣和末，三公至十八人，三少不計也。太師三人：蔡京、童貫、鄭紳；太傅四人：王黼、燕王俁、越王偲、鄆王楷；太保十一人：蔡攸、肅王樞至儀王樸。渡江後，秦檜爲太師，張俊、韓世忠爲太傅，劉光世爲太保。乾道初，楊沂中、吳璘並爲太傅。紹熙初，史浩爲太師，嗣秀王爲太保。自紹熙後，三公未嘗備官。其後，韓侂胄、史彌遠、賈似道專政，皆至太師焉。

宰相之職　佐天子，總百官，平庶政，事無不統。宋承唐制，以同平章事爲眞相之任，無常員；有二人，則分日知印。以丞、郎〔三〕以上至三師爲之。其上相爲昭文館大學士、監修國史，其次爲集賢殿大學士。或置三相，則昭文、集賢二學士併監修國史，各除。唐以來，三大館皆宰臣兼，故仍其制。國初，范質昭文學士，王溥監修國史，魏仁浦集賢學士，此爲三相例也。神宗新官制，於三省置侍中、中書令、尚書令，以官高不除人，而以尚書令之貳左、右僕射爲宰相。左僕射兼門下侍郎，以行侍中之職；右僕射兼中書侍郎，以行中書令之職。政和中，改左、右僕射爲太宰、少宰，仍兼兩省侍郎。靖康中，復改爲左、右僕射。

建炎三年，呂頤浩請參酌三省之制，左、右僕射並加同中書門下平章事，門下、中書二侍郎並改爲參知政事，廢尚書左、右丞。從之。乾道八年，詔尚書左、右僕射可依漢制改爲左、右丞相。詳定敕令所言：「近承詔旨，改左、右僕射爲左、右丞相，令删去侍中、中書、尚書令，以左、右丞相充。緣舊左、右僕射非三省長官，故爲從一品。今左、右丞相係充侍中、中書、尙書令之位，卽合爲正一品。」從之。丞相官以太中大夫以上充。

平章軍國重事　元祐中置，以文彥博太師、呂公著守司空相繼爲之，序宰臣上。所以處老臣碩德，特命以寵之也。故或稱「平章軍國重事」，或稱「同平章軍國事」。五日或兩日一朝，非朝日不至都堂。其後，蔡京、王黼以太師總三省事，三日一朝，赴都堂治事。開禧元年，韓侂胄拜平章，討論典禮，乃以「平章軍國事」爲名。蓋省「重」字則所預者廣〔三〕，去「同」字則所任者專。邊事起，乃命一日一朝，省印亦歸其第，宰相不復知印。其後，賈似道專權，竊位日久，尊寵日隆，位皆在丞相上。

使相　親王、樞密使、留守、節度使兼侍中、中書令、同平章事者，皆謂之使相。不預政事，不書敕，惟宣敕除授者，敕尾存其銜而已。乾德二年，范質等三相皆罷，以趙普同平章事，李崇矩樞密使。命下，無宰相書敕，使問翰林陶穀。穀謂：「自昔輔相未嘗虛位。惟唐太和中甘露事，數日無宰相，時左僕射令狐楚等奉行制書。今尙書亦南省長官，可以書敕。」竇儀曰：「穀之所陳，非承平令典。今皇弟開封尹、同平章事，卽宰相之任也，可書敕。」

從之。

參知政事　掌副宰相，毗大政，參庶務。乾德二年置，以樞密直學士薛居正、兵部侍郎呂餘慶並本官參知政事。先是，已命趙普爲相，欲置之副，而難其名稱。以問翰林學士陶穀曰：「下宰相一等有何官？」對曰：「唐有參知機務、參知政事。」故以命之。仍令不押班，不知印，不升政事堂，殿廷別設磚位，敕尾著銜降宰相，月奉雜給半之，未欲與普齊也。開寶六年，始詔居正、餘慶於都堂與宰相同議政事。至道元年，詔宰相與參政輪班知印，同升政事堂。押敕齊銜，行則並馬，自寇準始，以後不易。

元豐新官制，廢參知政事，置門下、中書二侍郎，尚書左、右丞以代其任。建炎三年，復以門下、中書侍郎爲參知政事，而省左、右丞。乾道八年，改左、右僕射爲左、右丞相，其參知政事如故，以中大夫以上充，常除二員或一員。嘉泰三年，始除三員。故事，丞相謁告，參預不得進擬。惟丞相未除，則輪日當筆，然多不踰年，少僅旬月。淳熙初，葉衡罷相，龔茂良行相事近三年，亦創見也。

門下省　受天下之成事，審命令，駁正違失，受發通進奏狀，進請寶印。凡中書省畫黃、錄黃，樞密院錄白、畫旨，則留爲底。及尙書省六部所上有法式事，皆奏覆審駁之。給事中讀，侍郎省，侍中審，進入被旨畫聞，則授之尙書省、樞密院。卽有舛誤應舉駁者，大則論列，小則改正。凡文書自內降者，著之籍。章奏至，則受而通進，俟頒降，分送所隸官司。凡吏部擬六品以下職事官，則給事中校其仕歷、功狀，侍郎、侍中引驗審察，非其人則論奏。凡遷改爵秩、加敍勳封、四選擬注奏鈔之事，有舛誤，退送尙書省。覆刑部大理寺所斷獄，審其輕重枉直，不當罪，則以法駁正之。

國初循舊制，以中書門下平章事爲宰相之職，復用兩制官一員，判門下省事。官制行，始釐正焉。凡官十有一：侍中、侍郎、左散騎常侍各一人，給事中四人，左諫議大夫、起居郎、左司諫、左正言各一人。先是，中書人吏分掌五房：曰孔目房、吏房、戶房、兵禮房、刑房；又有主事、勾銷二房。至是，釐中書爲三省，分兵與禮爲六房，各因其省之事而增益之。門下凡分房十：曰吏房，曰戶房，曰禮房，曰兵房，曰刑房，曰工房，皆視其房之名，而主行尙書省六曹二十四司所上之事；曰開拆房，曰章奏房，曰制敕庫房，亦皆視其名，而受遺文書、表狀，與供閱敕令格式、擬官爵封勳之類，惟班簿、本省雜務則歸吏房。吏四十有九：錄事、主事各三人，令史六人，書令史十有八人，守當官十有九人。而外省吏十有九人：令史一人，書令史二人，守當官六人，守闕守當官十人。元豐八年，以門下、中書外省爲後省，門下外省復置催驅房。元祐三年，詔吏部注通判，赴門下引驗；應省、臺、寺、監諸司人吏四分減一。復置點檢房。四年，又別立吏額。紹聖三年，守闕守當官，門下、中書省各以百人，尚書省百五十人爲額。四年，三省吏員並依元豐七年額。

侍中　掌佐天子議大政，審中外出納之事。大祭祀則版奏中嚴外辦，導輿輅，詔升降之節；皇帝齋則請就齋室。大朝會則承旨宣制、告成禮，祭祀亦如之。册后則奉寶以授司徒。國朝以秩高罕除。自建隆至熙寧，眞拜侍中纔五人，雖有用他官兼領，而實不任其事。官制行，以左僕射兼門下侍郎行侍中職，別置侍郎以佐之。南渡後，置左、右丞相，省侍中不置。

侍郎　掌貳侍中之職，省中外出納之事。大祭祀則前導輿輅，詔進止。大朝賀則授表以奏祥瑞。册后則奉節及寶位。與知樞密院、同知樞密院、中書侍郎、尚書左右丞爲執政官。南渡後，復置參知政事，省門下侍郎不置。

左散騎常侍　左諫議大夫　左司諫　左正言　同掌規諫諷諭。凡朝政闕失，大臣至百官任非其人，三省至百司事有違失，皆得諫正。國初雖置諫院，知院官凡六人，以司諫、正言充職；而他官領者，謂之知諫院。正言、司諫亦有領他職而不預諫諍者。官制行，始皆正名。

元豐八年，諫議大夫孫覺言：「據官制格目，諫官之職，凡發令舉事，有不便於時，不合於道，大則廷議，小則上封。若賢良之遺滯於下，忠孝之不聞於上，則以事狀論薦，乞依此以修舉職事。」八月，門下省言：「諫議大夫、司諫、正言合通爲一。」詔並從之。十月，詔倣六典置諫官員。元祐元年二月，詔諫官雖不同省，許二人同上殿。後又從司諫虞策之請，如獨員，許與臺官同對。九月，左、右正言久闕，侍御史王巖叟言：「國家倣近古之制，諫官六員，方之先王，已自爲少，望詔補足，無令久空職。」十月，司諫王覿言：「自今中書舍人闕，勿以諫官兼權。」從之。十一月，巖叟又言：「近降聖旨，兩省諫官各令出入異戶，勿與給事中、中書舍人通。實欲限隔諫官，不使在政事之地，恐知本末，數論列爾。」尋詔諫官直舍仍舊。八年，詔執政親戚不除諫官。建中靖國元年，言者謂諫官論事，惟憑詢訪，而百司之事，六曹所報外，皆不得其詳。遂詔諫官案許關臺察。

給事中　四人，分治六房，掌讀中外出納，及判後省之事。若政令有失當，除授非其人，則論奏而駁正之。凡章奏，日錄目以進，考其稽違而糾治之。故事，詔旨皆付銀臺司封駁。官制行，給事中始正其職，而封駁司歸門下。

元豐五年五月，詔給事中許書畫黃，不書草，著爲令。六月，給事中陸佃言：「三省、密院文字，已讀者尙令封駁，慮失之重複。」詔罷封駁房。六年，詔駁正事赴執政稟議。七年，有旨，舉駁事，依中書舍人封還詞頭例。既而令稟議如初，給事中韓忠彥言：「給、舍職位頗均，一則不稟白而聽封還，一則許舉駁而先稟議，於理未允。且朝廷之事執政所行，職當封駁則已與執政異，自當求決於上，尙何稟議之有？」詔從之。紹聖四年，葉祖洽言：「兩省置給、舍，使之互察。今中書舍人兼權封駁，則給事中之職遂廢。」詔特旨書讀不迴避，餘互書判。元符三年，翰林學士曾肇言：「門下之職，所以駁正中書違失。近日給事封駁中書錄黃，乃令舍人書讀行下，隳壞官制，有損治體。願正紀綱，爲天下後世法。」重和元年〔四〕，給事中張叔夜言：「凡命令之出，中書宣奉，門下審讀，然後付尙書頒行，而密院被旨者，亦錄付門下，此神宗官制也。今急速文字，不經三省，而諸房以空黃先次書讀，則審讀殆成虛設矣，乞立法禁。」從之。

凡分案五：曰上案，主寶禮及朝會所行事；曰下案，主受發文書；曰封駁案，主封駁及試吏，校其功過；曰諫官案，主關報文書；曰記注案，主錄起居注。其雜務則所分案掌焉。紹興以後，止除二人或一人。

起居郎　一人，掌記天子言動。御殿則侍立，行幸則從，大朝會則與起居舍人對立於殿下螭首之側。凡朝廷命令赦宥、禮樂法度損益因革、賞罰勸懲、羣臣進對、文武臣除授及祭祀宴享、臨幸引見之事，四時氣候、四方符瑞、戶口增減、州縣廢置，皆書以授著作官。

國朝舊置起居院，命三館校理以上修起居注。熙寧四年，詔諫官兼修注者，因後殿侍立，許奏事。元豐二年，兼修注王存乞復起居郎、舍人之職，使得盡聞明天子德音，退而書之。神宗亦謂：「人臣奏對有頗僻讒慝者，若左右有史官書之，則無所肆其奸矣。」然未果行。故事，左、右史雖日侍立，而欲奏事，必稟中書俟旨。存因對及之。八月，迺詔雖不兼諫職，許直前奏事。蓋存發之也。官制行，改修注爲郎、舍人。六年，詔左、右史分記言動；元祐元年，仍詔不分。七年，詔邇英閣講讀罷，有留身奏事者，許侍立。紹聖元年，中丞黃履言：「所奏或干機密，難令旁立，仍依先朝故事。」先是，御後殿則左、右史分日侍立；崇寧三年，詔如前殿之儀，更不分日。大觀元年，詔事有足以勸善懲惡者，雖秩卑亦書之。

紹興二十八年，用起居郎洪遵言，起居郎、舍人自今後許依講讀官奏事。隆興元年，用起居郎兼侍講胡銓言，前殿依後殿輪左、右史侍立。

符寶郎　二人，掌外廷符寶之事。禁中別有內符寶郎。官制行，未嘗除。大觀初，八寶成，詔依唐六典增置。靖康罷之。

通進司　隸給事中，掌受三省、樞密院、六曹、寺監百司奏牘，文武近臣表疏及章奏房所領天下章奏案牘，具事目進呈，而頒布於中外。

進奏院　隸給事中，掌受詔敕及三省、樞密院宣劄，六曹、寺監百司符牒，頒于諸路。凡章奏至，則具事目上門下省。若案牘及申稟文書，則分納諸官司。凡奏牘違戾法式者，貼說以進。

熙寧四年，詔：「應朝廷擢用材能、賞功罰罪事可懲勸者，中書檢正、樞密院檢詳官月以事狀錄付院，謄報天下。」元祐初，罷之。紹聖元年，詔如熙寧舊條。靖康元年二月詔：「諸道監司、帥守文字，應邊防機密急切事，許進奏院直赴通進司投進。」

舊制，通進、銀臺司，知司官二人，兩制以上充。通進司，掌受銀臺司所領天下章奏案牘，及閤門在京百司奏牘、文武近臣表疏，以進御，然後頒布于外。銀臺司，掌受天下奏狀案牘，抄錄其目進御，發付勾檢，糾其違失而督其淹緩。發敕司，掌受中書、樞密院宣敕，著籍以頒下之。

登聞檢院，隸諫議大夫；登聞鼓院，隸司諫、正言　掌受文武官及士民章奏表疏。凡言朝政得失、公私利害、軍期機密、陳乞恩賞、理雪冤濫，及奇方異術、改換文資、改正過名，無例通進者，先經鼓院進狀；或爲所抑，則詣檢院。並置局于闕門之前。

中興後，檢、鼓、糧、審計〔五〕、官告、進奏，謂之六院。例以京官知縣有政績者充；亦有自郡守除者，繼卽除郎。恩數略視職事官，而不入雜壓。紹興十一年，胡汝明以料院除監察御史，遂遷侍御史。乾道後，相繼入臺者數人，六院彌重，爲察官之儲。淳熙初，班寺監丞之上。紹熙二年〔六〕，詔六院官復入雜壓，在九寺簿之下，六院各隨所隸。

中書省　掌進擬庶務，宣奉命令，行臺諫章疏、羣臣奏請興創改革，及中外無法式事應取旨事。凡除省、臺、寺、監長貳以下，及侍從、職事官，外任監司、節鎭、知州軍、通判，武臣遙郡橫行以上除授，皆掌之。

凡命令之體有七〔七〕：曰册書，立后妃，封親王、皇子、大長公主，拜三師、三公、三省長官，則用之。曰制書，處分軍國大事，頒赦宥德音，命尚書左右僕射、開府儀同三司、節度使，凡告廷除授，則用之。曰誥命，應文武官遷改職秩、內外命婦除授及封敍、贈典，應合命詞，則用之。曰詔書，賜待制、大卿監、中大夫、觀察使以上，則用之。曰敕書，賜少卿監、中散大夫、防禦使以下，則用之。曰御札，布告登封、郊祀、宗祀及大號令，則用之。曰敕牓，賜酺及戒勵百官、曉諭軍民，則用之。皆承制畫旨以授門下省。令宣之，侍郎奉之，舍人行之。留其所得旨爲底：大事奏稟得旨者爲「畫黃」，小事擬進得旨者爲「錄黃」。凡事干因革損益，而非法式所載者，論定而上之。諸司傳宣、特旨，承報審覆，然後行下。

設官十有一：令、侍郎、右散騎常侍各一人，舍人四人，右諫議大夫、起居舍人、右司諫、右正言各一人。

分房八：曰吏房，曰戶房，曰兵禮房，曰刑房，曰工房，曰主事房，曰班簿房，曰制敕庫房。元祐以後，析兵、禮爲二，增催驅、點檢，分房十有一，後又改主事房爲開拆。凡吏房，掌行除授、考察、升黜、賞罰、廢置、薦舉、假故、一時差官文書。曰戶房，掌行廢置升降郡縣、調發邊防軍須、給貸錢物。曰禮房，掌行郊祀陵廟典禮、后妃皇子公主大臣封册、科舉考官、外夷書詔。曰兵房，掌行除授諸蕃國王爵、官封。曰刑房，掌行赦宥及貶降、敍復。曰工房，掌行營造計度及河防修閉。凡尚書省所上奏請、臺諫〔八〕所陳章疏、內外臣僚官司申請無法式應取旨者，六房各視其名而行之。曰主事房，掌行受發文書。曰班簿房，掌百官名籍具員。曰制敕庫房，掌編錄供檢敕、令、格、式及架閣庫。曰催驅房，督趣稽違。曰點檢房，省察差失。吏四十有五：錄事三人，主事四人，令史七人，書令史十有四人，守當官十有七人。而外省吏十有九人：令史一人，書令史二人，守當官六人，守闕守當官十人。

元豐八年，詔待制以上磨勘，本省進擬。元祐三年，詔應除授從中批付中書省者，並三省行。紹聖五年，詔臣僚上殿箚子，中書省進呈取旨；其承受傳宣、內降，非有司所可行者，申中書省或樞密院奏審。

令　掌佐天子議大政，授所行命令而宣之。祀大神祇則升壇，享宗廟則升阼階而相其禮。臨軒册命則讀册。建儲則升殿宣制，持册及璽綬以授太子。大朝會則詣御坐前奏方鎭表及祥瑞。國朝未嘗眞拜，以他官兼領者不預政事，然止曹佾一人，餘皆贈官。官制行，以右僕射兼中書侍郎行令之職，別置侍郎以佐之。中興後，置左、右丞相，省令不置。

侍郎　掌貳令之職，參議大政，授所宣詔旨而奉之。凡大朝會則押表及祥瑞案。臨軒册命則押册引案，以所奏文及册書授令。四夷來朝則奏其表疏，以贄幣付有司。南渡後，復置參知政事，省中書侍郎不置。

舍人　四人，舊六人。掌行命令爲制詞，分治六房，隨房當制，事有失當及除授非其人，則論奏封還詞頭。國初，爲所遷官，實不任職，復置知制誥及直舍人院，主行詞命，與學士對掌內外制。凡有除拜，中書吏赴院納詞頭。其大除拜，亦有宰相召舍人面授詞頭者。若大誥命，中書幷敕進入，從中而下，餘則發敕官受而出之。及修官制，遂以實正名，而判後省之事。分案五：曰上案，掌册禮及朝會所行事；曰下案，掌受付文書；曰制誥案，掌書錄制詞及試吏，校其功過；曰諫官案，掌受諸司關報文書；曰記注案，掌錄記注。其雜務則隨所分案掌之。

元豐六年，詔中書省置點檢房，令舍人通領。元祐元年，詔舍人各簽諸房文字，其命詞則輪日分草。九月，詔時暫闕官，依門下、尚書省例，送本省官兼權。紹聖四年，蹇序辰請自今命詞，以元行遺文書同檢送當制舍人〔九〕。從之。建炎後同，他官兼攝者則稱權舍人，資淺者爲直舍人院。

起居舍人　一人，掌同門下省起居郎。侍立修注官，元豐前，以起居郎、舍人寄祿〔10〕，而更命他官領其事，謂之同修起居注。官制行，以郎、舍人爲職任。淳熙十五年，羅點自戶部員外郎爲起居舍人，避其祖諱，乃以爲太常少卿兼侍立修注官。其後兩史或闕而用資淺者，則降旨以某人權侍立修注官。

右散騎常侍　右諫議大夫　右司諫　右正言　與門下省同，但左屬門下，右屬中書，皆附兩省班籍，通謂之兩省官。元豐旣新官制，職事官未有不經除授者，惟御史大夫、左右散騎常侍，始終未嘗一除人。蓋兩官爲臺諫之長，無有啓之者。中興初，詔諫院不隸兩省。紹興二年，詔並依舊赴三省元置局處。淳熙十五年，用林栗言，置左右補闕、拾遺，專任諫正，不任糾劾之事。踰年減罷。法司令史、書令史、守當官各一人，守闕守當官三人，乾道六年減二人。

檢正官　五房各一人，掌糾正省務。熙寧三年置，以京朝官充，選人卽爲習學公事。官制行，罷之，而其職歸左右司。建炎三年，中書門下省言：「軍興以來，天下多事，中書別無屬官。元豐以前，有檢正官，後因置左右司，遂不差，致朝廷及應報四方行移稽留，無檢舉催促。今欲差官兩員充中書門下省檢正諸房公事。內一員檢正吏、禮、兵房，一員檢正戶、刑、工房。」從之。至次年，詔並罷。紹興二年，詔中書門下省復置檢正官一員。

建炎三年指揮，中書門下省併爲一。中書省錄事、主事、令史、書令史、守當官共四十三人；門下省錄事、主事、令史、書令史、守當官共四十六人，依祖額以八十九人爲額。守闕守當官兩省各一百人，共存留一百五十人，中書省六分，門下省四分。

尚書省

掌施行制命，舉省內綱紀程式，受付六曹文書，聽內外辭訴，奏御史失職，考百官庶府之治否，以詔廢置、賞罰。曰吏部，曰戶部，曰禮部，曰兵部，曰刑部，曰工部，皆隸焉。凡天下之務，六曹所不能與奪者，總決之；應取裁者，隨所隸送中書省、樞密院。事有成法，則六曹準式具鈔，令、僕射、丞檢察簽書，送門下省畫聞。審察吏部注擬文武官及封爵承襲、賜勳定賞之事。朝廷有疑事，則集百官議其可否。凡更改申明敕令格式、一司條法，則議定以奏覆，太常、考功謚議亦如之。季終，具賞罰勸懲事付進奏院，頒行于天下。大祭祀則誓戒執事官〔二〕。

設官九：尙書令、左右僕射、左右丞、左右司郎中、員外郎各一人。分房十：曰吏房，曰戶房，曰禮房，曰兵房，曰刑房，曰工房，各視其名而行六曹諸司所上之事；曰開拆房，主受遣文書；曰都知雜房，主行進制敕目、班簿具員，考察都事以下功過遷補；曰催驅房，主考督文牘稽違；曰制敕庫房，主編檢敕、令、格、式，簡納架閣文書。置吏六十有四：都事三人，主事六人，令史十有四人，書令史三十有五人，守當官六人。元豐四年，詔尙書都省及六曹，各輪郎官一員宿直。五年，詔得旨行下並用箚子。紹聖元年，詔在京官司所受傳宣、內降，隨事申尙書省或樞密院覆奏。二月〔三〕，詔尙書都省彈奏六察御史，糾不當者。

令　掌佐天子議大政，奉所出命令而行之。其屬有六曹，凡庶務皆會而決之。凡官府之紀綱程式，無不總焉。大事三省通議，則同執政官合班；小事尙書省獨議，則同僕射、丞分班論奏。若事由中書、門下而有失當應奏者，亦如之。與三師、三公、侍中、中書令俱以册拜。自建隆以來不除，惟親王元佐、元儼以使相兼領，不與政事。政和二年，詔：「尙書令，太宗皇帝曾任，今宰相之官已多，不須置。」然是時說者以謂爲令者唐太宗也，熙陵未嘗任此，蓋時相蔡京不學之過。宣和七年，詔復置令，亦虛設其名，無有除者。南渡後，並省不置。

左僕射　右僕射　掌佐天子議大政，貳令之職，與三省長官皆爲宰相之任。大祭祀則掌百官之誓戒，視滌濯告潔，贊玉幣爵玷之事。自官制行，不置侍中、中書令，以左僕射兼門下侍郎，右僕射兼中書侍郎，行侍中、中書令職事。政和中，詔曰：「昔我神考，訓迪厥官，有司不能奉承，仰惟前代以僕臣之賤，充宰相之任，可改左僕射爲太宰，右僕射爲少宰。」靖康元年，詔依元豐舊制，復爲左、右僕射。南渡後，置左、右丞相，省僕射不置。

左丞　右丞　掌參議大政，通治省事，以貳令、僕射之職。僕射輪日當筆，遇假故，則以丞權當筆、知印。大祭祀酌獻，薦饌進熟，則受爵酒以授僕射。舊班六曹尚書下，官制行，升其秩爲執政。元豐五年五月，詔左右僕射、丞合治省事。是月，御史言：「左、右丞蒲宗孟王安禮於都堂下馬，違法犯分。」安禮爭論帝前，神宗是之。今左、右丞於都堂上下馬，自此始。南渡後，復置參知政事，省左、右丞不置。

左司郎中　右司郎中　左司員外郎　右司員外郎　各一人，掌受付六曹之事〔三〕，而舉正文書之稽失，分治省事：左司治吏、戶、禮、奏鈔、班簿房，右司治兵、刑、工、案鈔房，而開拆、制敕、御史、元豐六年，都司置御史房，主行彈糾御史案察失職。催驅、封樁、印房〔四〕，則通治之，有稽滯，則以期限舉催。初，於都司置吏設案，而議者謂臺郎宰掾不當自爲官司〔五〕。遂隨省房分治所領之事，惟置手分、書奏各四人，主行校定省吏都事以下功過及遷補之事。

元豐七年，都司御史房置簿，以書御史、六曹官糾察之多寡當否爲殿最，歲終取旨升黜。紹聖元年，詔都司以歲終點檢六曹稽違最多者，具郎官姓名上省取旨。二年，詔御史臺察六曹稽緩違失者，送左司籍記。宣和二年，左司員外郎王蕃奏：「都司以彌綸省闥爲職，事無不預。今宰、丞入省，諸房文字塡委，次第呈覆，自朝至于日中，或昏暮僅絕，其勢不暇一一檢閱細故，而省吏徑稟宰、丞請筆，以草檢令承從官齎赴郎官廳落日押字。」謂「宜遵守元豐及崇寧舊法，諸房各具簽帖，先都事自點檢，次郎官押訖，赴宰、丞請筆行下。」於是詔曰：「先帝肇正三省，詔給舍、都司以贊省務。今都司寖以曠官，緣省吏強悍，敢肆侵侮。自今違法事，其左右司官、尙書具事舉劾。」

建炎三年，詔減左、右司郎官兩員，置中書門下省檢正諸房公事二員。至次年，檢正省罷，其左、右司郎官依舊四員。紹興三十二年，詔尚書省吏房、兵房，三省、樞密院機速房，尚書省刑房、戶房、工房，三省、樞密院看詳賞功房，尚書省禮房，令左、右司郎官四員從上分房書擬。隆興元年，詔左、右司郎官各差一員。乾道六年，詔榷貨務都茶場依建炎三年指揮，委都司官提領措置。乾道七年，復添置右司郎官二人〔一六〕。

榷貨務都茶場都司提領。

提轄官一員，京朝官充。監場官二員，京選通差。掌鹺、茗、香、礬鈔引之政令，以通商賈、佐國用。舊制，置務以通榷易。建炎中興，又置都茶場，給賣茶引，隨行在所榷貨務置場。雖分兩司，而提轄官、監官並通銜管幹。外置建康、鎮江務場，並冠以行在爲名，以都司提領，不係戶部經費。建康、鎮江續分隸總領所。開禧初，以總領所侵用儲積錢，令徑隸提領所。乾道七年，提領所置幹辦官一員。

右提轄官與雜買務雜賣場、文思院、左藏東西庫提轄，並稱四轄。外補則爲州，內遷則爲寺、監丞簿，亦有徑爲雜監司，或入三館。乾道間，榷務王霆除市舶，左藏王揖〔一七〕除坑冶鑄錢司，淳熙間，熊克自文思除校書郎。紹熙以後，往往更遷六院官，或出爲添倅，有先後輕重之異焉。

左藏封樁庫都司提領。

監官一員，監門官一員。淳熙九年，以都司提領。初創，非奉親與軍須不支。後或撥入內庫，或以供宮廷諸費，亦以備振恤之用。

提舉修敕令　自熙寧初，編修三司令式，命宰臣王安石提舉，是後，皆以宰執爲之。詳定官，以侍從之通法令者充，舊制二員；宣和中，增至七員；靖康初，減爲三員。刪定官，無常員。先是，嘗別修一司敕命。大觀三年，詔六曹刪定官併入詳定一司敕令所，爲一局。

制置三司條例司　掌經畫邦計，議變舊法以通天下之利。熙寧二年置，以知樞密院陳升之、參知政事王安石爲之，而蘇轍、程顥等亦皆爲屬官。未幾，升之相，乃言：「條例者有司事爾，非宰相之職，宜罷之。」帝欲併歸中書，安石請以樞密副使韓絳代升之焉。三年，判大名府韓琦言：「條例司雖大臣所領，然止是定奪之所。今不關中書而徑自行下，則是中書之外又有一中書也。」五月，罷歸中書。

三司會計司　熙寧七年，置於中書，以宰相韓絳提舉。先是，絳言總天下財賦，而無考較盈虛之法，乃置是司。既而事多濡滯，八年，絳坐此罷相，局亦尋廢。

編修條例司　熙寧初置。八年，罷。

經撫房　專治邊事。宣和四年，宰臣王黼主伐燕之議〔八〕，置于三省，不復以關樞密院。六年，罷。

提舉講議司　崇寧元年七月，詔如熙寧條例司故事，都省置講議司。以宰相蔡京提舉，侍從爲詳定官，卿監爲參詳官；又置檢討官，凡宗室、冗官、國用、商旅、鹽鐵、賦調、尹牧，每一事各三人主之。時又分武備一房，別爲樞密院講議司。三年三月，知樞密院事蔡卞奏罷。三年四月結局。宣和六年，又於尚書省置講議司。十二月，命太師致仕蔡京兼領，聽就私第裁處，仍免簽書。

議禮局〔九〕　大觀元年，詔於尚書省置，以執政兼領；詳議官二員，以兩制充。應凡禮制本末，皆議定取旨。政和三年，五禮儀注〔一〇〕成，罷局。

禮制局　討論古今宮室、車服、器用、冠昏、喪祭沿革制度。政和二年，置於編類御筆所，有詳議、同詳議官〔三〕，宣和二年，詔與大晟府製造所協聲律官並罷。

校勘記

〔一〕而轉行者易以混雜　「混雜」二字原脫，文義未完，通考卷四七職官考作「轉行者易以混雜」，據補。

〔二〕丞郎　原作「承郎」，據宋會要職官一之一六、通考卷四九職官考改。

〔三〕省重字則所預者廣　「字」原作「事」。按朝野雜記乙集卷一三平章軍國事條「蓋侂胄繫銜，比申公（按卽呂公著）省『同』字，則其體尤尊；比潞公（按卽文彥博）省『重』字，則所與者廣。」據改。

〔四〕重和元年　古今合璧事類備要（以下簡稱合璧事類）後集卷二〇、通考卷五〇職官考都作「宣和元年」。疑「重和」爲「宣和」之誤。

〔五〕審計　原作「審官」，按朝野雜記甲集卷一〇六院官條，六院官爲「檢、鼓、糧料、審計、官告、進奏」；通考卷六〇職官考所記六院，也是有審計而無審官。據改。

〔六〕紹熙二年　「二」原作「五」，據本書卷三六光宗紀及續宋編年通鑑卷一一改。

〔七〕凡命令之體有七　「體」原作「禮」，據文義和通考卷五一職官考改。

〔八〕臺諫　「諫」上原缺一字，據上文中書省職掌「行臺諫章疏」句和宋會要職官三之五補。

〔九〕當制舍人　原作「兩制舍人」，據宋會要職官三之一六、長編卷四八七改。

〔一〇〕寄祿　原作「寄錄」，據上文和朝野雜記乙集卷一三侍立修注官條改。

〔一一〕大祭祀則誓戒執事官　「誓戒」原作「謍戒」，據宋會要職官四之四、通考卷五一職官考、職官分紀卷八改。下文「左僕射、右僕射」條之「誓戒」同。

〔一二〕二月　承上文此指紹聖元年二月。據長編卷三二一、宋會要職官四之六，此二月下所記之事都繫於元豐四年十二月。

〔一三〕掌受付六曹之事　「付」字原脫，據宋會要職官四之一九、通考卷五一職官考補。

〔一四〕印房　宋會要職官四之一九、合璧事類後集卷一八「印」上都有「知雜」二字。

〔一五〕臺郎宰掾不當自爲官司　「掾」原作「椽」，「自」原作「目」。據宋會要職官四之一九、通考卷五一職官考改。

〔一六〕復添置右司郎官二人　「二」當作「一」。宋會要職官四之二五作：「復置右司郎官一員。」合璧事類後集卷一八隆興元年：「詔左、右司郎官各差一員。」又說：「後以右司掌刑房，任事爲劇，乃置二員。」則此處添置者實只一人。

〔一七〕王揖　宋會要職官四三之一六七、宋史全文卷二五及通考卷六〇職官考都作「王楫」。

〔一八〕王黼主伐燕之議　「伐」原作「代」。按本書卷四七〇王黼傳說，王黼力主攻燕，「於三省置經撫房，專治邊事，不關之樞密。」「代」字顯爲「伐」字之誤，據改。

〔一九〕議禮局　原作「儀禮局」，據本書卷二〇徽宗紀、宋會要職官五之二一改。

〔二〇〕五禮儀注　「儀注」原作「議注」。按傳本政和五禮新儀卷首、宋會要職官五之二二都說：「議禮局新修五禮儀注宜以政和五禮新儀爲名。」據改。

〔二一〕同詳議官　「同」原作「司」，據宋會要職官五之二三改。長編紀事本末卷一三四也有「同詳議官」的名稱。

宋史卷一百六十二

志第一百一十五

職官二

樞密院　宣徽院　三司使　翰林學士院　侍讀侍講　崇政殿說書
諸殿學士　諸閣學士　諸修撰直閣　東宮官　王府官

樞密院　掌軍國機務、兵防、邊備、戎馬之政令，出納密命，以佐邦治。凡侍衞諸班直、內外禁兵招募、閱試、遷補、屯戍、賞罰之事，皆掌之。以升揀、廢置揭帖兵籍；有調發更戍，則遣使給降兵符。除授內侍省官及武選官，將領路分都監、緣邊都巡檢使以上。大事則稟奏，其付授者用宣；小事則擬進，其付授者用劄。先具所得旨，關門下省審覆。面得旨者爲錄白，批奏得畫者爲畫旨，並留爲底。惟以白紙錄送，皆候報施行。其被御寶批旨者，卽送門下省繳覆。應給誥者，關中書省命詞。卽事干大計，造作、支移軍器，及除都副承旨、三衙管軍、三路沿邊帥臣、太僕寺官，文臣換右職，仍同三省取旨。

宋初，循唐、五代之制，置樞密院，與中書對持文武二柄，號爲「二府」。院在中書之北，印有「東院」、「西院」之文，共爲一院，但行東院印。而職事條目頗多。神宗初政，迺省其務之細者歸之有司，而增置審官西院，專領閤門祗候以上至諸司使差遣。官制行，隨事分隸六曹，專以本兵爲職，而國信、民兵、牧馬總領，仍舊隸焉。舊分四房，曰兵，曰吏，曰戶，曰禮，至是釐正，凡分房十；其後，又增支馬、小吏二房。

凡房十有二：曰北面房，掌行河北、河東路吏卒，北界邊防、國信事。曰河西房，掌行陝西路、麟府豐嵐石隰州、保德軍吏卒，西界邊防、蕃官。曰支差房，掌行調發軍，湖北路邊防及京東、京西、江、淮、廣南東路吏卒，遷補殿侍，選親事官。曰在京房，掌行殿前步軍司事，支移兵器，川陝路邊防及畿內、福建路吏卒，軍頭、皇城司衞兵。曰教閱房，掌行中外校習，封樁闕額請給，催督驛遞及湖南路邊防。曰廣西房，掌行招軍捕盜賞罰，廣南西路邊防及兩浙路吏卒。而禁軍轉員，則各隨其房之所領兵額治之。曰兵籍房，掌行諸路將官差發禁兵、選補衞軍文書。曰民兵房，掌行三路保甲、弓箭手。曰吏房，掌行差將領武臣知州軍、路分都監以上及差內侍官文書。曰知雜房，掌行雜務。曰支馬房，掌行內外馬政幷坊院監牧吏卒、牧馬、租課。曰小吏房，掌行兩省內臣磨勘功過敍用，大使臣已上歷任事狀及校尉以上改轉遷遣。吏三十有八：逐房副承旨三人，主事五人，守闕主事二人，令史十三人，書令史十五人。元祐既創支馬、小吏二房，增令史爲十四人，書令史十九人，創正名貼房十八人。大觀增逐房副承旨爲五人，創守闕書令史三人，增正名二十八人。

中書、密院既稱二府，每朝奏事，與中書先後上殿。慶曆中，二邊用兵，知制誥富弼建言，邊事係國安危，不當專委樞密。仁宗以爲然，卽詔中書同議。諫官張方平亦言中書宜知兵事，乃以宰相呂夷簡、章得象並兼樞密使。熙寧初，滕甫言：「中書、密院議邊事，多不合。趙明與西人戰，中書賞功，而密院降約束；郭逵修堡柵，密院方詰之，而中書以下褒詔。願大臣凡戰守、除帥，議同而後下。」神宗善之。元祐四年，知樞密院安燾以母憂去職，樞密院官偶獨員。諫議大夫梁燾、司諫劉安世言：「國朝革五代之弊，文武二柄，未嘗專付一人，乞依故事命大臣兼領。」靖康元年，知樞密院事李綱言：「在祖宗之時，樞密掌兵籍、虎符，三衙管諸軍，率臣主兵柄，各有分守，所以維持軍政，萬世不易之法。自童貫以領樞密院事爲宣撫使，既主兵權，又掌兵籍、虎符，今日不可不戒。乞將團結到勤王正兵並付制置使，行營司兵付三衙。」從之。

樞密使　知院事　同知院事　樞密副使　簽書院事　同簽書院事　樞密使、知院事，佐天子執兵政，而同知、副使、簽書爲之貳。凡邊防軍旅之常務，與三省分班稟奏；事干國體，則宰相、執政官合奏；大祭祀則迭爲獻官。

國初，官無定制，有使則置副，有知院則置同知院，資淺則用直學士簽書院事。熙寧元年，文彥博、呂公弼爲使，韓維、邵亢爲副使。時陳升之三至樞府，神宗欲稍異其禮，乃以爲知院事。於是知院與使、副並置〔一〕。元豐五年，將改官制，議者欲廢密院歸兵部。帝曰：「祖宗不以兵柄歸有司，故專命官以統之，互相維制，何可廢也？」於是得不廢。帝又以樞密聯職輔弼，非出使之官，乃定置知院、同知院二人，使、副悉罷。元祐初，復置簽書院事，仍以樞密直學士充。同簽書樞密院事，治平末，以殿前都虞候郭逵爲之，又以逵判渭州。帝初即位，中丞王陶、御史呂景等皆言之。逵歸，改除宣徽南院使、知鄆州，自是不復置。政和六年，以內侍童貫權簽書樞密院河西、北面房事。七年，貫宣撫陝西、河東北三路，帶同簽書樞密院。既而詔元豐官制即無同簽書樞密院事，改爲權領樞密院。然簽書院事，元豐亦未嘗置。宣和元年，詔童貫領樞密院事，後復以鄭居中爲之。

建炎初，置御營司，以宰相爲之使。四年，罷，以其事歸樞密院機速房，命宰相范宗尹兼知樞密院。紹興七年詔：「樞密，本兵之地，事權宜重。可依故事置樞密使，以宰相張浚兼之。」又詔立班序立依宰相例。其後或兼或否。至開禧，以宰臣兼使，遂爲永制。使與知院，同知、副使，亦或並除，其簽書、同簽書並爲端明殿學士，恩數特依執政；或以武臣爲之，亦異典也。

都承旨　副都承旨　掌承宣旨命，通領院務。若便殿侍立，閱試禁衞兵校，則隨事敷奏，承所得旨以授有司；蕃國入見亦如之。檢察主事以下功過及遷補之事。都承旨，舊用院吏遞遷。熙寧三年，始以東上閤門使李評爲之，又以皇城使李綬爲之副，更用士人〔二〕自評、綬始。是月，詔都承旨、副都承旨見樞密使、副如閤門使禮〔三〕。五年，以同修起居注曾孝寬兼都承旨，參用儒臣自孝寬始。元豐四年，客省使張誠一爲都承旨。都承旨復用武臣，自誠一始。元祐初，復以文臣爲都承旨。其後以待制充。元符三年，王師約爲都承旨，左司諫陳瓘言：「神考以文臣爲都承旨，其副則參求外戚武臣之可用者。今師約未歷邊任，擢置樞屬掾文臣之位，甚非神考設官之意。」至崇寧以後，專用武臣。

建炎四年，高宗在會稽，以武臣辛道宗爲都承旨，頗用事。紹興元年，道宗旣免，乃詔依元祐職制，都承旨以兩制爲之。如未曾任侍從之人，即依權侍郎法，又或加學士、待制、修撰貼職。乾道初，再用武臣，自張說始。淳熙九年，都承旨復用士人，自蕭燧始。副都承旨文武通除。

檢詳官　熙寧四年置，視中書檢正官。元豐初，定以三員；及改官制，罷之〔四〕。建炎三年，復置檢詳兩員，敍位在左右司之下。紹興二年減一員。

計議官　四員。建炎四年，罷御營使司，併歸樞密院爲機速房。隨司減罷屬官，置幹辦官四員，詔並改爲計議官。至紹興十一年減罷。

編修官　隨事置，無定員，以本院官兼者，不入銜〔五〕。熙寧三年，以王存、顧臨等同編修經武要略，兼刪定諸房例册。初擬都、副承旨提舉，神宗謂存等皆館職，不欲令承旨提舉，詔改爲管幹。紹聖四年，編修刑部、軍馬司事，令都、副承旨兼領。政和七年，編修北邊條例，又別置詳覆官。

講議司　崇寧元年，以尙書省講議武備房歸樞密院置，以知院蔡卞提舉。三年，卞奏武備本院諸房可行，不必專局，乃罷之。紹興置編修官二員。

監三省、樞密院門　舊係差小使臣及內侍官充。嘉定六年，詔以曾經作縣、通判資序人充。小使臣省罷，內侍官改以三省、樞密院門機察官繫銜。

主管三省、樞密院架閣文字　一員，嘉定八年置，以選人、京朝官通差。

三省、樞密院激賞庫　三省、樞密院激賞酒庫　監官各二人。初以武臣，嘉泰末，始易以選人。二庫並因紹興用兵，創以備邊；後兵罷，專以備堂、東兩廚應干宰執支遣。若朝廷軍期急速錢物金帶，以備激犒；諸軍將帥告命綾紙，以備科撥調遣等用；省院府吏胥之給，亦取具焉。

御營使　提舉修政局　制國用使　都督諸路軍馬　中興多以宰相兼領兵政、財用之事，而執政同預焉。因事創名，未久旋罷，可以不書；以其關宰相設施，因記其名稱本末附見焉。

建炎元年，置御營司，以宰相爲之使，仍以執政官兼副使。其屬有參贊軍事，以侍從官兼；提舉一行事務，以大將兼。其將佐有都統制及五軍統制以下官。初以總齊行在軍中之政。三年，詔御營使司止管行在五軍營砦事務，其餘應干邊防措置等事，釐正歸三省、樞密院。四年，詔自今宰相兼知樞密院事，罷御營使。時臣僚言：「宰相之職，無所不統。本朝沿五代之制，政事分爲兩府，兵權付於樞密，比年又置御營使，是政出於三也。請罷御營司，以兵權付之密院，而以宰相兼知，庶幾可以漸議兵政。」故罷使及官屬，以其事歸密院，爲機速房。至紹興二十九年九月，詔：「祖宗舊制，樞密院卽無機速房，合行減罷。」紹興三十一年，金主亮來攻，帝將臨江視師。其冬，以和義郡王楊存中爲御營宿衞使，兵罷復免。明年，孝宗卽位，又以御營使命之。然但自名一司，掌殿前忠勇等軍，非復建炎之比，未幾而罷。存中非宰執，附見于此。

紹興二年，詔置修政局，令百官條具修車馬、備器械，命右相秦檜提舉，參知政事同領之。其下有參詳官一人，侍從爲之；參議官二人，檢討官四人，卿、郎爲之；如講議司故事。三月而罷局。

乾道二年，詔：「理財之要，裕財爲重，自今宰相可帶兼制國用使，參政可同知國用事。」先是，臣僚言：「近以宰相兼樞密使，蓋欲使宰相知兵也。宰相今雖知兵，而財谷出入之原，宰相猶未知也。望法李唐之制，委宰相兼領三司使職事，財谷出納之大綱，宰相領之於上，而戶部治其凡。」故有是命。五年二月，罷國用司。八年，詔：「官制已定，丞相事無不統，所有國用一司，與參知政事並不兼帶。」嘉泰四年，詔遵孝宗典故，宰相兼國用使，參知政事同知國用事，仍於侍從、卿監中擇二人充屬官。右丞相陳自強兼國用使〔六〕，參知政事兼知樞密院事費士寅、參知政事張巖兼同知國用事。以兵部侍郎薛叔似兼參計官，太府卿陳景思同參計官。先是，臣僚言：「今日財計，非錢穀不足可憂，而滲漏日滋之爲可慮者。周家以冢宰制國用，而唐亦以宰相兼領度支，是知財賦國家之大計，其出入之數有餘、不足，爲大臣者皆所當知，庶可節以制度，關防欺隱。宜略倣祖宗遺意，命大臣兼提領天下財賦。」從之。陳自強罷，亦廢。

紹興五年，制以左通議大夫、尚書左僕射、同中書門下平章事兼知樞密院事趙鼎，左政奉大夫、尚書右僕射〔七〕、同中書門下平章事兼知樞密院事張浚都督諸路軍馬。未幾，浚暫往江上措置邊防，至七年秋廢罷。其餘宰臣、執政開府于外者，別載于篇。

編修敕令所　提舉宰相兼。　同提舉執政兼。　詳定侍從官兼。　刪定官就職事官內差兼。

掌裒集詔旨，纂類成書。紹興十二年罷。乾道六年，復置詳定一司敕令所〔八〕，以右丞相虞允文提舉，參知政事梁克家同提舉。淳熙十五年省罷，紹熙二年復置局。慶元二年，復置提舉，以右丞相余端禮兼，同提舉以參知政事京鏜兼，仍以編修敕令所爲名。

宣徽院　宣徽南院使　北院使　掌總領內諸司及三班內侍之籍，郊祀、朝會、宴饗供帳之儀，應內外進奉，悉檢視其名物。舊制，以檢校爲使，或領節度及兩使留後，闕，則樞密副使一人兼領二使，亦有兼樞密副使、簽書樞密院者。南院資望比北院頗優，然皆通掌，止用南院印，二使共院而各設廳事。其吏史則有都勾押官、勾押官各一人，前行三人，後行十二人，分掌四案：一曰兵案，二曰騎案，主賜羣臣新史，及掌諸司使至崇班、內侍供奉官、諸司工匠兵卒之名籍，及三班而下遷補、假故、鞫劾之事。三曰倉案，掌春秋及聖節大宴、節度使迎授恩賜、上元張燈、四時祠祭及契丹朝貢、內廷學士赴上，並督其供帳，內外進奉視其名物，教坊伶人歲給衣帶，專其奏覆。四曰胄案。掌郊祀、御殿、朝謁聖容、賜酺、國忌供帳之事，諸司使副、三班使臣別籍分產，司其條制，頒諸司工匠休假之口〔九〕。故事，與參知政事、樞密副使、同知樞密院事以先後入敍位。熙寧四年，詔位參政、樞副、同知下，著爲令。九年，詔：「今後遇以職事侍殿上，或中書、樞密院合班問聖體，及非次慶賀，並特序二府班。」官制行，罷宣徽院，以職事分隸省、寺，而使號猶存。

初，吏部尚書王拱辰治平中知大名府，神宗卽位，拜太子少保；明年，檢校太傅，改宣徽北院使，尋還南院，立班序位視簽樞。元豐六年，拱辰除武安軍節度使，再任，自此遂罷使名不復除。獨太子少師張方平許依舊領南院使致仕。哲宗卽位，始遷太子太保而罷使名。元祐三年，復置南、北院使，儀品恩數如舊制。六年，以馮京爲南院使，而方平亦復使名。中書舍人韓川言：「祖宗設此官，禮均二府，以待勳舊，未嘗帶以致仕。且宣徽，武官也；宮保，文官也，不宜混幷。」不聽。方平亦固辭不拜。七年，馮京亦以使致仕。紹聖三年，議者言官名雖復，而無所治之事，乃罷之。南渡以後，不復再置。

三司使　使　副使　判官　鹽鐵使　度支使　戶部使　三部副使　三部判官

三司之職，國初沿五代之制，置使以總國計，應四方貢賦之入，朝廷不預，一歸三司。通管鹽鐵、度支、戶部，號曰計省，位亞執政，目爲計相。其恩數廩祿，與參、樞同。太平興國八年，分置三使。淳化四年，復置使一員，總領三部。又分天下爲十道：曰河南，河東，關西，劍南，淮南，江南東、西，兩浙，廣南。在京東曰左計，京西曰右計〔一〇〕，置使二員分掌。俄又置總計使判左、右計事，左、右計使判十道事，凡干涉計度者，三使通議之。五年，罷十道左右計使，復置三部使。咸平六年，罷三部使，復置三司一員。闕正使，則以給、諫以上權使事。

使　一人，以兩省五品以上及知制誥、雜學士、學士充。亦有輔臣罷政出外，召還充使者。使闕，則有權使事；又闕，則有權發遣公事。掌邦國財用之大計，總鹽鐵、度支、戶部之事，以經天下財賦而均其出入焉。凡奏事及大事悉置案，奏牒常事止署案。太平興國初，以賈琰爲三司副使，七年，以侯陟、王明同判三司，遂省副使。鹽鐵，掌天下山澤之貨，關市、河渠、軍器之事，以資邦國之用。度支，掌天下財賦之數，每歲均其有無，制其出入，以計邦國之用。戶部，掌天下戶口、稅賦之籍，榷酒、工作、衣儲之事，以供邦國之用。

副使　以員外郞以上歷三路轉運及六路發運使充。

判官　以朝官以上曾歷諸路轉運使、提點刑獄充。

三部副使　各一人，通簽逐部之事。舊以員外郞以上充。端拱初，省。淳化三年復置，又省。至道初，又置。眞宗卽位，副使遷官，遂罷之。咸平六年復置。

三部判官　各三人，分掌逐案之事。舊以朝官充。國初承舊制，每部判官一人。乾德四年，三部各置推官一人。太平興國三年，諸案置推官或巡官，以朝官充。四年，三司止置判官一人，推官三人。及分十道，二計各置判官一人。五年，廢十道，三部各置判官二人。三部各有孔目官一人，都勾押官一人，勾覆官四人。

鹽鐵分掌七案：一曰兵案，掌衙司軍將、大將、四排岸司兵卒之名籍，及庫務月帳，吉凶儀制，官吏宿直，諸州衙吏、胥吏之遷補，本司官吏功過，三部胥吏之名帳及刑獄，造船、捕盜、亡逃絕戶資產、禁錢。景德二年，併度支案爲刑案。二曰冑案，掌修護河渠、給造軍器之名物，及軍器作坊、弓弩院諸務諸季料籍。三曰商稅案，四曰都鹽案，五曰茶案，六曰鐵案，掌金、銀、銅、鐵、朱砂、白礬、綠礬、石炭、錫、鼓鑄。七曰設案。掌旬設、節料、齋錢、餐錢、羊豕、米麵、薪炭、陶器等物。

度支分掌八案：一曰賞給案，掌諸給賜、賻贈例物、口食、內外春冬衣、時服、綾、羅、紗、縠、綿、布、鞋、席、紙、染料，市舶、權物務〔一〕、三府公吏。二曰錢帛案，掌軍中春冬衣、百官奉祿、左藏錢帛、香藥榷易。三曰糧料案，掌三軍糧料、諸州芻粟給受、諸軍校口食、御河漕運、商人飛錢。四曰常平案，掌諸州平糴。大中祥符七年，置主吏七人。五曰發運案，掌汴河廣濟蔡河漕運、橋梁、折斛、三稅。六曰騎案，掌諸坊監院務飼養牛羊、馬畜及市馬等。七曰斛斗案，掌兩京倉廩廥積，計度東京糧料，百官祿粟廚料。八曰百官案。掌京朝幕職官奉料、祠祭禮物、諸州驛料。

戶部分掌五案：一曰戶稅案，掌夏稅。二曰上供案，掌諸州上供錢帛。三曰修造案，掌京城工作及陶瓦八作、排岸作坊、諸庫簿帳，勾校諸州營壘、官廨、橋梁、竹木、簰筏。四曰麴案，掌榷酤、官麴〔二〕。五曰衣糧案。掌勾校百官諸軍諸司奉料、春冬衣、祿粟、茶、鹽、鞵、醬、傔糧等。三部諸案，並與本部都孔目官以下分掌。

三部勾院判官各一人，以朝官充。掌勾稽天下所申三部金穀百物出納帳籍，以察其差殊而關防之。鹽鐵院、度支院、戶部院勾覆官各一人。

都磨勘司，端拱九年置。判司官一人，以朝官充。掌覆勾三部帳籍，以驗出入之數。

都主轄支收司，淳化三年置。判司官〔三〕以判磨勘司官兼。掌官物已支未除之數，候至所受之處，附籍報所由司而對除之。天下上供物至京，即日奏之，納畢，取其鈔以還本州。

拘收司，咸平四年置。以判磨勘司兼掌。凡支收財利未結絕者，籍其名件而督之。

都理欠司，雍熙二年，三部各置理欠，有勾簿司，景德四年廢。判司官一人，以朝官充。掌理在京及天下欠負官物之籍，皆立限以促之。

都憑由司，以判都理欠司官兼，掌在京官物支破之事。凡部支官物，皆覆視無虛謬，則印署而還之，支訖，復據數送勾而銷破之。

開拆司，判司官一人，以朝官充。掌受宣敕及諸州申牒之籍，發放以付三部，兼掌發放、勾鑿、催驅、受事。

發放司，掌受三司帖牒而下之。太平興國年中置。

勾鑿司，掌勾校三部公事簿帳。

催驅司，掌督京城諸司庫務末帳，京畿倉場庫務月帳憑由送勾，及三部支訖內外奉祿之事。

受事司，掌諸處解送諸色名籍，以發付三部。

衙司管轄官二人，以判開拆司官及內侍都知、押班充。掌大將、軍將名籍，第其勞而均其役使。

勾當公事官二員，以朝官充。掌分左右廂檢計、定奪、點檢、覆驗、估剝之事。

三司推勘公事一人，以京朝官充。掌推劾諸部公事。

勾當諸司、馬步軍糧料院官各一人，以京朝官充。掌文武官諸司、諸軍給受奉料，批書券曆，諸倉庫案驗而稟賦之。

勾當馬步軍專勾司官一人，以京朝官充。舊以三班。掌諸軍兵馬逃亡收併之籍，諸司庫務給受之數，審校其欺詐，批曆以送糧料院。

以上並屬三司使。元豐官制行，罷三司使並歸戶部。

翰林學士院

翰林學士承旨　翰林學士　知制誥　直學士院　翰林權直　學士院權直

掌制、誥、詔、令撰述之事。凡立后妃，封親王，拜宰相、樞密使、三公、三少，除開府儀同三司、節度使，加封，加檢校官，並用制；賜大臣太中大夫、觀察使以上，用批答及詔書；餘官用敕書；布大號令用御札；戒勵百官、曉諭軍民用敕牓；遣使勞問臣下，口宣。凡降大赦、曲赦、德音，則先進草；大詔命及外國書，則具本取旨，得晝亦如之。

凡拜宰相及事重者，晚漏上，天子御內東門小殿，宣召面諭，給筆札書所得旨。稟奏歸院，內侍鎖院門，禁止出入。夜漏盡，具詞進入；遲明，白麻出，閤門使引授中書，中書授舍人宣讀。其餘除授幷御札，但用御寶封，遣內侍送學士院鎖門而已。至於赦書、德音，則中書遣吏持送本院，內侍鎖院如除授焉。凡撰述皆寫畫進入，請印署而出，中書省熟狀亦如之。若已畫旨而未盡及舛誤，則論奏貼正。凡宮禁所用文詞皆掌之。乘輿行幸，則侍從以備顧問，有獻納則請對，仍不隔班。凡奏事用榜子，關白三省、樞密院用諮報，不名。

凡初命爲學士，皆遣使就第宣詔旨召入院。上日，敕設會從官，宥以樂。元豐中，始命佩魚，自蒲宗孟始。見執政議事則繫鞵，蓋與侍從異禮也。政和三年，強淵明請以前後所被旨及案例，修爲本院敕、令、格、式。五年，御書「摛文堂」榜賜學士院。靖康元年，吳幵等奏：「大禮鎖院，麻三道以上，係雙學士宿直分撰〔四〕，乞依故事。」從之。

承旨，不常置，以學士久次者爲之。凡他官入院未除學士，謂之直院；學士俱闕，他官暫行院中文書，謂之權直。自國初至元豐官制行，百司事失其實，多所釐正，獨學士院承唐舊典不改。乾道九年，崔敦詩初以秘書省正字兼翰林權直。淳熙五年，敦詩再入院，議者以翰林乃應奉之所，非專掌制誥之地，更爲學士院權直。後復稱翰林權直，然亦互除不廢，權、正或至三人。

翰林侍讀學士　太宗初，以著作佐郎呂文仲爲侍讀。眞宗咸平二年，以楊徽之、夏侯嶠並爲翰林侍讀學士，始建學士之職。其後，馮元爲翰林侍讀，不帶學士；又以高若訥爲侍讀，不加別名，但供職而已。天禧三年，張知白爲刑部侍郎，充翰林侍讀學士、知天雄軍府，侍讀學士外使自知白始。元豐官制，廢翰林侍讀、侍講學士不置，但以爲兼官。然必侍從以上，乃得兼之，其秩卑資淺則爲說書。歲春二月至端午日，秋八月至長至日，遇隻日入侍邇英閣，輪官講讀。元祐七年，復增學士之號，元符元年省去。建炎元年，詔可特差侍從官四員充講讀官，遇萬機之暇，令三省取旨，就內殿講讀。

充宮觀兼侍讀：元豐八年五月，資政殿大學士呂公著兼侍讀，提舉中太乙宮兼集禧觀公事。七月，韓維兼侍讀，提舉中太乙宮。元祐元年，端明殿學士范鎭致仕，提舉中太乙宮兼集禧觀公事，兼侍讀，不赴。六年，馮京兼侍讀，充太乙宮使。未幾，乞致仕，不允，仍免經筵進讀。中興以來，如朱勝非、張浚、謝克家、趙鼎、万俟卨並以萬壽觀使兼侍讀。隆興元年，張燾以萬壽觀、湯思退以醴泉觀並侍讀。乾道五年，劉章以佑神觀兼焉。

臺諫兼侍讀：自慶曆以來，臺丞多兼侍讀，諫長未有兼者。紹興十二年春，万俟卨以中丞、羅汝檝以諫議始兼侍讀，自後每除言路，必兼經筵矣。

翰林侍講學士　咸平二年，國子祭酒邢昺爲侍講學士。其後，又以馬宗元爲侍講，不加別名，但供職而已。景德四年，以翰林侍講學士邢昺知曹州，侍講學士外使自昺始。故事，自兩省、臺端以上兼侍講，元祐中，司馬康以著作佐郎兼侍講，時朝議以文正公之賢，故特有是命。紹興五年，范沖以宗卿、朱震以祕少並兼〔五〕，蓋殊命也。乾道六年，張栻始以吏部員外郎兼。蓋中興後，庶官兼侍講者，惟此三人。若紹興二十五年張扶以祭酒、隆興二年王佐以檢正、乾道七年林憲以宗卿入經筵，亦兼侍講者。蓋扶本以言路兼說書就升其秩，佐時攝版曹，憲嘗爲右史且有舊例，故稍優之。

臺諫兼侍講：慶曆二年，召御史中丞賈昌朝侍講邇英閣。故事，臺丞無在經筵者，仁宗以昌朝長於講說，特召之。神宗用呂正獻，亦止命時赴講筵，去學士職。中興後，王賓爲御史中丞，見請復開經筵，遂命兼講。自後十五年間，繼之者惟王唐〔六〕、徐俯二人，皆出上意。紹興十二年，則万俟卨、羅汝檝，紹興二十五年，則正言王珉、殿中侍御史董德元，並兼侍講。非臺丞、諫長而以侍講爲稱，又自此始。其後，猶或兼說書，臺官自尹穡，隆興二年五月；諫官自詹元宗，乾道九年十二月。後並以侍講爲稱，不復兼說書矣。

宮觀兼侍講：國初自元豐以來，多以宮觀兼侍讀。乾道七年，寶文待制胡銓除提舉佑神觀兼侍講。是日，以宰執進呈，虞允文奏曰：「胡銓早歲一節甚高，不宜令其遽去朝廷。」帝曰：「銓固非他人比，且除在京宮觀，留侍經筵。」故有是命。

崇政殿說書　掌進讀書史，講釋經義，備顧問應對。學士侍從有學術者爲侍講、侍讀，其秩卑資淺而可備講說者則爲說書。仁宗景祐元年正月，命賈昌朝、趙希言、王宗道、楊安國並爲崇政殿說書，日輪二員祗候。初，侍講學士孫奭年老乞外，因薦昌朝等。至是，特置此職以命之。慶曆二年，以趙師民預講官，復爲崇政殿說書，不兼侍講。元祐間，程頤以布衣爲之。然范祖禹乃以著作佐郎兼侍講，司馬康又嘗以著作佐郎兼侍講，前此未有也。崇寧中，初除說書二人，皆以隱逸起，蔡宻、呂瓘，仍遂其性，詔以士服隨班朝謁入侍〔七〕。

渡江後，尹焞初以祕書兼之，中間王十朋、范成大皆以郎官兼，亦殊命也。近事，侍從以上兼經筵則曰侍講，庶官則曰崇政殿說書，故左史兼亦曰侍講。紹興十二年，万俟卨、羅汝檝並兼講讀。蓋秦梓時已兼說書，便於傳道，秦熺復繼之。每除言路，必預經筵，檜死始罷。慶元後，臺丞、諫長暨副端、正言、司諫以上，無不預經筵者。正言兼說書自端明巫伋始，副端兼說書自端明余堯弼始，察官兼說書自少卿陳夔始，修注兼說書自朱震始。

修注官多得兼侍講。開禧三年十一月，王簡卿知諫院爲左史，仍兼崇政殿說書。言者以爲不可，罷之。

觀文殿大學士　學士之職，資望極峻，無吏守，無職掌，惟出入侍從備顧問而已。觀文殿卽舊延恩殿，慶曆七年更名。皇祐元年，詔：「置觀文殿大學士，寵待舊相，今後須曾任宰相，乃得除授。」時賈昌朝由使相右僕射、觀文殿大學士判尚書都省。觀文殿置大學士，自昌朝始。三年，詔班在觀文殿學士之前、六尚書之上。自是曾任宰相者，出必爲大學士。熙寧中，韓絳宣撫陝西、河東，得罪罷守本官。四年，用明堂赦，授觀文殿學士。宰相不爲大學士，自絳始。中興後，非宰相而除者，自紹興二十年秦熺始。熺知樞密院、郊祀大禮使，禮成，以學士遷，且視儀揆路，非典故也。乾道四年，汪澈舊以樞密使爲學士遷。九年，王炎以樞密使爲西川安撫使除。至慶元間，趙彥逾自工部尚書爲端明殿學士，直以序遷至焉。曾爲宰相而不爲大學士者，自紹興元年范宗尹始。

觀文殿學士　觀文殿本隋煬帝殿名，國初，爲文明殿學士。慶曆七年，宋庠言：「文明殿學士稱呼正同眞宗謚號，兼禁中無此殿額，其學士理自當罷，乞擇見今正朝或祕殿以名學士易之。」乃詔改爲紫宸殿學士，以參知政事丁度爲之。時學士多以殿名爲官稱，丁遂稱曰「丁紫宸」。八年，御史何郯以爲紫宸不可爲官稱，於是改延恩殿爲觀文殿，即殿名置學士，仍以度爲之。自後非曾任執政者弗除。熙寧中，王韶以熙河功，元豐中，王陶以宮僚，雖未歷二府，亦除是職，蓋異恩也。然詔猶兼端明殿、龍圖學士云。

資政殿大學士　資政殿在龍圖閣之東序。景德二年，王欽若罷參政，眞宗特置資政殿學士以寵之，在翰林學士下。十二月，復以欽若爲資政殿大學士，班文明殿學士之下，翰林學士承旨之上。資政殿置大學士，自欽若始。自欽若班翰林承旨上，一時以爲殊寵。祥符初，向敏中以前宰相再入爲東京留守，復加此職。自是訖天聖末，二十餘年不以除人。明道元年，李迪知河陽。召還，始再命之。景祐四年，王曾罷相，復除。三十年間〔八〕除三人，皆前宰相也。宋庠罷參知政事，仁宗眷之厚，因加此職。自欽若後，非宰相而除者，惟庠一人。康定二年，右正言梁適請遵先朝故事，定以員數。於是詔大學士置二員，學士三員。紹興十年，鄭億年歸自僞齊，除資政殿；二年加大學士，許出入如二府儀。億年未嘗秉政。十五年，秦熺自翰林學士承旨爲資政，詔立班恩數同執政。十六年，秦檜弟梓以端明卒于湖州，進大資致仕，恤典同參政。是後，從臣自端明視政府而序進者，遂爲常矣。

端明殿學士　端明殿即西京正衙殿也。後唐天成元年，明宗即位之初，四方書奏，命樞密使安重誨進讀，懵於文義。孔循獻議，始置端明殿學士，命馮道、趙鳳俱以翰林學士充，班在翰林學士上。後有轉改，止於翰林學士內選任。初如三館例，職在官下；趙鳳轉侍郎，諷任圜特移職在官上，後遂爲故事。宋太宗初，以程羽爲之，後隨殿名改爲文明殿學士。慶曆中，改爲紫宸，後又改爲觀文。明道二年，改承明殿爲端明殿，復置端明殿學士，以翰林侍讀學士宋綬爲之，在翰林學士之下。自明道訖元豐，無前執政爲之者，僅以待學士之久次者〔二九〕。元豐中，以前執政爲之，自曾孝寬始；以見任執政爲之，自王安禮始。政和中，嘗改爲延康殿。建炎二年，都省言：延康殿學士舊係端明殿學士。詔依舊。後拜簽樞者多領焉。

總閣學士　直學士　宋朝庶官之外，別加職名，所以厲行義、文學之士。高以備顧問，其次與論議，典校讎。得之爲榮，選擇尤精。元豐中，修三省、寺監之制，其職並罷，滿歲補外，然後加恩兼職。直龍圖閣、省、寺監貳補外〔三〇〕，或領監司、帥臣則除之；待制、雜學士、給諫以上補外則除之。係一時恩旨，非有必得之理。元祐二年，詔復增館職及職事官並許帶職，尙待〔三一〕二年加直學士，中丞、侍郎、給舍、諫議通及一年加待制。紹聖三年，詔職事官罷帶職，非職事之官仍舊。中興後，學士率以授中司、列曹尙書、翰林學士之補外者，權尙書、給諫、侍郎則帶直學士、待制焉。

龍圖閣學士　直學士　待制　大中祥符中建。在會慶殿西偏，北連禁中，閣東曰資政殿，西曰述古殿。閣上以奉太宗御書、御製文集及典籍、圖畫、寶瑞之物，及宗正寺所進屬籍、世譜。有學士、直學士、待制、直閣等官。學士，大中祥符三年置，以杜鎬爲之，班在樞密直學士上。六年，詔結銜在本官之上。直學士，景德四年置，以杜鎬爲之，班在樞密直學士下。祥符六年，詔結銜在本官之上。待制，景德元年置，以杜鎬、戚綸〔三〕爲之，並依舊充職。四年，詔班在知制誥下，並赴內殿起居。自改官制，爲學士初復之職，或知制誥平出除之。

天章閣學士　直學士　待制　天禧四年建。在會慶殿之西，龍圖閣之北。明年，仁宗卽位，修天章閣畢，以奉安眞宗御製。東曰羣玉殿，西曰蘂珠殿，北曰壽昌殿，南曰延康殿。內以桃花文石爲流桮之所。以在位受天書祥符，改曰天章，取爲章于天之義。天聖八年置待制。慶曆七年，又置學士、直學士。又有侍講。學士，慶曆七年初置，在龍圖閣學士之下。學士罕以命人，迄仁宗世，纔王贄一人。秦堪自顯謨閣進直天章閣，以稱呼非便辭。詔改龍圖，自是天章不爲帶職。直學士，慶曆七年，初置天章閣直學士，在龍圖閣直學士之下。待制，天聖八年初置。寓直於祕閣，與龍圖遞宿，尋命范諷、鞠詠充職。中興後，圖籍、符瑞、寶玩之物，若國史、宗正寺所進屬籍，獨藏于天章閣，祖宗御容、潛邸旌節亦安奉焉。

寶文閣學士　直學士　待制　閣在天章閣之東西序，羣玉、蘂珠殿之北。卽舊壽昌閣，慶曆改曰寶文。嘉祐八年，英宗卽位，詔以仁宗御書、御集藏于閣，命王珪撰記立石。治平四年，神宗卽位，始置學士、直學士、待制，恩賜如龍圖。英宗御書附于閣。學士，治平四年初置，以呂公著兼。直學士，治平四年初置，以邵必爲之。待制，治平四年初置。

顯謨閣學士　直學士　待制　元符元年，曾布、鄧洵仁各申請建閣。詔翰林學士、中書舍人撰閣名五以聞，遂建閣藏神宗御集，以顯謨爲名。徽宗建中靖國元年，詔以顯謨閣爲熙明閣，仍置學士、直學士、待制；續奉旨，仍以顯謨爲額。崇寧元年，詔顯謨閣學士、直學士、待制如三閣故事，序位在寶文閣學士、直學士、待制之下。學士、直學士、待制，並建中靖國元年置。

徽猷閣學士　直學士　待制　大觀二年，初建徽猷閣，以藏哲宗御集。置學士、直學士、待制等官。

敷文閣學士　直學士　待制　紹興十年置。藏徽宗聖製，置學士等官。

煥章閣學士　直學士　待制　淳熙初建。藏高宗御製。十五年，置學士等官。

華文閣學士　直學士　待制　慶元二年置。藏孝宗御製，置學士等官。

寶謨閣學士　直學士　待制　嘉泰二年置。藏光宗御製，置學士等官。

寶章閣學士　直學士　待制　寶慶二年置。藏寧宗御製，置學士等官。

顯文閣學士　直學士　待制　咸淳元年置。藏理宗御製，置學士等官。

集英殿修撰　國初，有集賢殿修撰、直龍圖閣、直祕閣三等。政和六年，始置集英殿修撰、右文殿修撰、祕閣修撰。舊制，貼職無雜壓，至是因增置，乃定爲雜壓。其集英修撰，中興後以寵六曹權侍郎之補外者，下待制一等。

右文殿修撰　元祐元年，許內外官帶貼職。紹聖二年，詔職事官罷帶職，易集賢殿學士爲修撰。政和六年，以集賢院無此名，其見任集賢院修撰並改爲右文殿修撰，次於集英殿修撰，爲貼職之高等。

祕閣修撰　政和六年置，以待館閣之資深者，仍多由直龍圖閣遷焉。

直龍圖閣　祥符九年，以馮元爲太子中允、直龍圖閣，直閣之名始此。凡館閣之久次者，必選直龍圖閣，皆爲擢待制之基也。中興後，凡直閣爲庶官任藩閫、監司者貼職，各隨高下而等差之。

直天章閣至直顯文閣並同。

直祕閣 國初，以史館、昭文館、集賢院爲三館，皆寓崇文院。太宗端拱元年，詔就崇文院中堂建祕閣，擇三館眞本書籍萬餘卷及內出古畫、墨跡藏其中，以右司諫直史館宋泌爲直祕閣。直館、直院則謂之館職，以他官兼者謂之貼職。元豐以前，凡狀元、制科一任還，卽試詩賦各一而入，否則用大臣薦而試，謂之入館。官制行，廢崇文院爲祕書監，建祕閣於中，自監少至正字列爲職事官。罷直館、直院之名，獨以直祕閣爲貼職，皆不試而除，蓋特以爲恩數而已。故事，外官除館職如祕閣校理、直祕閣者，必先移書在省執事，敍同僚之好，乃卽館設盛會宴之。自崇寧以來，外官除館職既多，此禮寖廢。

東宮官 太子太師 太傅 太保 太子少師 少傅 少保 國初，師傅不常設。仁宗升儲，置三少各一人。參政李昉兼掌賓客，及升首相，遂進少傅，此宰相兼宮僚之始也。丁謂兼少師，馮拯兼少傅，曹利用兼少保，是時實爲東宮官，餘多以前宰執爲致仕官。若太子太師、太傅、太保，以待宰相官未至僕射者，及樞密使致仕，亦隨本官高下除授。

太子少師、少傅、少保，以待前執政，惟少師非經顧命不除。若因遷轉，則遞進一官，至太師卽遷司空。天禧末，皇太子同聽政，乃以首相兼少師。自後神宗、欽宗、孝宗、光宗在東宮，皆不置。開禧三年，史彌遠自詹事入樞府，乃進兼賓客。已而太子侍立，遂以丞相錢象祖兼太子少傅。明年，景獻太子〔二三〕立，象祖兼少師，彌遠以右相兼少傅。未幾，彌遠丁內艱，象祖亦去位。又明年，彌遠起復，遂兼進少師〔二四〕。景定元年，度宗升儲，以賈似道爲少師。

太子賓客　至道元年建儲，初置賓客二人，以他官兼。天禧四年，參政任中正、樞副錢惟演、參政王曾並兼太子賓客，執政兼東宮官始此。中興後不置。開禧三年，景獻太子立，始以執政兼賓客，後復省。景定元年，度宗升儲，以朱熠、皮龍榮、沈炎並兼賓客。

太子詹事　仁宗升儲，置詹事二人。神宗、欽宗升儲，並置二人，皆以他官兼，登位後省。乾道元年，莊文太子立，置詹事二人。踰月，詔太子詹事遇東宮講讀日〔二五〕，並往陪侍。七年，光宗正儲位，以敷文閣直學士王十朋、敷文閣待制陳良翰爲太子詹事，不兼他官，非常制也。景定元年，度宗升儲，以楊棟兼詹事。

太子左庶子　右庶子　左諭德　右諭德　舊制不常設。儲闈之建，隨宜制官，以備僚寀，多以他官兼領。仁宗、神宗升儲，庶子、諭德各置二人。欽宗升儲，置一人。紹興三十二年，孝宗以建王立爲皇太子，置庶子、諭德各一人，除右虛左。乾道元年及七年，各置一人。開禧三年，景獻太子立，初除左虛右，明年，左右始並置。

太子侍讀　侍講　神宗升儲，始置各一人。乾道、淳熙、開禧，各依故事並置。乾道七年，禮部太常寺言：「討論東宮開講幷節朔賀慶、辭謝禮儀。宮僚講讀，無已行故事，當依放講筵，少殺其禮。每遇講讀，詹事以下至講讀官上堂，並用賓禮參見，依官職序坐。皇太子正席，講讀官迭起如延英儀，講罷復位。節朔不受宮僚參賀；元日、冬至，詹事以下牋賀。謝辭，初如常見之禮。後離位致詞，復位就坐，茶湯罷。詹事初上，參見皇太子，拜，皇太子答拜。庶子等初上，參見，皇太子受拜。庶子、諭德及講讀官雖有坐受之禮，止是五禮新儀所載；兼逐日致拜之禮，近例皆已不行，或遇合致拜日，更合參酌天禧、至道故事施行。」按天禧二年九月五日，左庶子張士遜等言：「臣等日詣資善堂參見皇太子，得令升階列拜，然後跪受，望令皇太子坐受參見。」詔不許。至道元年，皇太子每見太子賓客，必先拜，迎送常降階及門。並從之。

太子中舍人　舍人　至道、天禧各置一人。神宗、欽宗升儲，並如舊置。嘉定初，除二人。慶元以中舍人在舍人上。

資善堂　翊善　贊讀　直講　說書　皇太子宮小學教授　資善堂小學教授　翊善、贊讀、直講皆舊制。說書而下，中興以後增置。資善堂自仁宗爲皇子時，爲肄業之所，每皇子出就外傅，選官兼領。元豐八年，哲宗初開講筵，詔講讀官日赴資善堂，以雙日講讀，仍輪一員宿直。又詔三省、樞密院、講讀、修注官錫宴於資善堂。政和元年，定王、嘉王出就資善堂聽讀，詔宰執就見。靖康元年，詔皇太子出就外傅，就資善堂置學舍，令國子監供監書。紹興五年，孝宗封建國公，出就資善堂聽講。先是，宰臣趙鼎得旨於宮門內造書院，至是始成，以爲資善堂。命儒臣爲直講、翊善，悉如資善故事。尋用趙鼎言，以左史范沖充翊善，右史朱震充贊讀，時稱極選。帝曰：「朕令國公見沖、震必設拜，蓋尊重師傅，不得不如此。」紹興十二年，建國公出就外第。及紹興三十年，由普安郡王爲皇子，進封建王。時皇孫皆就傅，以校書郎王十朋爲小學教授。紹興三十二年，孝宗卽位，詔三皇子位各置說書官一員，又置贊讀、直講一員。淳熙七年，皇孫英國公始就傅，詔置皇太子宮小學教授一員。十六年，光宗卽位，皇子進封嘉王，置王府贊讀、翊善、直講各一員。慶元六年，景獻太子爲福州觀察使，詔令資善堂授書，置小學教授二員。開禧元年，進封榮王，仍開資善堂，置贊讀、直講、說書官各一員，又置翊善一員。度宗升儲，並置翊善、贊讀等官。

主管左、右春坊事　二人，以內臣兼；同主管左、右春坊事二人，以武臣兼；承受官一人，以內侍充。仁宗、神宗升儲，並置。中興後，置官並同。

太子左、右衞　率府率　副率　左、右司禦　率府率　副率　左、右清道　率府率　副率　左、右監門　率府率　副率　左、右內　率府率　副率　官存而無職司。至道元年，東宮置左清道率府率、副率兼左春坊謁者，主贊引。三年，眞宗卽位而省。天禧二年，又以左清道率郭承慶、左右監門副率夏元亨兼左右春坊謁者，仁宗卽位復省。中興後不置，惟以監門率府副率爲環衞階官。

親王府　傅　長史　司馬　諮議參軍　友　記室參軍　王府教授　小學教授　傅及長史、司馬，有其官而未嘗除。太平興國八年，諸王出閤，楚王府置諮議參軍二員，翊善一員；陳王府置諮議、翊善各一員；韓王、冀王、益王置翊善各一員。後又置記室及諸王府侍講一員。並以常參官兼充。其後，多不置諮議，翊善、記室或止一員。大中祥符九年，仁宗初封壽春郡王，置友二員，亦以常參官兼充。天禧二年，進封昇王，友遷諮議，仍置記室一員。又皇姪皇孫侍教、南北伴讀無定數。至道初，太宗以皇親子孫就講學，欲置侍講之職，中書言：「按唐太宗改諸王侍讀爲奉諸王講讀，今皇孫、皇姪皆環衞之職，請以教授爲名。」從之。選京朝官通經者充。其後又令王府記室、翊善、侍講分兼南北宅教授。大中祥符二年，又有侍教之名，自是南北院或有伴讀。凡諸宮皆有教授，初無定員。

是年〔三六〕，英宗以宗室自率府副率已上八百餘人，奉朝請者四百餘人，而教官纔六員，乃詔增置教授官：凡皇族年三十已上者百一十三人，置講書四員；年十五以上者百十三人，置講書四員；年十五已上者〔三七〕三百九人，增置教授五員；年十四已下者，別置小學教授十二員；并舊六，爲二十七員，以分教之。其子弟不率教，俾教授官、本位尊長具名申大宗正司，量行戒責。教授官不職，大宗正司密訪以聞。舊制，親賢宅置講書，紹興十二年，改爲府教授，掌教親賢宅南班宗子。淳熙十二年，詔建魏惠憲王府，置小學教授二員，以館職兼充，掌訓皇孫。既長，趨朝謁，則不以小學名，而講習如故。自後皇姪、皇孫皆置教授。

校勘記

〔一〕於是知院與使副並置　「使副」二字原倒，按上文所記，陳升之在除知院前，樞密院已有使和副使；已除後則是使、副、知院同置，不應但說副使。合璧事類後集卷一六、通考卷五八職官考都作「使副」，據改。下文「使副悉罷」句同改。

〔二〕更用士人　「士」原作「四」，據長編卷二一四、通考卷五八職官考改。

〔三〕是月詔都承旨副都承旨見樞密使副如閤門使禮　據長編卷二一五，此處「是月」指「九月」。「使副」二字原倒，據長編同卷、宋會要職官六之四乙正。

〔四〕罷之　原作「置之」。按上文已說熙寧四年置，中間未曾廢罷，此處「置之」不應複出。合璧事類後集卷一七、通考卷五八職官考都說：及改官制，檢詳尋罷。「置」當爲「罷」之訛，據改。

〔五〕入銜　原作「入御」，據同上書同卷改。

〔六〕國用使　「使」原作「事」，據上文和本書卷三八寧宗紀、兩朝綱目卷八改。

〔七〕右僕射　原作「左僕射」，據本書卷二一三宰輔表、繫年要錄卷八五改。

〔八〕詳定一司敕令所　「令」原作「命」，宋會要職官四之四七所載乾道六年十二月五日事、七年七月十五日所載虞允文和梁克家職銜，都作「詳定一司敕令」，據改。

〔九〕休假之□　「之」下一字原作「夭」，筆畫漫漶，不辨其爲何字。

〔一〇〕在京東曰左計京西曰右計　「京東」、「京西」疑倒。編年綱目卷四淳化四年：「三司置二使，分領左右計。」「分郡縣爲十道，兩京爲左右計，中分以隸焉。」孫逢吉職官分紀卷一三：「東京爲左計，西京爲右計，各置判官領之。」

〔一一〕權物務　疑當作「榷貨務」。

〔一二〕掌榷酤官麴　「官麴」原作「官麪」。按本條旨在說明麴案的職掌，是管理酒的專賣事務。官賣酒麴是宋代在三京的榷政措施，本書卷一八五食貨志：「三京官造麴，聽民納直以取。」宋會要食貨一九之一有「東京官造麴」、「西京官造麴」、「南京官造麴」的記載，「麪」字當爲「麴」字之訛，據改。

〔一三〕判司官　原作「判官司」。按本卷同目各條都作「判司官」，「官司」二字蓋倒，據改。

〔一四〕係雙學士宿直分撰　「雙學士」，宋會要職官六之五三、通考卷五四職官考皆作「雙宣學士」；又鴻慶居士集卷三〇翰林莫公內外制序記：「翰林故事以學士二員分直，朝廷有大除拜過二制而上則併召二員者，謂之雙宣。」當以「雙宣」爲是。

〔一五〕朱震以祕少並兼　「祕少」原作「秩少」。按本書卷四三五朱震傳：「遷祕書少監，兼侍經筵。」朝野雜記乙集卷一三：「朱子發以祕少並兼之。」「祕少」是祕書少監的簡稱，據改。

〔一六〕王唐　朝野雜記乙集卷一三、通考卷五四職官考皆作「王唐公」，是。

〔一七〕詔以士服隨班朝謁入侍　「士」原作「仕」。合璧事類後集卷二三、通考卷五四職官考都作「士」，據改。

〔一八〕三十年間　「三」原作「二」，按上文說景德二年（公元一〇〇五年）王欽若爲資政殿學士，至景祐四年（公元一〇三七年）王曾罷相，中間已超過三十年。合璧事類後集卷五六、通考卷五四職官考都作「三十年」，據改。

〔一九〕僅以待學士之久次者　「待」原作「侍」，據合璧事類後集卷五六、通考卷五四職官考改。

〔二〇〕直龍圖閣省寺監掌貳補外　「掌」當作「長」，「省」下脫一「郎」字。合璧事類後集卷五七、通考卷五四職官考此句都作：「直龍圖閣、省郎、寺監長貳補外」，是。

〔二一〕尙待　疑當據同上書同卷作「尙書」。

〔二二〕戚綸　原作「戚繪」，據本書卷三〇六戚綸傳、職官分紀卷一五改。

〔二三〕景獻太子　「獻」原作「憲」。據本書卷二四六景獻太子詢傳和下文「太子左庶子」條改。下文「太子賓客」條同改。

〔二四〕遂兼進少師　「兼進」，當從朝野雜記乙集卷一三、通考卷六〇職官考作「進兼」。

〔二五〕遇東宮講讀日　「遇」原作「過」，據宋會要職官七之二六、通考卷六〇職官考改。

〔二六〕是年　承上文當指天禧二年，天禧是宋眞宗的年號，而所記實英宗時事，顯有錯誤。長編卷二〇二、合璧事類後集卷四八都繫此事於治平元年，志文失書紀年。

〔二七〕百十三人置講書四員年十五已上者　按此處「年十五已上」同上文重複；所記「講者四員」與上下文敎官相加，適超過下文「幷舊六爲二十七員」之數四員，亦疑爲重出。長編卷二〇二、合璧事類後集卷四八記此事都無此十五字，疑是。殿、局本將上文之「年十五以上者」改爲「年二十以上者」，不知何據。

宋史卷一百六十三

志第一百一十六

職官三

吏部　戶部　禮部　兵部　刑部　工部　六部監門　六部架閣

吏部　掌文武官吏選試、擬注、資任、遷敍、蔭補、考課之政令，封爵、策勳、賞罰殿最之法。凡文階官之等三十，武選官之等五十有六，幕職州縣官之等七，散官之等九，皆以左右高下分屬於四選。曰尚書左選，文臣京朝官以上及職任非中書省除授者悉掌之。曰尚書右選，武臣升朝官以上及職任非樞密院除授者悉掌之。自初任至幕職州縣官，侍郎左選掌之。自副尉以上至從義郎，侍郎右選掌之。若文武官雖不隸左右選，而職任係中書省、樞密院除授者，其制命誥敕，皆本部奉行。凡應注擬、升移、敍復、蔭補及酬賞、封贈者，所隸審驗格法上尚書省，法例可否不決應取裁者，亦如之。若中散大夫、左右武大夫以上合命詞者，列其遷敍資級、歲月、功過上中書省、樞密院，畫旨給告，通書本部長貳及所隸郎官。其屬有曰司封，曰司勳，曰考功。凡官十有三：尚書一人；侍郎一人〔一〕；郎中、員外郎，尚書選二人，侍郎選各一人，司封、司勳、考功各一人。

舊制有三司，尚書主其一，侍郎二員各主其一，分銓注擬事。其後，但存尚書銓，餘東西銓印存而事廢。淳化中，又置考課院，磨勘幕府州縣功過，引對黜陟。至道二年，以其事歸流內銓。判流內銓事二人，以御史知雜以上充。掌節度判官以下州府判司、諸縣令佐擬注對揚、磨勘功過之事。判部事二人，以帶職京朝官或無職事朝官充。凡文吏班秩品命一出於中書，而小選院既不復置，本曹但掌京朝官敍服章、申請攝官、訃吊祠祭，及幕府州縣官格式、闕簿、辭謝，拔萃舉人兼南曹甲庫之事。流外銓，掌考試附奏諸司人吏而已。南曹掌考驗選人殿最成狀，而送流內銓闕試、勾黃、給曆之事。甲庫掌受制敕黃，關給籤符優牒，選人改名廢置之事。初，淳化三年，置磨勘京朝官院。四年，改。太平興國中，置差遣院，至是併入審官院。置知院二人，以御史知雜以上充。舊以朝官充。掌考校京朝官殿最，敍其爵秩而詔於朝，分擬內外任使而奏之。

元豐官制行，六曹尚書、侍郎爲長貳，郎官理郡守以上資任者爲郎中，通判以下資序者爲員外郎。除授皆視寄祿官，高一品以上者爲「行」，下一品者爲「守」，下二品以下者爲「試」，品同者不用行、守、試，餘職準此。元祐初，置權尚書，奉賜依守侍郎，班序在試尚書之下，雜壓在左、右常侍之下。又置權侍郎，如未歷給事中、中書舍人及待制以上者，並帶「權」字，祿賜比諫議大夫。郎官雖理知州資序，未曾實歷知州及監司、開封府推官者〔三〕，止除員外郎。又詔，職事官除去「行」字一等。又以六曹職事閑劇不等，減定員數，事簡者他司兼領，司封、司勳各減郎官一員。紹聖初，詔元豐法以行、守、試制祿三等。元符元年，吏部言：「元祐法，小使臣只降宣劄，但務從簡，於理未安，請自借職而上依元豐法給告。」從之。崇寧元年，詔：「大宗正丞，大理正，諸寺監丞，太學、武學、律學博士，太學正、錄，諸宮院、諸州教授，堂除外，其吏部闕不許占差已授未赴及初到任人。」二年，詔：「十年不到部者，依長定格與降一官；二十年以上，則除其籍。」靖康元年七月，詔以吏部四選逐曹條例編集板行。八月，臣僚言：「祖宗時未有宗室參部之法，神宗時，始選擇差注一二。崇寧初，立法大優，宗室參選之日在本部名次之上，既歷年月深遠勞効顯著之人，復著名州大郡優便豐厚之處。議者頗欲懲革，不注郡守、縣令，與在部人通理名次。」從之。

尚書　掌文武二選之法而奉行其制命。凡序位有品，寓祿有階，列爵有等，賜勳有給〔三〕，分任有職，選官有格，考其功過，計其歲月，辨其位秩，而以序進之。凡文臣自京朝官，武臣自大使臣以上，舊內殿崇班以上。選授、封爵、功賞、課最之事，所隸官分掌其事，兼總於尚書，驗實而後判成。以天下職事員闕具注於籍，月取其應選者揭而書之，集官注擬，考閥閱以定其可否。若有疑不能決，小事則申請，大事則稟議於尚書省，應論奏者與郎官同請對。大祭祀則奉玉幣以授左僕射，執爵以授左丞。舊，尚書為所遷官名，班左丞上。自釐正百司，吏部以金紫光祿大夫，戶、禮、兵、刑、工部以銀青光祿大夫換授，而任六曹尚書者，始實領職事。左選分案八，置吏三十；右選分案六，置吏十有六。曰主事、令史，曰書令史，曰守當官。二十四司亦如之。南渡初，諸曹長貳互置，惟吏部備官。紹興八年，依元祐制，六曹皆置權尚書，以處未應資格之人。其屬有侍郎二人，分左、右選。尚書左、右選各置郎中一人，侍郎左、右選各置郎中一人，司封、司勳、考功各一人。郎官分掌其事，而兼總於尚書。左選，掌考校京朝官以上殿最，敍其爵秩，擬內外任使而奏授之。分案十二：曰六品，曰七品，曰八品，曰九品，曰注擬，曰名籍，曰掌闕，曰催驅，曰甲庫，曰檢法，曰知雜，曰奏薦賞功司。吏額，主事一人，令史二人，書令史九人，守當官一十一人，正貼司一十六人，私名一十二人，楷書二人〔四〕，法司一人。官告院六部監門隸焉。右選，掌大使臣以上差注，材武人有格二十一，及破格出闕，較量功過，奏薦諸軍賞功。分案十：曰大夫，曰副使，曰修武，曰注擬掌闕，曰奏薦賞功，曰開拆，曰名籍，曰甲庫，曰法司，曰知雜。吏額，主事一人，令史二人，書令史九人，守當官一十二人，正貼司八人，私名一十人，法司一人。紹熙三年，左司諫謝源明言：「乾道九年詔旨：『六部應承三省、密院批送勘當文字，並令本部郎官、長貳按法裁決可否，申上朝廷施行。』即不得持兩端。如或事有疑難，及生創無條例者，令長貳據所見申明將上取旨。乞明詔六曹遵守。」從之。

侍郎　分左右選：左選，掌文臣之未改官者。凡始命而未應參部者，皆試而後選。若應格，則具歲月歷任功罪及所舉官員數，同郎官引見於便殿，稟奏改官。右選，掌武臣之未升朝者。舊自供奉官以上。其職任自親民官至部隊將、監當官，皆掌其選授注擬之法。凡初仕而試不中等，及已入官而未應選者，皆勿注正闕。官制行，尚書、侍郎通治曹事，奏事則同班，惟吏部分領四選。大祭祀則舉玉幣置諸案，薦饌則進搏黍，進熟則執匏爵以授右丞，飲福則奉爵，視朝則執文武班簿對立，以待顧問。左選分案十五，置吏四十有三，右選分案八，置吏四十有七。紹興四年，吏部侍郎葉祖洽言：「侍郎左選，準元豐朝旨，類姓置簿。左右選理宜一體，右選亦乞置簿拘轄功過。」從之。建炎四年五月，詔六曹復置權侍郎，如元祐故事，滿二年為真。補外者除待制，未滿，除修撰。左選，掌承直郎以下擬注州府判司、諸縣令佐、監當及磨勘功過之事，分案十三。乾道裁減吏額，共置五十五人。右選，掌校副尉以上較試、擬官、行賞、換官，考其殿最，分案十五。乾道裁減吏額，共置四十八人。舊制，吏部除侍郎二員，分典左、右選，總稱吏部侍郎。間命官兼攝，惟稱左選侍郎或右選而已。紹熙三年〔五〕，謝深甫、張叔椿兼攝，始有侍左侍郎、侍右侍郎之稱。既而林大中、沈揆擢貳尚書，則「侍左」「侍右」徑入除目，相承不改。

郎中　員外郎　尚左　尚右　侍左　侍右　舊主判二人，以朝官充。元豐官制行，置吏部郎中，主管尚書左、右選及侍郎左、右選各一員，參掌選事而分治之。凡郎官，並用知府資序以上人充，未及者爲員外郎。建炎四年，詔權攝、添差郎官並罷。初進擬，第云吏部郎官；及擬告身細銜，始直書尚書吏部郎中或員外郎，主管尚書某選，主管侍郎某選。紹興八年，呂希常以監六部門兼權侍右郎官。紹興三十一年，李端明正除尚右郎官，既而何俌、楊倓、費行之除吏部郎官，皆有侍左、侍右、尚左、尚右之稱。自此相承不改。淳熙十六年，光宗卽位，詔四選通差，用尚書顏師魯之請也。先是，乾道元年詔：「今後非曾任監司、守臣，不除郎官，著爲令。」自是館學、寺監臣〔六〕，拘礙資格，遷除不行。郎曹闕員，但得兼攝，旋卽外補；間有不次擢用者，則自二著躐升二史，以至從列。其自外召至爲郎，則資級已高，曾不數月，必序進卿、少，而郎有正員者益少矣。

司封郎中　員外郎　掌官封、敍贈、承襲之事。凡三師、三公以下至升朝官褒贈祖考、母妻，親王、郡王、內外命婦以下保任宗屬、封爵諸親，皆因其位敍而爲之等。凡宗室當賜名訓，具抄擬官。凡庶姓孔氏、柴氏、折氏之後應承襲者，辨其嫡庶。列爵九等：曰王，曰郡王，曰國公，曰郡公，曰縣公，曰侯，曰伯，曰子，曰男。分國三等：大國二十七，次國二十，小國二百二十。內命婦之品五：曰貴妃、淑妃、德妃、賢妃，曰大儀、貴儀、淑儀、淑容、順儀、順容、婉儀、婉容、昭儀、昭容、昭媛、修儀、修容、修媛、充儀、充容、充媛，曰婕妤，曰美人，曰才人、貴人。外內命婦之號十有四〔七〕：曰大長公主，曰長公主，曰公主，曰郡主，曰縣主，曰國夫人，曰郡夫人，曰淑人，曰碩人，曰令人，曰恭人，曰宜人，曰安人，曰孺人。敍贈之制：三公、宰臣、執政、節度使三代，金紫、銀青光祿大夫二代，餘官一代，皆辨其位序以進之。加食邑實封，則視其品之高下，以爲戶數多寡之節。凡事之可否，與司勳通決於長貳。分案三，設吏六。元祐元年，中書後省言：「臣僚封贈父母，依舊制命詞，太中大夫、觀察使以上用專詞，餘用海詞。」二年，詔：「父及嫡母存，不得請所生母封贈。所生母未封，亦不許先及其妻。」紹聖元年，詔：「宗室換授文官身亡者，通直郎以上贈三官。」元符元年，以元祐間封贈紊前制，詔並依元豐法。二年，詔：「寺監官雜壓在通直郎之上者，雖係宣教郎，遇大禮封贈。」政和二年，詔：「封母則隨所封五等，謂如封南陽縣開國男，則隨其爵稱南陽縣男令人，封魏國公，則稱魏國公夫人之類。應婦人不因夫、子得封號，謂命官非升朝而母年九十以上，或士庶人婦女年百歲，并特旨若回授者。或因子孫得封贈，其夫至升朝或非升朝應封贈者，並孺人。」宣和二年，臣僚言：「近年有京官任校書郎、正字者得封贈，今則監丞未升朝者亦乞依例，蓋緣監丞雜壓在校書郎之上，故引以爲請，甚無謂也。不獨此爾，又有小使臣偶因薄勞或磨勘轉官，遂乞回授封贈父母，實爲太濫。望降旨，今後封贈並依舊法，敢有擅更陳乞紊亂典章者，寘之典刑，庶幾僥倖者息而名分正矣。」從之。建炎以後並同。

司勳郎中　員外郎　參掌勳賞之事。凡勳級十有二：曰上柱國，正二品；曰柱國，從二品；曰上護軍，正三品；曰護軍，從三品；曰上輕車都尉，正四品；曰輕車都尉，從四品；曰上騎都尉，正五品；曰騎都尉，從五品；曰驍騎尉，正六品；曰飛騎尉，從六品；曰雲騎尉，正七品；曰武騎尉，從七品。率三歲一遷，必因其除授以加之。凡賞有格。若事應賞，從其所隸之司考實以報，則必審核其狀，以格覆之，謂之「有法酬賞」；非格所載，參酌輕重擬定，以上尙書省，謂之「無法酬賞」。若功賞未酬而賞格改易者，輕從舊格，重從新格。錄用前代帝系及勳臣之後，則考其族系而奉行其制命。分案四，置吏十有九。

元祐元年，吏部言：「諸色人援引微求，入流太冗。應工匠伎藝之屬無法入官者，雖有勞績，並止比類支賜，未經酬獎者亦如之。」紹聖二年，戶部言：「元豐官制，司勳覆有法式酬賞，無法式者定之。元祐中，有法式者止令所屬勘驗，自後應干錢穀，本部指定關司勳，則是戶部兼司勳之職，請依舊制。」從之。四年，應川峽人任本路差遣者，酬獎減半。政和四年，詔：「司勳行下所屬，將一司一路條制，參照酬獎格法，類集參用。」又詔以詳定國朝勳德臣僚職位姓名送吏部。用工部尙書鄭允中所編傳也。隆興元年省併，以司封郎官兼領。淳熙元年，復以司農寺丞范仲芑兼司勳，未幾改除，復省。裁減吏額，主事一人，令史一人，書令史四人，守當官三人，正貼司四人，私名三人。

考功郎中　員外郎　掌文武官選敍、磨勘、資任、考課之政令。凡命官，隨所隸遷，以其職事具注於曆〔八〕，給之於其屬州若司，歲書其功過。應升遷授者，驗曆按法而敍進之；有負殿，則正其罪罰。以七事考監司：一曰舉官當否，二曰勸課農桑、增墾田疇，三曰戶口增損，四曰興利除害，五曰事失案察，六曰較正刑獄，七曰盜賊多寡。以四善、三最考守令：德義有聞、淸謹明著、公平可稱、恪勤匪懈爲四善；獄訟無寃、催科不擾爲治事之最，農桑墾殖、水利興修爲勸課之最，屛除姦盜、人獲安處、振恤困窮、不致流移爲撫養之最。通善、最分三等：五事爲上，二事爲中〔九〕，餘爲下。若能否尤著，則別爲優劣，以詔黜陟。凡內外官，計在官之日，滿一歲爲一考，三考爲一任。

磨勘之法，文選官之等四：銀靑光祿大夫至朝議大夫，進士理八年，非進士理十年；通直郎至太中大夫充諫議大夫、待制以上職任者，理三年；朝散大夫至承務郎，理四年。武選官之等六：遙郡團練使刺史、閤門舍人轉左武、右武郎，理十年；武功大夫以下，理七年；橫行武德大夫以下至校尉，理五年；閤門祗候初補從義郎以下至承節郎、承信郎充隨行指使，理四年；承信郎以功補授及宗室觀察使以下祗應校尉，理三年；宗室承宣使以下祗應校尉，理二年。幕職州縣官之等三：進士第一、第二、第三名及第者，一任回改京官；自留守、府判官至縣令，理六考；自軍巡判官至縣尉，理七考。率以法計其歷任歲月、功過而序遷之。凡改服色者以年勞計之〔10〕。執政官、節度使、銀青光祿大夫以上應謚者，覆太常所定行狀，報尚書省官集議以聞。紹聖四年，河東提刑司徐君平奏：「乞凡將集議，前期三日，持考功狀徧示當議之官，使先紬繹而後集于都堂以詢之，庶幾有所見者得以自申，以稱朝廷博謀盡下之意。」從之。凡立碑碣名額之事，掌之。舊制，考課院其定殿最皆有考辭。元豐官制行，悉罷。分案十有七，置吏六十有八。

元祐三年，詔：「知州考課法，吏部上其事于尚書省，送中書省取旨賞罰。劣等應罰而已衝降者，仍從衝降法。縣令以下，本部專行。」六年，樞密院言：「元豐末，堂除知州軍三年爲任，武任依此。元祐初，以成資爲任，武臣未曾立法。」詔武臣任六等差遣，川廣成資，餘並三十箇月爲任。建炎以後並同。應文武臣磨勘、關升、資任、較考，定其殿最，別其優劣，以詔黜陟予奪；沒則謚，審覆而參定之。凡特恩賜謚，命詞給告，餘給敕〔11〕。分案十一：曰六品，曰七品，曰八品，曰曹掾，曰令丞，曰從義，曰成忠，曰資任，曰檢法，曰知雜，曰開拆。裁減吏額，主事二人，令史四人，書令史八人，守當官十三人，正貼司三人，私名一十人。淳熙十三年，再共減三人。

官告院　主管官一員，以京朝官充。舊制，提舉一人，以知制誥充；判院一人，以帶職京朝官充。掌吏、兵、勳、封官告，以給妃嬪、王公、文武品官、內外命婦及封贈者，各以本司告身印印之。文臣用吏部，武臣用兵部，王公及命婦用司封，加勳用司勳。官制行，四選皆用吏部印，惟蕃官則用兵部印記。凡綾紙幅數、褾軸名色，皆視其品之高下，應奏鈔畫聞者給之。令史十五人。

元豐五年，官制所重定制授敕授奏授告身式。從之。紹聖元年，吏部言：「元豐法，凡入品者給告身，無品者給黃牒。元祐中，以內外差遣并職事官本等內改易或再任者，並給黃牒，乃與無品人等。」詔：「今後帥臣、監司、待制以上知州，並給告，餘依舊。」三年，詔：「職事官監察御史以上因事罷，並給告。」元符元年，吏部言：「元祐法，小使臣只降宣箚，乞自承信郎而上依舊給告。」宣和元年，詔：「官告院立條，凡製造告身法物，應用綾錦，私輒放效織造及買販服用者，立賞許告。」

大抵官告之制，自乾德四年，詔定告身綾紙褾軸，其制闕略。咸平、景德中，兩加潤澤，至皇祐始備。神宗即位，循用皇祐舊格，逮元豐改制，名號雖異，品秩則同，故亦未遑別定。徽宗大觀初，乃著爲新格，凡標帶、網軸等飾，始加詳矣。

凡文武官綾紙五種，分十二等：

色背銷金花綾紙二等。一等一十八張，滴粉縷金花大犀軸，八答暈錦褾韜，色帶。三公、三少、侍中、中書令用之。一等一十七張，滴粉縷金花中犀軸，天下樂錦褾犀軸〔一〕，色帶。左右僕射、使相、王用之。

白背五色綾紙二等。一等一十七張，滴粉縷金花，翠毛獅子錦褾韜，玳瑁軸，色帶〔二〕。知樞密院，兩省侍郎，尚書左、右丞，同知，簽書樞密院事，嗣王，郡王，特進，觀文殿大學士，太尉，東宮三少，冀、兗、青、徐、揚、荆、豫、梁、雍州牧，御史大夫，宗室節度使至率府副率之帶皇字者用之。一等一十七張，暈錦褾韜，玳瑁軸，色帶。觀文殿學士，資政殿大學士，六尚書，金紫光祿、銀青光祿、光祿大夫，左、右金吾衞，左、右衞上將軍，節度，承宣，觀察，並用之。

大綾紙四等。一等一十五張，暈錦褾，兩面撥花穗草大牙軸，色帶。宣奉、正奉大夫，翰林學士，資政、端明殿學士，龍圖、天章、寶文、顯謨、徽猷閣學士，左、右散騎常侍，御史中丞，開封尹，六曹侍郎，樞密直學士，龍圖、天章、寶文、顯謨、徽猷閣直學士，正議、通奉大夫，諸衞上將軍，太子賓客，詹事，侯，用之。一等十二張，法錦褾，兩面撥花細牙軸，色帶。給事中，中書舍人，通議大夫，司成，左、右諫議大夫，龍圖、天章、寶文、顯謨、徽猷閣待制，太中大夫，秘書，殿中監，伯，用之。一等一十張，法錦褾，撥花常使大牙軸，色帶。中大夫，七寺卿，京畿、三路轉運使，發運使，中奉、中散大夫，通侍大夫，樞密都承旨，祭酒，太常、宗正少卿，秘書、殿中少監，正侍、中侍大夫，入內內侍省、內侍省都知，諸州刺史，中亮、中衞大夫，防禦、團練使，太子左、右庶子，諸衞大將軍，駙馬都尉，典樂，子，用之。一等八張，盤毬錦褾，大牙軸，色帶。七寺少卿，朝議、奉直大夫，左、右司郎中，司業，開封少尹，少府、將作、軍器監，都水使者，拱衞大夫，太子詹事，左、右諭德，左武、右武大夫，入內內侍省、內侍省副都知，樞密承旨、副都承旨，諸房副承旨，起居郎、舍人，侍御史，左、右司員外郎，六曹郎中，朝請、朝散、朝奉大夫，京畿、三路轉運副使，諸路轉運使、副使，知上州，提舉三路保甲〔一四〕，入內內侍省、內侍省押班，武功至武翼大夫，開封左、右司錄事，蕃官使臣，殿中侍御史，左右司諫、正言，監察御史，和安大夫至翰林良醫，男，用之。內殿中侍御史、監察御史用九張，蕃官使臣用大錦褾，背帶〔一五〕，此其小異者也。

中綾紙二等。一等七張，中錦褾，中牙軸，青帶。諸司員外郎，朝請、朝散、朝奉郎，少府、將作、軍器少監，諸衞將軍，太子侍讀、侍講，中亮、中衞、左武、右武郎中，知下州，諸路提點刑獄，發運判官，提點鑄錢，承議郎，武功至武翼郎，太子中允、舍人，親王府翊善、贊讀、侍讀，符寶郎，太常、中正〔一六〕、祕書、殿中丞，六尚奉御，大理正，著作郎，通事舍人，太子諸率府率，直龍圖閣，開封府諸曹事，大晟府樂令，直祕閣，崇政殿說書，和安郎至翰林醫正，用之。一等六張，中錦褾，中牙軸，青帶。奉議郎，七寺丞，祕書郎，太常博士，著作佐郎，國子、少府、將作、軍器、都水監丞，國子博士，大理司直、評事，修武、敦武郎，通直郎，內常侍，轉運判官，提舉學士〔一七〕，諸州通判，御史臺檢法官、主簿，九寺主簿，親王記室，閤門祗候，樞密院逐房副承旨，從義、秉義郎，太學、武學博士，開封諸曹掾，陵臺令，兩赤縣令，忠訓、忠翊郎，節度、防禦、團練副使，行軍司馬，太醫正，太史局令、正、丞、五官正，翰林醫官，辟廱博士，太子諸率府副率，用之。

小綾紙二等。一等五張，黃花錦褾，角軸，青帶。校書郎，正字，宣教郎，太常寺協律、奉禮郎，太祝，郊社、太官令，律學博士，國子、少府、將作、軍器、都水監主簿，宣義郎，保義、成忠郎，太學正、錄，律學，承事、承奉、承務，承信、承節郎，門下、中書省錄事，尙書省都事，三省、樞密院主事，辟廱正、錄，用之。一等五張，黃花錦褾，次等角軸，青帶。幕職、州縣官，三省樞密院令史、書史，流外官，諸州別駕、長史、司馬、文學、司士、助教，技術官，用之。

凡宮掖至外命婦羅紙七種，分十等：

遍地銷金龍五色羅紙二等。一等一十八張，韜帶，兩面銷金雲鳳褾，紅絲網子，金樣鈒花塗帉錔，滴粉縷金花鳳大犀軸。大長公主、長公主、公主用之。一等一十七張，韜帶，兩面銷金雲鳳褾，紅絲網子，金樣鈒花塗帉錔，滴粉縷金花鳳子中犀軸。貴儀、淑儀、淑容、順儀、順容、婉儀、婉容、內宰用之。

遍地銷金鳳子五色羅紙二等。一等一十五張，韜帶，銷金鳳子褾，紅絲網子，金塗銀帉錔，滴粉縷金雲鳳玳瑁軸。昭儀、昭容、昭媛、修儀、修容、修媛、充儀、充容、充媛、副宰用之。一等一十二張，韜帶，銷金盤鳳褾，紅絲網子，金塗銀帉錔，滴粉金雲鳳玳瑁軸。婕妤、才人、貴人、美人用之。

銷金團窠花五色羅紙二等。一等一十張，八荅暈錦褾韜，色帶，紫絲網子，銀帉鉻，滴粉縷金葵花玳瑁褾軸。尚儀，尚服，尚食，尚寢，尚功，宮正，內史，宰相曾祖母、祖母、母、妻，親王妻，用之。一等八張，翠色獅子錦褾韜，色帶，紫絲網子，銀帉鉻，滴粉縷金梔子花玳瑁軸。郡主，縣主，國夫人，內命婦，郡夫人，執政官祖母、母、妻，用之。

銷金大花五色羅紙一等。七張，雲鴈錦褾韜，色帶，紫絲網子，銀帉鉻，滴粉縷金玳瑁軸。寶林御女，采女，二十四司典掌，尚書省掌籍、掌樂，主管仙韶，用之。

金花五色羅紙一等。七張，法錦褾韜，色帶，紫絲網子，銀帉鉻，縷金玳瑁軸。郡夫人，郡君，宗室妻，朝奉大夫、遙郡刺史以上母妻，升朝官母，諸班直都虞候、指揮使、禁軍都虞候、軍都虞候、御前忠佐母，蕃官母妻，諸神廟夫人，用之。

五色素羅紙一等。七張，錦褾韜，色帶，紫絲網子，銀帉鉻，大牙軸。宗室女，升朝官妻，諸班直都虞候、指揮使、禁軍都虞候、軍都指揮使、忠佐妻，用之。

凡內外軍校封贈綾紙三種，分四等：

大綾紙二等。一等七張，法錦褾，大牙軸，青帶。遙郡刺史以上用之。一等七張，大錦褾，大牙軸，青帶。蕃方指揮使、御前忠佐馬步軍都副都軍頭〔一八〕、馬步軍都軍頭、蕃方馬步軍都指揮使用之。內帶遙郡者，法錦褾，色帶。

中綾紙一等。五張，中錦褾，中牙軸，青帶。都虞候以上諸班指揮使，御前忠佐馬步軍副都軍頭，藩方馬步軍副都指揮使、都虞候，用之。內加至爵邑者，用大綾紙，大牙軸，大錦褾。

小綾紙一等。五張，黃花錦褾，次等角軸，青帶。諸軍指揮使以下用之。如加至爵邑者，同上。

凡封蠻夷酋長及蕃長綾紙兩種，各一等：

五色銷金花綾紙一等。一十八張，翠色獅子錦褾，法錦韜，紫絲網子，銀帉錔，滴粉縷金牡丹花玳瑁軸，色帶。南平、占城、眞臘、闍婆國王用之。

中綾紙一等。七張，法錦褾，中牙軸，青帶。藩蠻官承襲、轉官用之。

大觀併歸尚書省，政和仍歸吏部。差主管官。建炎元年，詔：「文臣太中大夫、武臣正任觀察使及宗室南班官以上給告，以下並給敕。」三年，詔逐等依舊給告。紹興二年，詔：四品以下官及職事官監察御史以上，官告並用錦標外，其餘官幷封贈權用纈羅代充。十四年，始盡用錦。其後，又詔內外命婦、郡夫人以上，乃得用網袋及銷金，其餘則否。至二十六年，詔內外文武臣僚告敕，並依大觀格式製造。裁減吏額，共置二十九人。淳熙十三年，又減五人。

戶部　國初以天下財計歸之三司，本部無職掌，止置判部事一人，以兩制以上充，以受天下上貢，元會陳于庭。元豐正官名，始並歸戶部。掌天下人戶、土地、錢穀之政令，貢賦、征役之事。以版籍考戶口之登耗，以稅賦持軍國之歲計，以土貢辨郡縣之物宜，以征榷抑兼并而佐調度，以孝義婚姻繼嗣之道和人心，以田務券責之理直民訟，凡此歸於左曹。以常平之法平豐凶、時斂散，以免役之法通貧富、均財力，以伍保之法聯比閭、察盜賊，以義倉振濟之法救饑饉、恤艱阨，以農田水利之政治荒廢、務稼穡，以坊場河渡之課酬勤勞、省科率，凡此歸於右曹。尙書置都拘轄司，總領內外財賦之數，凡錢穀帳籍，長貳選吏鈎考。其屬三：曰度支，曰金部，曰倉部。

熙寧中，以知樞密院陳升之、參知政事王安石制置條例，建官設屬，取三司條例看詳，具所行事付之。三年，罷歸中書，以常平、免役、農田、水利新法歸司農，以胄案歸軍器監，修造歸將作監，推勘公事歸大理寺，帳司、理欠司歸比部，衙司歸都官，坑冶歸虞部，而三司之權始分矣。元豐官制行，罷三司歸戶部左、右曹，而三司之名始泯矣。凡官十有三：尙書一人，侍郎二人，郎中、員外郎，左右曹各二人，度支、金部、倉部各二人。

元祐初，門下侍郎司馬光言：「天下錢穀之數，五曹各得支用，戶部不知出納見在，無以量入爲出。乞令尙書兼領左、右曹，錢穀財用事有散在五曹、寺監者，並歸戶部，使尙書周知其數，則利權歸一；若選用得人，則天下之財庶幾可理。」詔尙書省立法。三年，三省言：

「大理寺右治獄並罷，依三司舊例，戶部置推勘檢法官，治在京官司凡錢穀事，增置幹當公事二員。」紹聖元年，罷戶部幹當公事，置提舉、管幹官，復行免役、義倉，釐正左、右曹職，依元定官制。三年，右曹令侍郎專領，尚書不與。建中靖國元年，復幹當公事官二員。政和二年五月，詔依神宗官制，委右曹侍郎專主行常平，自今許本部直達奏裁。又詔依熙、豐舊制，本部置都拘轄司，總領戶、度、金、倉四部財賦。宣和六年，詔戶部辟官依元豐法。

尚書　侍郎　掌軍國用度，以周知其出入盈虛之數。凡州縣廢置，戶口登耗，則稽其版籍；若貢賦征稅，斂散移用，則會其數而頒其政令焉。凡四司所治之事，侍郎爲之貳，郎中、員外郎參領之，獨右曹事專隸所掌侍郎。若事屬本曹，郡縣監司不能直者，受其訟焉。大饗祀薦饌，則尚書奉俎，飲福則徹之。朝會則奏貢物。左曹分案五，置吏四十；右曹分案五，置吏五十有六。建炎兵興，嘗以知樞密院張慤提領措置戶部財用，後遷中書侍郎，仍兼之。五年〔六〕，復以參知政事孟庾提領措置。後罷，專委戶部長貳。左曹分案三：曰戶口，掌凡諸路州縣戶口升降，民間立戶分財，科差人丁，典賣屋業，陳告戶絕，索取妻男之訟。曰農田，掌農田及田訟務限，奏豐稔，驗水旱蟲蝗，勸課農桑，請佃地土，令佐任滿賞罰，繳奏諸州雨雪，檢按災傷逃絕人戶。曰檢法，掌凡本部檢法之事，設科有三：曰二稅，掌受納、驅磨、隱匿、支移、折變。曰房地，掌諸州樓店務房廊課利，僧道免丁錢及土貢獻物。曰課利，掌諸軍酒課，比較增虧，知、通等職位姓名，人戶買撲鹽場酒務祖額〔三〇〕酒息，賣田投納牙契。外有開拆、知雜司。右曹分案六：曰常平，掌常平、農田水利及義倉振濟，戶絕田產，居養鰥、寡、孤、獨之事。曰免役，曰坊場，曰平準，各隨其名而任其事。曰檢法，曰知雜。裁減吏額，左曹四十人，右曹三十人。淳熙十年，詔左藏南庫撥隸戶部。舊制，戶部侍郎二人，中興初，止除長貳各一員，或止除尙書若侍郎一員。紹興四年七月，詔戶部侍郎二員，通治左、右曹，自此相承不改。

郎中 左曹 右曹 員外郎 掌分曹治事。建炎三年，詔省併郎曹，惟戶部五司以職事煩劇不併，仍各置一員。紹興中，專置提舉帳司，總天下帳狀，以戶部左曹郎官兼之。右曹歲具常平錢物總數，每秋季具册以聞。初置主管左、右曹，總稱戶部郎官。紹興七年，閻彥昭以太府寺丞兼左曹郎官。紹興三十二年，徐康正除左曹郎官，自是相承不改。是年，又詔：「戶部事有可疑難裁決者，許長貳與衆郎官聚議，文字皆令連書，有定議，然後付本曹行遣。」

度支郎中 員外郎 參掌計度軍國之用，量貢賦稅租之入以爲出。凡軍須邊備，會其盈虛而通其有無。若中外祿賜及大禮賞給，皆前期以辦。歲終，則會諸路財用出入之數奏于上，而以其副申尚書省。凡小事則擬畫，大事諮其長貳；應申請更改舉行勘審者，則先檢詳供具。分案六，置吏五十有一。凡上供有額，封樁有數，科買有期，皆掌之。有所漕運，則計程而給其直。凡內外支供及奉給驛券，賞賜衣物錢帛，先期擬度，時而予之。分案五：曰度支，曰發運，曰支供，曰賞賜，曰知雜。乾道四年，置會稽都籍，度支掌之。裁減吏額，置五十人。淳熙十三年，又減四人。

金部郎中　員外郎　參掌天下給納之泉幣〔三〕，計其歲之所輸，歸于受藏之府，以待邦國之用。勾考平準、市舶、榷易、商稅、香茶、鹽礬之數，以周知其登耗，視歲額增虧而爲之賞罰。凡綱運濡滯及負折者，計程帳催理。凡造度、量、權、衡，則頒其法式。合同取索及奉給、時賜，審覆而供給之。分案六：曰左藏，曰右藏，曰錢帛，曰榷易，曰請給，曰知雜。裁減吏額，共置六十人。淳熙十三年，又減四人。

倉部郎中　員外郎　參掌國之倉庾儲積及其給受之事。凡諸路收糴折納，以時舉行；漕運上供封樁，以時催理；應供輸中都而有登耗，則比較以聞。歲以應用芻粟前期報度支，均定支移、折變之數。其在河北、陝西、河東路者，書其所支歲月，季一會之。若內外倉場帳籍供申愆期，則以法究治。分案六，置吏二十有四。元祐元年四月，省郎官一員，十月復置。分案六：曰倉場〔三〕，曰上供，曰糶糴，曰給納，曰知雜，曰開拆。建炎三年，罷司農寺歸倉部。紹興四年復舊。裁減吏額，共置二十五人，續又減二人。

禮部　掌國之禮樂、祭祀、朝會、宴饗、學校、貢舉之政令。祭之名有三：天神曰祀，地祇曰祭，宗廟曰饗。又有大祀、中祀、小祀之別。幣玉、牲牢、器服，各從其等。凡雅樂，以六律、六同合陰陽之聲爲樂律，金、石、絲、竹、匏、土、革、木爲樂器，宮架八佾，特架六佾，分武文先後之序爲樂舞，其所歌爲樂章。若有事於南北郊、明堂，籍田、禘祫太廟，薦享景靈宮，酌獻陵園，及行朝貢、慶賀、宴樂之禮，前期飭有司辦具，閱所定儀注，以舊章參考其當否，上尚書省；册寶及封册命禮亦如之。凡禮樂制度有所損益，小事則同太常寺，大事則集侍從官、祕書省長貳或百官，議定以聞。凡天下選士，具注於籍，三歲貢舉，與夫學校試補三舍生。掌后妃、親王以下推恩，公主下嫁〔三〕，宗室冠、婚、喪、葬之制，及賜旌節、章服、冠帔、門戟，旌表孝行之法。若印記、圖書、表疏之事，皆掌焉。大祥瑞，則朝參官以上詣閤門表賀，餘於歲終條奏。

舊屬禮儀院，判院一人，以樞密院使、參知政事充；知院，以諸司三品以上充。主吏無定數，擇三司京朝百司胥史充。禮部止設判部一人，掌科舉，補奏太廟郊社齋郎、室長、掌

坐〔三〕，都省集議，百官謝賀章表，諸州申祥瑞，出入內外牌印之事。兼領貢院，掌受諸州解

發進士、諸科名籍及其家保狀、文卷，考驗戶籍、舉數、年齒而藏之。若朝廷遣官知舉，則

主判官罷，事畢，以知舉官卑者一員主判。元豐官制行，悉歸禮部。其屬三：曰祠部，曰主

客，曰膳部。設官十：尚書、侍郎各一人，郎中、員外郎四司各一人。元祐初，省祠部郎官

一員，以主客兼膳部。紹聖改元，主客、膳部互置郎官兼領。建炎以後並同。

尚書　掌禮樂、祭祀、朝會、宴享、學校、貢舉之政令，侍郎爲之貳，郎中、員外郎參領之。凡講議制度，損益儀物，則審覆有司所定之式，以次諸決，而質於尚書省。大祭祀則省牲，鼎鑊視滌濯，薦腥則奉籩豆、簠簋，及飲福徹之，祼則奉瓚臨鬯。凡天地、宗廟、陵園之祀，后妃、親王、將相封册之命，皇子加封，公主降嫁，稽其彝章以詔上下而舉行之。朝廷慶會宴樂，宗室冠、婚、喪、祭，蕃使去來宴賜，與夫經筵、史館、賜書、修書之禮，例皆同奉常講求參酌，而定其儀節。三歲貢舉，學校試補諸生，皆總其政。旌節章服之頒，祥瑞表奏之進，凡關於禮樂者，皆掌之。建炎三年，詔鴻臚、光祿寺併歸于禮部，太常、國子監亦隸焉。分案五：曰禮樂，曰貢舉，曰宗正奉使帳，曰封册表奏，曰檢法。各隨其名而治其事。裁減吏額，四十五人。續又減四人。

侍郎　奏中嚴外辦，同省牲及視饌腥熟之節；祼，受瓚奉槃。歲祀昊天上帝，祭皇地祇，與尚書迭爲亞獻。祭太社、太稷、神州地祇，則迭爲初獻。祀九宮貴神、五帝、感生帝、朝日、夕月、蜡祭東西方亦如之。大朝會，則尚書奏藩國貢物。凡慶賀若謝，則郎中、員外郎分撰表文。祠事，與太常少卿、祠部官迭爲終獻或亞獻。親郊，自景靈宮朝獻、太廟朝享至望燎禮畢，乘輿還內，皆奏解嚴。分案十，置吏三十有五。南渡，諸曹長貳互置。紹興七年，禮部置侍郎二員。隆興元年，詔：「除尚書不常置外，禮部侍郎置一員。」

郎中　員外郎　元豐，郎官、員外郎參領禮樂、祭祀、朝會、宴享、學校、貢舉之事。有所損益，則審訂以次諸決。凡慶會若謝，掌撰表文。與祠部、主客、膳部並列爲四。建炎三年，併省郎曹，禮部領主客，祠部領膳部。隆興元年，復詔禮部、祠部一員兼領，自是併行四司之事矣。通置吏五十四人。

祠部郎中　員外郎　掌天下祀典、道釋、祠廟、醫藥之政令。月奏祠祭、國忌、休暇之日。每歲大祀，忌日，大忌前一日，皆不坐。元日、冬至、寒食假各七日。天慶、先天、降聖節各五日。誕聖節、正七月望、夏至、臘各三日。天祺、天貺節、人日、中和、二社、上巳、端午、三伏、七夕、授衣、重九、四立、春秋分及每旬假各一日。若神祠封進爵號，則覆太常所定以上尚書省。凡宮觀、寺院道釋，籍其名額，應給度牒，若空名者毋越常數。初補醫生，令有司試藝業，歲終校全失而賞罰之。分案五，置吏二十有一。

主客郎中　員外郎　掌以賓禮待四夷之朝貢。凡郊勞、授館、宴設、賜予，辨其等而以式頒之。至則圖其衣冠，書其山川風俗。有封爵禮命，則承詔頒付。掌嵩、慶、懿陵祭享，崇義公承襲之事。分案四，置吏七。元祐六年七月，兵部言：「兵部格，掌蕃夷官授官；主客令，蕃國進奉人陳乞轉授官職者取裁。即舊應除轉官者，報所屬看詳。舊來無例，創有陳乞，曹部職掌未一，久遠互失參驗，自今不以曾未貢及例有無，應緣進奉人陳乞，授官加恩，令主客關報兵部。」從之。

膳部郎中　員外郎　掌牲牢、酒醴、膳羞之事。凡所用物，前期計度，以關度支。若祭祀、朝會、宴享，則同光祿寺官視其善否，酒成則嘗而後進。季冬命藏冰，春分啓之，以待供賜。分案七，置吏九。

兵部　掌兵衞、儀仗、鹵簿、武舉、民兵、廂軍、土軍、蕃軍，四夷官封承襲之事，輿馬、器械之政，天下地土之圖。凡儀衞，大朝會用黃麾大仗；文德殿視朝及册命王公大臣，用黃麾半仗；紫宸殿受外國使朝，用黃麾角仗；文德殿發册，用黃麾細仗。鹵簿有大駕、法駕、小駕，皆掌其數及行列先後之儀，爲圖以授有司。凡武選之制，倣貢舉之法。凡聯其什伍而教之以戰爲民兵〔三〕，材不中禁衞而足以執役爲廂軍，就其鄉井募以禦盜爲土軍，以老疾而裁其功力之半爲剩員。團結以禦戎爲洞丁，爲義軍、弩手；屬羌分隸邊將爲蕃兵。籍其名數而頒其禁令。大將出征，奏捷則告于廟，破賊則露布以聞。凡招置廂、禁軍及州郡屯營，三衙遷補，守戍軍吏轉補，文武官白直、宣借，皆掌之。其屬三：曰職方，曰駕部，曰庫部。舊判部事一人，以兩制充。掌三駕儀仗、鹵簿圖、春秋釋奠武成王廟及武舉，歲終以義軍、弓箭手戶數上于朝。國初，掌千牛備身，殿中省進馬籍。元豐設官十，尚書、侍郎各一，四司郎中、員外郎各一。元祐初，省駕部郎中一員，以職方兼庫部。紹興改元，詔職方、庫部互置郎官一員兼。

尚書　掌兵衞、武選、車輦、甲械、廄牧之政令。以天下郡縣之圖而周知其地域。凡陳鹵簿，設仗衞，飭官吏整肅，蕃夷除授，奉行其制命。凡軍兵以名籍統隸者，閱習按試，選募遷補，及武舉、校試之事，皆總之。侍郎爲之貳，郎中、員外郎參掌之。大禮，則尚書充鹵簿使；大祀，奉魚牲及俎；視朝，則侍郎執班簿對立；小祀，則郎中、員外郎薦俎并徹。分案九，置吏四十有七。凡蕃夷屬戶授官、封襲之事皆掌之。建炎三年，併衞尉寺隸焉。分案十：曰賞功，曰民兵衞，曰廂兵，曰人從看詳，曰帳籍告身，曰武舉，曰蕃官，曰開拆，曰知雜，曰檢法。乾道裁減吏額，共置三十人。續詔：「將下班祗應并進義校尉、守闕進義副尉、進武校尉、守闕進武副尉並隸兵部，許於殿前司抽差下班祗應，文字人吏六名，赴部行遣。」

侍郎　掌貳尙書之事。南渡，長貳互置，續置侍郎二員，紹興常置一員〔三六〕。

郎中　員外郎　參掌本部長貳之事。建炎三年，詔兵部兼職方，駕部兼庫部。隆興元年，詔駕部、兵部郎官共一員兼領，自是四司合爲一矣。厥後間或並置，若從軍或將命于外，則假以爲寵焉。

職方郎中　員外郎　掌天下圖籍，以周知方域之廣袤，及郡邑、鎭砦道里之遠近。凡土地所產，風俗所尙，具古今興廢之因，州爲之籍，遇閏歲造圖以進。四夷歸附，則分隸諸州，度田屋錢糧之數以給之。分案三，置吏五。舊判司事一人，以無職事朝官充，掌受閏年圖經。國初，令天下每閏年造圖納儀鸞司。淳化四年，令再閏一造；咸平四年，令上職方。轉運畫本路諸州圖，十年一上。紹熙三年，職方、駕部吏額通入兵部、庫部，併作四十二人。

駕部郎中　員外郎　掌輿輦、車馬、驛置、廏牧之事。大禮，戒有司具五輅。凡奉使之官赴闕，視其職治給馬如格。官文書則量其遲速以附步馬急遞。總內外監牧，籍其租入多寡、孳產登耗。凡市馬於四夷者，溢歲額則賞之。分案六，置吏十有三。建炎三年，倂太僕寺隸焉。

庫部郎中　員外郎　掌鹵簿、儀仗、戎器、供帳之事，國之武庫隸焉。凡內外甲仗器械，造作繕修，皆有法式。若御大慶、文德殿，應用鹵簿名數，前期以戒有司。祭祀、喪葬，則給以等差。總衞尉寺金吾仗司兵匠之數，考其功罪、歲月而以法升降之。分案四，置吏九。

刑部　掌刑法、獄訟、奏讞、赦宥、敍復之事。凡斷獄本於律，律所不該，以敕、令、格、式定之。凡律之名十有二：曰名例，曰禁衞，曰職制，曰戶婚，曰廐庫，曰擅興，曰盜賊，曰鬬訟，曰詐僞，曰雜律，曰捕亡，曰斷獄。禁於未然之謂令，施於已然之謂敕，設於此而使彼至之之謂格，設於此而使彼效之之謂式。其一司一路海行所不該者，折而爲專法。若情可矜憫而法不中情者讞之，皆閱其案狀，傳例擬進。應詔獄及案劾命官，追命姦盜，以程督之。審覆京都辟囚，在外已論決者，摘案檢察。凡大理、開封、殿前馬步司獄，糾正其當否；有辯訴，以情法與奪、赦宥、降放、敍雪。若命官牽復，則以朞數定之。其屬三：曰都官，曰比部，曰司門。設官十有三〔二七〕：尙書一人，侍郎二人；郎中、員外郎，刑部各二人，都官、比部、司門各一人。

國初，以刑部覆大辟案。淳化二年，增置審刑院，知院事一人，以郎官以上至兩省充，詳議官以京朝官充，掌詳讞大理所斷案牘而奏之。凡獄具上，先經大理，斷讞旣定，報審刑，然後知院與詳議官定成文草，奏記上中書，中書以奏天子論決。大中祥符二年〔二八〕，置糾察刑獄司，糾察官二人，以兩制以上充。凡在京刑禁，徒以上卽時以報；若理有未盡或置淹恤，追覆其案，詳正而駁奏之。凡大辟，皆錄問。熙寧三年，詔：「詳議、詳斷、詳覆官〔二九〕，初入以三年爲任，次以三十月爲任，欲出者聽前任滿半年指闕注官，滿三任者堂除。」八年，罷詳議、詳斷官親書節案，止令節略付吏〔三〇〕，仍減議官一、斷官二。元豐二年，知院安燾言：「天下奏案，益多於往時。自熙寧八年減議官、斷官，力旣不足，故事多疏謬。」增詳議官一，刑部增詳斷官一。三年八月，詔：「省審刑院歸刑部。以知院官判刑部，掌詳議、詳覆司事。刑部主判官爲同判刑部，掌詳斷司事，審刑議官爲刑部詳議官。」官制行，悉罷歸刑部。

元祐元年，省比部郎官一員，以都官兼司門。五月，三省言：「舊制，糾察在京刑獄以察違慢，自罷歸刑部，無復申明糾舉之制，請以御史臺刑察兼領。其御史臺刑獄，令尙書省右司糾察。」從之。刑部舊有詳覆案，自官制行，歸諸路提刑司，至是復置。四年，併制勘、體量爲一案〔三〕。紹聖元年，詔都官、司門互置郎官一員。崇寧二年十二月，詔：「刑部尚書通治左右曹，侍郎一治左曹，一治右曹，如獨員，卽通治，餘並依官制格令。」

尚書　掌天下刑獄之政令。凡麗于法者，審其輕重，平其枉直，而侍郎爲之貳。應定奪、審覆、除雪、敍復、移放，則尚書專領之；制勘、體量、奏讞、糾察、錄問，則長貳治之；而郎中、員外郎分掌其事。有司更定條法，則覆議其當否。凡聽訟獄或輕重失中，有能駁正，詔其賞罰。若頒赦宥，則糾官吏之稽違者；大祀，則尚書涖誓，薦熟則奉牲；大禮肆赦，則侍郎授赦書付有司宣讀，承旨釋囚。分案十二，置吏五十有二。紹興後，分案十三：曰制勘，掌凡根勘諸路公事；曰體量，掌凡體究之事；曰定奪，掌訴雪除落過名；曰舉敍，掌命官敍復；曰糾察，掌審問大辟；曰檢法，掌供檢條法；曰頒降，掌頒條法降敕；曰追毀，掌斷罰追毀宣敕；曰會問，掌批會過犯；曰詳覆，掌諸路大辟帳狀；曰捕盜；曰帳籍，掌行在庫務、理欠帳籍；曰進擬，掌進斷案刑名文書。裁減吏額，置三十五人。

侍郎　舊制，應定奪、審覆、除雪、敍復、移放，尚書專領之。若制勘、體量、奏讞、糾察、錄問，長貳通治之。南渡，長貳互置。隆興常置一員。淳熙十六年，依崇寧專法，奏獄及法令事，請大理寺官赴部共議之，用侍郎吳博古之說也。

郎中　員外郎　各二人，分左右廳，掌詳覆、敍雪之事。建炎三年，刑部郎官以二員爲額，關掌職事，初無分異。紹興二十六年，詔依元豐舊法，分廳治事。先是右司汪應辰言：「刑部郎官分爲左右，左以詳覆，右以敍雪，同僚異事，祖宗有深意。倘初無分異，則有不當于理者，孰爲追改？乞遵用舊制，要使官各有守，人各有見，參而用之，以稱欽恤之意。」從之，仍令今後倣此。

都官郎中　員外郎　掌徒流、配隸。凡天下役人與在京百司吏職皆有籍，以攷其役放及增損廢置之數。若定差副尉，舊爲軍大將。則計其所歷，而以役之輕重均其勞逸，給印紙書其功過，展減磨勘歲月。元祐八年，以綱運差使關歸吏部，省副尉員三百。紹聖間，復其額，及元豐押綱法，歸都官。崇寧二年二月，復配隸案。先是，元豐中，都官有吏籍、配隸案，元祐中，罷之。因刑部有請，乃詔如舊。六月，侍郎劉賡奏：「副尉差遣有立定優重等第，都官條雖特旨亦許執奏，乞申嚴其禁。」從之。分案四，置吏十有八。建炎三年，詔比部兼司門。隆興元年，詔都官、比部共置一員。自此都官兼比部、司門之事。分案五：曰差次，曰磨勘，曰吏籍，曰配隸，曰知雜，各因其名而治其事。裁減吏額，置十二人。淳熙十三年，減三人。

比部郎中　員外郎　掌勾覆中外帳籍。凡場務、倉庫出納在官之物，皆月計、季考、歲會，從所隸監司檢察以上比部，至則審覆其多寡登耗之數，有陷失，則理納。鈎考百司經費，有隱昧，則會問同否而理其侵負。舊帳案隸三司，自治平中至熙寧初，凡四年帳未鈎考者已踰十有二萬，錢帛、芻粟積虧不可勝計。五年十一月，曾布奏，以四方財賦當有簿書文籍，以鈎考其給納登耗多寡。遂置提舉帳司，選人吏二百人，驅磨天下帳籍，并選官吏審覆。七年二月，詔帳司每歲具天下財用日出入數以聞。元豐初年，詔：「諸路財賦出入，自今三年一供，著爲令。」官制行，釐其事歸比部。元祐元年七月，用司馬光奏，悉總於戶部。三年，釐正倉部，勾覆、理欠、憑由案及印發鈔引事歸比部。政和六年，詔：「寺監先期檢舉，如庫務監官所造文帳委無未備，方許批書，違者御史臺奏劾。」用郎官梅執禮之請也。分案五，置吏百有一。建炎以後，或以都官兼比部、司門之事。

司門郎中　員外郎　掌門關、津梁、道路之禁令，及其廢置移復之事。應官吏、軍民、輦道商販，譏察其冒僞違縱者。凡諸門啓閉之節及關梁餘禁，以時舉行。分案二，置吏五。

工部　掌天下城郭、宮室、舟車、器械、符印、錢幣、山澤、苑囿、河渠之政。凡營繕，歲計所用財物，關度支和市；其工料，則飭少府、將作監檢計其所用多寡之數。凡百工，其役有程，而善否則有賞罰。兵匠有闕，則隨以緩急招募。籍坑冶歲入之數，若改用錢寶，先具模製進御請書。造度、量、權、衡則關金部。印記則關禮部。凡道路、津梁，以時修治。設舊制，判部事一人，以兩制以上充。元豐並歸工部。其屬三：曰屯田，曰虞部，曰水部。設官十。尚書、侍郎各一人，工部、屯田、虞部、水部郎中員外郎各一人。元祐元年，省水部郎官一員。紹聖元年，詔屯田、虞部互置郎官一員兼領。

尚書　掌百工水土之政令，稽其功緒以詔賞罰。總四司之事，侍郎爲之貳。若制作、營繕、計置、採伐所用財物，按其程式以授有司，郎中、員外郎參掌之。應官吏、兵民緣本曹事有功賞罪罰，則審實以上尚書省。大祭祀，則尚書薦俎與徹。若諸監鼓鑄錢寶，按年額而課其數，因其登耗以詔賞罰。凡車輦、飭器、印記之造，則少府監、文思院隸焉。甲兵器械之制，則軍器所隸焉。有合支物料工價，則申于朝，以屬戶部。建炎併將作、少府、軍器監並歸工部。是時，營繕未遑，惟戎器方急。紹興二年，詔於行在別置作院造器甲，令工部長貳提點，郎官逐旬點檢。少府監既歸工部，文思院上下界監官並從本部辟差。又詔御前軍器所隸工部，自是營造稍廣。宰臣議：「戶部以給財爲務，工部以辦事爲能，誠非一體。」欲令戶、工部兼領其事，卒未能合。隆興以後，宮室、器甲之造寖稀，且各分職掌，部務益簡，特提其綱要焉。分案六：曰工作，曰營造，曰材料，曰兵匠，曰檢法，曰知雜。又專立一案，以御前軍器案爲名。裁減吏額，共置四十二人。

侍郎　掌貳尚書之事。南渡初，長貳互置，隆興詔各置一員。

郎中　員外郎　舊制，凡制作、營繕、計置、採伐材物，按程式以授有司，則參掌之。建炎三年，詔：「工部郎官兼虞部，屯田郎官兼水部。」隆興元年，詔工部、屯田共一員兼領，自此四司合爲一矣。淳熙九年，以趙公廙爲屯田員外郎，自是不復省。

屯田郎中　員外郎　掌屯田、營田、職田、學田、官莊之政令，及其租入、種刈、興修、給納之事。凡塘濼以時增減，堤堰以時修葺，并有司修葺種植之事，以賞罰詔其長貳而行之。分案三，置吏八。

虞部郎中　員外郎　掌山澤、苑囿、場冶之事，辨其地產而爲之厲禁。凡金、銀、銅、鐵、鉛、錫、鹽、礬，皆計其所入登耗以詔賞罰。分案四，置吏七。

水部郎中　員外郎　掌溝洫、津梁、舟楫、漕運之事。凡堤防決溢，疏導壅底，以時約束而計度其歲用之物。修治不如法者，罰之；規畫措置爲民利者，賞之。分案六，置吏十有三。紹興累減吏額，四司通置三十三人。

軍器所隸工部。　提點官二員，紹興三十二年，詔於邊臣內差。提轄、監造官各二員，幹辦、受給、監門官各一員。掌鳩工聚材、製造戎器之政令。舊就軍器監置，別差提舉官，以內侍領之。紹興中，改隸工部，罷提舉官，日輪工部郎官、軍器監官前去本所點驗監視；後復以中人典領。工部侍郎黃中以爲言，請復隸屬。從之。孝宗卽位，有旨增置提點官，以內省都知李綽爲之，改稱提舉，免隸工部。後以御史張震力爭，復隸工部。後改隸步軍司，尋復舊。紹熙元年，減省員額，如上制。

文思院隸工部。　提轄官一員，監官三員，內置一員，文臣京朝官充。監門官一員。掌金銀、犀玉工巧及采繪、裝鈿之飾。凡儀物、器仗、權量、輿服所以供上方、給百司者，於是出焉。沿革附見榷貨務都茶場提轄官。

六部監門　六部監門官一員，掌司門鑰。紹興二年置。選升朝文臣有才力人充，仍令六部踏逐奏差。序位、請給依寺、監丞，郎官有闕得兼之。初從吏部尚書沈與求之請也。

主管架閣庫　掌儲藏帳籍文案以備用。擇選人有時望者爲之。舊有管幹架閣庫官，宣和罷之，紹興十五年復置，吏、戶部各差一員，禮、兵部共差一員，刑、工部共差一員，以主管尚書某部架閣庫爲名，從大理寺丞周楙請也。嘉定八年，又置三省、樞密院架閣官。

校勘記

〔一〕侍郎一人　按下文和宋會要職官八之一、八之五，元豐改制前和改制後，侍郎都是二人。

〔二〕開封府推官者　合璧事類後集卷二六作「開封府推、判官」，章如愚羣書考索後集卷七同，按本書卷一六六職官志「開封府」條：「其屬有判官、推官四人。」疑此處脫「判」字。

〔三〕賜勳有給　按合璧事類後集卷二七作「賜勳有級」，從文義言，當以作「級」字爲是。

〔四〕楷書二人　宋會要職官一一之五五、選舉二三之一八都作「楷書三人」，疑志文「二」爲「三」字之誤。

〔五〕紹熙三年　「紹熙」原作「紹興」，據本書卷三九四謝深甫傳、通考卷五二職官考改。

〔六〕自是館學寺監臣　「臣」，通考卷五二職官考作「丞」，疑是。

〔七〕外內命婦之號十有四　按宋會要職官九之一七，內命婦之品五，與文全同；外命婦之號九，自

「郡夫人」而下爲「郡君」、「縣君」。又據蔡條鐵圍山叢談卷一，政和三年後「改郡、縣君號爲七等，郡君者爲淑人、碩人、令人、恭人，縣君者室人、安人、孺人，俄又避太室之目，改室人曰宜人」。與志文所列十四命婦之號正同，可知自大長公主以下，是外命婦之號，此處「內」字蓋涉上文而衍。

〔八〕以其職事具注於曆　「具注」原作「其法」，據宋會要職官一〇之二〇、合璧事類後集卷二七改。

〔九〕二事爲中　按宋會要職官一〇之二一作「三事爲中」，疑此處「二」爲「三」字之誤。

〔一〇〕凡改服色者以年勞計之　「年勞」二字原倒，據合璧事類後集卷二七、通考卷五二職官考乙正。

〔一一〕餘給敕　「餘」原作「除」，據宋會要禮五八之六改。

〔一二〕天下樂錦褾犀軸　按「犀軸」二字疑衍，或爲「韜」字之誤。

〔一三〕滴粉縷金花翠毛獅子錦褾韜玳瑁軸色帶　按下文有「滴粉縷金牡丹花玳瑁軸」等，疑此處「滴粉縷金花」係「玳瑁軸」定語，應相屬爲文。

〔一四〕提舉三路保甲　「甲」原作「中」。按本書卷一六七職官志「提舉保甲司」條，「元豐初，置于開封府界，遂下其法河北、河東、陝西三路，既而悉置提舉官如府界焉。」此處所云當指此三路保甲，「中」蓋「甲」字之訛，據改。

〔一五〕蕃官使臣用大錦褾背帶　按下文所記有「青帶」，宋會要職官一一之六一、一一之六二也記有

「青帶」，不見有「背帶」，疑此處「背」爲「青」字之誤。

〔一六〕中正　按本書職官志無「中正丞」，而有宗正寺，有丞，此處「中正」當爲「宗正」之誤。

〔一七〕提舉學士　按本書卷一六七職官志有提舉學事司，此處「學士」當是「學事」之誤。

〔一八〕御前忠佐馬步軍都副都軍頭　「御」下原衍「史」字。按下文作「御前忠佐」，宋會要職官三六之七七，端拱二年「改軍頭司爲御前忠佐軍頭司」，據刪。

〔一九〕五年　據本書卷二八高宗紀、繫年要錄卷八六，以孟庾提領措置財用，事在紹興五年。此處失書紀元。

〔二〇〕祖額　原作「租額」，據宋會要食貨五六之四一、通考卷五二職官考改。

〔二一〕參掌天下給納之泉幣　合璧事類後集卷二八、羣書考索後集卷八均作「參掌給納天下之泉幣」，當是。

〔二二〕倉場　「倉」原作「會」，據上文及合璧事類後集卷二八、羣書考索後集卷八改。

〔二三〕公主下嫁　原作「公主以下嫁」。按下文作「公主降嫁」，宋會要職官一三之二、合璧事類後集卷二九作「公主下嫁」，均無「以」字。「以」字衍，據刪。

〔二四〕補奏太廟郊社齋郎室長掌坐　「長掌」，二字原倒，據宋會要職官一三之一、一三之二〇乙正。

〔二五〕凡聯其什伍而敎之以戰爲民兵　「凡」原作「先」，據宋會要職官一四之二、合璧事類後集卷三〇改。

〔二六〕紹興常置一員　「紹興」，通考卷五二職官考作「隆興」。按宋會要職官一四之八，隆興元年「詔六部長貳除尚書不常置外，置兵部侍郎一員」。此處「紹興」疑爲「隆興」之誤。

〔二七〕設官十有三　「三」原作「一」。按下文所列人數，設官應是十三人，宋會要職官十五之六正作「凡官十有三」。「一」字誤，據改。

〔二八〕大中祥符二年　「二年」原作「三年」，據本書卷七眞宗紀、宋會要職官一五之五、長編卷七二改。

〔二九〕詳議詳斷詳覆官　「詳斷」原作「評斷」，據下文和宋會要職官一五之七改。

〔三〇〕止令節略付吏　「令」原作「合」，據宋會要職官一五之八、長編卷二六七改。

〔三一〕併制勘體量爲一案　「體」字原脫，據下文和宋會要職官一五之一三、一五之一四，長編卷四三四補。

宋史卷一百六十四

志第一百一十七

職官四

御史臺　掌糾察官邪，肅正綱紀。大事則廷辨，小事則奏彈。其屬有三院：一曰臺院，侍御史隸焉；二曰殿院，殿中侍御史隸焉；三曰察院，監察御史隸焉。凡祭祀、朝會，則率其屬正百官之班序。咸平四年，以御史二人充左右巡使，分糾不如法者。文官，右巡主之，武官，左巡主之；分其職掌，糾其違失，常參班簿、祿料、假告皆主之。祭祀則兼監祭使，掌受誓戒致齋，檢視糾劾。又有廊下使，專掌入閣監食；又有監香使，掌國忌行香，二使臨時充。通稱曰五使。元豐正官名，於是使名悉罷。

御史大夫　宋初不除正員，止爲加官。檢校官帶憲銜，有至檢校御史大夫者。元豐官制行，亦並除去。

中丞　一人，爲臺長，舊兼理檢使。凡除中丞而官未至者，皆除右諫議大夫權。熙寧五年，以知雜御史鄧綰爲中丞，初除諫議大夫，王安石言礙近制，止以綰爲龍圖閣待制權，御史中丞不遷諫議大夫自綰始。九年，鄧潤甫自正言知制誥爲中丞，以宰相屬官不可長憲府，於是復遷右諫議大夫權。元豐五年，以承議郎徐禧爲知制誥權中丞。禧言：「中丞糾彈之任，赴舍人院行詞，疑若未安。」會官制行，罷知制誥職，乃以本官試中丞。南渡初除官最多，隆興後被擢寖少。淳熙十年，始除黃洽，又三年再除蔣繼周。臺諫例不兼講讀，神宗命呂正獻，亦止命時赴講筵。中興兼者三人，万俟禼、羅汝檝皆以秦檜意。慶元後，司諫以上無不預經筵者矣。

侍御史　一人，掌貳臺政。

殿中侍御史　二人，掌以儀法糾百官之失。凡大朝會及朔望、六參，則東西對立，彈其失儀者。

監察御史　六人，掌分察六曹及百司之事，糾其謬誤，大事則奏劾，小事則舉正。迭監祠祭。歲詣三省、樞密院以下輪治。凡六察之事，稽其多寡當否，歲終條具殿最，以詔黜陟。百官應赴臺參謝辭者，以拜跪、書札體驗其老疾。凡事經郡縣、監司、省曹不能直者，直牒閤門，上殿論奏。官卑而入殿中監察御史者，謂之「裏行」。治平四年，中丞王陶言：「奉詔舉臺官，而才行可舉者多以資淺不應格。」乃詔舉三任以上知縣爲裏行〔二〕。熙寧二年詔：「御史闕，委中丞奏舉，毋拘官職高下兼權。」三年，孫覺薦秀州軍事推官李定，對稱旨，爲太子中允權監察御史裏行〔三〕，由選人爲御史自定始。於是知制誥宋敏求、蘇頌、李大臨以定資淺，封還詞頭，不草制，相繼罷去。

元豐八年，裁減察官兩員，餘許盡兼言事。紹聖二年復置。元祐元年，詔臺諫官許二人同上殿。又令六曹差除更改事，畫黃到，即報臺。又改六察旬奏爲季奏。四年，詔：「應臺察事已彈舉而稽違踰月者，遇赦不得原減。」元符二年詔吏部：「守令課績最優者關臺考察，不實者重行黜責。」崇寧二年，都省申明：「臺官職在繩愆糾謬，自宰臣至百官，三省至百司，不循法守，有罪當劾，皆得糾正。」政和六年，詔在京職事官與外任按察官，雖未升朝，並赴臺參謝辭。七年，中丞王安石〔三〕奏：「以本臺覺察彈奏事刊爲一書，殿中侍御史以上錄本給付。」從之。

靖康元年，監察御史胡舜陟言：「監察御史自唐至本朝，皆論政事、擊官邪，元豐、紹聖著于甲令，崇寧大臣欲其便己，遂更成憲。乞令本臺增入監察御史言事之文。」詔依祖宗法。又詔宰執不得薦舉臺諫官。舊臺令，御史上下半年分詣三省、樞密院點檢諸房文字，輪詣尙書六曹按察；奉行稽違，付受差失，咸得彈糾。渡江後，稍闊不舉。紹興三年，始復其舊。是年十一月，殿中侍御史常同言：「元豐始置六察，上自諸部、寺監，下至廩庫、場務，無不分隸，以詔廢置。而乃有寅緣申請，乞不隸臺察者，恐非法意，宜遵舊制。」從之。乾道二年詔：「自今非曾經兩任縣令，不得除監察御史。」慶元二年，侍御史黃黼言：「監察御史高宗時嘗置六員，孝宗時置三員，今分按之任止二人，乞增置一員。」自後常置三員。

檢法一人，掌檢詳法律。主簿一人，掌受事發辰，勾稽簿書。宋初置推直官二人，專治獄事。凡推直有四：曰臺一推，曰臺二推，曰殿一推，曰殿二推。咸平中，置推勘官十員。元豐官制行，定員分職，裏行、推直等官悉罷。紹興初，詔檢法、主簿特令殿中侍御史奏辟。紹熙中，侍御史林大中以論事不合去，所奏辟檢法官李謙、主簿彭龜年亦乞同罷。嘉定元年，劉榘除檢法官，范之柔除主簿，以後二職皆闕。乾道併省吏額，前司主管班次二人，正副引贊官二人，入品知班三人，知班五人，書令史四人，驅使官四人，法司二人，六察書吏九人，貼司五人，通引官三人。

三京留司御史臺　管勾臺事各一人，舊曰判臺。以朝官以上充。掌拜表行香，糾舉違失。令史二人，知班、驅使官、書吏各一人，中興以後不置。

祕書省　監　少監　丞各一人，監掌古今經籍圖書、國史實錄、天文曆數之事，少監爲之貳，而丞參領之。其屬有五：著作郎一人，著作佐郎二人，掌修纂日曆；祕書郎二人，掌集賢院、史館、昭文館、祕閣圖籍，以甲、乙、丙、丁爲部，各分其類；校書郎四人，正字二人，掌校讎典籍，判正訛謬，各以其職隸於長貳。惟日曆非編修官不預。歲於仲夏曝書，則給酒食費，尚書、學士、侍郎、待制、兩省諫官、御史並赴。遇庚伏，則前期遣中使諭旨，聽以早歸。大典禮，則長貳預集議。所以待遇儒臣，非他司比。宴設錫予，率循故事。

宋初，置三館長慶門北，謂之西館。太平興國初，於昇龍門東北，創立三館書院。三年，賜名崇文院，遷西館書貯焉。東廊爲集賢書庫〔四〕，西廊分四部，爲史館書庫。大中祥符八年，創外院於右掖門外。天禧初，令以三館爲額，置檢討、校勘等員。檢討以京朝官充，校勘自京朝、幕職至選人皆得備選。以內侍二人爲勾當官，通掌三館圖籍事，孔目官、表奏官、掌舍各一人。又有監書庫內侍一人，兼監祕閣圖籍孔目官一人。

祕閣　係端拱元年〔五〕就崇文院中堂建閣，以三館書籍眞本幷內出古畫墨迹等藏之。淳化元年，詔次三館置直閣、以朝官充。校理，以京朝官充。以諸司三品、兩省五品以上官一人判閣事。直閣、校理通掌閣事，掌繕寫祕閣所藏。供御人、裝裁匠十二人。元豐五年，職事官貼職悉罷，以崇文院爲祕書省官屬，始立爲定員，分案四，置吏八。崇文院，太平興國三年置。端拱元年，建祕閣於院中。昭文館、史館、集賢院皆沿唐制立名，但有書庫寓於崇文院廡下。三館、祕閣、崇文院各置貼職官。又有集賢殿修撰、直龍圖閣、校勘，通謂之館職。初，英宗謂輔臣曰：「館閣所以育儁材，比選數人出使，無可者，豈乏材耶？」歐陽脩曰：「今取材路狹，館閣止用選人編校書籍，故進用稍遲。」上曰：「卿等各舉數人，雖親戚世家勿避。」於是宰相琦、公亮，參知政事脩、槩各薦五人，未及試，神宗登極，先召十人試以詩賦，而開封府界提點陳汝義別以奏對稱旨預試〔六〕。於是御史吳申言：「試館職者請策以經史及世務，毋用辭賦。」遂詔：「自今試館職專用策論。」熙寧二年，置崇文校書，始除河南府永安主簿邢恕。乃詔自今應選舉可用人並除校書，候二年取旨除館職官。五年，以隸祕書省。

元祐初，復置直集賢院、校理。自校理而上，職有六等，內外官並許帶，恩數仍舊。又立試中人館職法，選人除正字，京官除校書郎。校書郎供職二年，除集賢校理。祕書郎、著作佐郎比集賢校理。著作郎比直集賢院〔七〕、直祕閣。丞及三年除祕閣校理。三年二月，詔御試唱名日，祕書丞至正字升殿侍立。九月，復試賢良于閣下。五年，置集賢院學士幷校對黃本書籍官員。紹聖初，罷校對，以編修日曆選本省〔八〕，易集賢院學士爲殿修撰，直院爲直祕閣，集賢校理爲祕書校理〔九〕。十二月，詔禮部，本省長貳定校讐之課，月終具奏。入伏午時減半，過渡伏依舊，從蘇軾之請。又罷本省官任滿除館職法。元符二年，詔職事官罷帶館職，悉復元豐官制。崇寧五年，詔館閣並除進士出身人。政和五年四月，詔祕書省殿以右文爲名，改集賢殿修撰爲右文殿修撰。是月，駕詣景靈宮朝獻，還幸祕書省。詔曰：「延見多士，歷覽藏書之府，祖宗遺文在焉，屋室淺狹，甚非稱太平右文之盛，宜重行修展。」八月，詔祕書省移於新左藏庫，以其地爲堂。七年，詔類集所訪遺書，名曰祕書總目。宣和二年，立定祕書省員額：監、少監、丞並依元豐舊制，著作郎以四員爲額〔一〇〕，校書郎二員，正字四員。

渡江後，制作未遑。紹興元年，始詔置祕書省，權以祕監或少監一員，丞、著作郎佐各一員，校書、正字各二員爲額。續又參酌舊制，校書郎、正字召試學士院而後命之。自是採求闕文，補綴漏逸，四庫書略備。卽祕書省復建史館，以修神宗、哲宗實錄，選本省官兼檢討、校勘，以侍從官充修撰。五年，倣唐人十八學士之制，監、少、丞外，置著作郎佐、祕書郎各二人，校書郎、正字通十二人。又移史館於省之側，別爲一所，以增重其事。九年，詔著作局惟修日曆，遇修國史則開國史院，遇修實錄則開實錄院，以正名實。十三年，詔復每歲曝書會。是冬，新省成，少監游操援政和故事，乞置提舉官，遂以授禮部侍郞秦熺，令掌求遺書，仍鑄印以賜。置編定書籍官二人，以校書郎、正字充。

孝宗卽位，詔館職儲養人才，不可定員。乾道九年，正字止六員；淳熙二年，監、少並置，皆前所未有。除少監、丞外，以七員爲額，尋復詔不立額。紹熙二年，館職闕人，上令召試二員，謹加審擇，取學問議論平正之人。自是，監、少、丞外，多止除二員。是時，陳傅良上言：「請以右文、祕閣修撰幷舊館閣校勘三等爲史官。自校勘供職，稍遷祕閣修撰，又遷右文，在院三五年，如有勞績，就遷次對，庶幾有專官之効，無冷局之嫌。」時論韙之，然不果行。中興分案四：曰經籍，曰祝版，曰知雜，曰太史。吏額：都、副孔目官二人，四庫書直官二人，表奏官、書庫官各一人，守當官二人，正名楷書五人，守闕一人，正貼司及守闕各六人，監門官一人以武臣充，專知官一人。

日曆所　隸祕書省，以著作郎、著作佐郎掌之。以宰執時政記、左右史起居注所書會集修撰，爲一代之典。舊於門下省置編修院，專掌國史、實錄，修纂日曆。元豐元年詔：「宣徽院等供報修注事，自今更不供起居院，直供編修院日曆所。」四年十一月，廢編修院歸史館。官制行，屬祕書省國史案。六年，詔祕書省長貳毋得預著作修纂日曆事，進書即繫銜，以防漏洩，如舊編修院法焉。八年，詔吏部郎中曾肇、禮部郎中林希兼著作。職事官兼職自此始。元祐五年，移國史案置局，專掌國史、實錄，編修日曆，以國史院爲名，隸門下省，更不隸祕書省。紹聖二年，詔日曆還祕書省。宣和二年，詔罷在京修書諸局，惟祕書省日曆所係元豐國史案，除著作郎官專管修纂日曆之事無定員外，其分案編修日曆書庫官吏，並依元豐法。紹興元年，初修皇帝日曆，詔以修日曆所爲名，本省長貳通行修纂。三年，詔宰臣提舉，侍從官修撰。十一月，詔以修國史日曆所爲名。四年，詔以史館爲名。十年，詔依舊制併歸祕書省國史案，以著作郎、佐修纂，舊史館官罷歸元官。尋復詔以國史日曆所爲名，續併修神宗、哲宗寶訓。隆興元年，詔編類聖政所併歸日曆所，依舊宰臣提領，仍令日曆所吏充行遣。

會要所　以省官通任其事。紹興九年，詔祕書省官讐校國朝會要，逐官添給茶湯錢。乾道四年，詔尚書右僕射陳俊卿兼提舉編修國朝會要，每遇提舉官開院過局，就本省道山堂聚呈文字，提舉諸司官、承受官、主管諸司官，並令國史日曆所官兼。五年，令本省再加删定，以續修國朝會要爲名。九年，祕書少監陳騤言：「編類建炎以後會要成書，以中興會要爲名。」並從之。其後接續修纂，並隸祕書省。

國史實錄院　提舉國史　監修國史　提舉實錄院　修國史　同修國史　史館修撰、同修撰　實錄院修撰、同修撰　直史館　編修官　檢討官　校勘、檢閱、校正、編校官。初，紹興三年，詔置國史院，重修神宗、哲宗實錄，以從官充修撰，續以左僕射呂頤浩提舉國史，右僕射朱勝非監修國史。四年，置直史館及檢討、校勘各一員。五年，置修撰官二員，校勘官無定員。是時，國史、實錄皆寓史館，未有置此廢彼之分。九年，修徽宗實錄，詔以實錄院爲名，仍以宰臣提舉，以從官充修撰、同修撰，餘官充檢討，無定員。明年，以未修正史，詔罷史館官吏併歸實錄院。二十八年，實錄書成，詔修三朝正史，復置國史院，以宰臣監修，侍從官兼同修，餘官充編修。明年，詔國史院以宰臣提舉，置修國史、同修國史共二員，編修官二員，又置都大提舉諸司官、承受官、諸司官各一員，以內侍省官充。隆興元年，以編類聖政所併歸國史院，命起居郎胡銓同修國史。二年，參政錢端禮權監修國史；乾道元年，參政虞允文權提舉國史：皆前所未有。二年，詔置實錄院，修欽宗實錄，其修撰、檢討官以史院官兼領。四年，實錄告成，詔修欽宗正史。以右僕射蔣芾提舉四朝國史，詔增置編修官二員，續又增置三員。淳熙三年，特命李燾以祕書監權同修國史、權實錄院同修撰。四年，罷實錄院，專置史院。十五年，四朝國史成書，詔罷史院，復開實錄院修高宗實錄。慶元元年，開實錄院修纂孝宗實錄。六年，詔實錄院同修撰以四員、檢討官以六員爲額。嘉泰元年，開實錄院修纂光宗實錄。二年，復開國史院，自是國史與實錄院並置矣。實錄院吏兼行國史院事，點檢文字一人，書庫官八人，楷書四人。

太史局　掌測驗天文，考定曆法。凡日月、星辰、風雲、氣候、祥眚之事，日具所占以聞。歲頒曆于天下，則預造進呈。祭祀、冠昏及大典禮，則選所用日。其官有令，有正，有春官、夏官、中官、秋官、冬官正，有丞，有直長，有靈臺郎，有保章正〔三〕。其判局及同判，則選五官正以上業優考深者充。保章正五年、直長至令十年一遷，惟靈臺郎試中乃遷，而挈壺正無遷法。其別局有天文院、測驗渾儀刻漏所，掌渾儀臺晝夜測驗辰象。鐘鼓院，掌文德殿鐘鼓樓刻漏進牌之事。印曆所，掌雕印曆書。南渡後，並同隸祕書省，長、貳、丞、郎輪季點檢。

算學　元豐七年，詔四選命官通算學者，許于吏部就試，其合格者，上等除博士，中次爲學諭。元祐元年初，議者謂：「本監雖準朝旨造算學，元未興工，其試選學官亦未有應格。竊慮徒有煩費，乞罷修建。」崇寧三年，遂將元豐算學條制修成敕令。五年，罷算學，令附於國子監。十一月，從薛昂請，復置算學。大觀三年，太常寺考究，以黃帝爲先師，自常先、力牧至周王朴以上從祀，凡七十人。四年，以算學生併入太史局。宣和二年，詔並罷官吏。

殿中省　監　少監　丞〔三〕各一人，監掌供奉天子玉食、醫藥、服御、幄帟、輿輦、舍次之政令，少監爲之貳，丞參領之。凡總六局：曰尚食，掌膳羞之事；曰尚藥，掌和劑診候之事；曰尚醞，掌酒醴之事；曰尚衣，掌衣服冠冕之事；曰尚舍，掌次舍幄帟之事；曰尚輦，掌輿輦之事。六尚各有典御二人，奉御六人或四人，監門二人或一人。又尚食有膳工，尚藥有醫師，尚醞有酒工，尚衣有衣徒，尚舍有幕士，尚輦有正供等，皆分隸其局。又置提舉六尚局及管幹官一員。舊殿中省判省事一人，以無職事朝官充。雖有六尚局，名別而事存〔三〕，凡官隨局而移，不領於本省。所掌唯郊祀、元日、冬至天子御殿，及禘祫后廟、神主赴太廟，供具繖扇；而殿中監視祕書監，爲寄祿官而已。元豐中，神宗欲復建此官，而度禁中未有其地，但詔御輦院不隸省寺，令專達焉。初，權太府卿林顏因按內藏庫，見乘輿服御雜貯百物中，乃乞復殿中省六尙，以嚴奉至尊。於是徽宗乃出先朝所度殿中省圖，命三省行之，而其法皆左正言姚祐所裁定，是歲崇寧二年也。三年〔四〕，蔡京上修成殿中省六尙局供奉庫務敕令格式并看詳凡六十卷，仍冠以「崇寧」爲名。政和元年，殿中省高伸上編定六尙供奉式。靖康元年，詔六尙局並依祖宗法。又詔：「六尙局既罷，格內歲貢品物萬數，尙爲民害，非祖宗舊制，其並除之。」

御藥院　勾當官無常員，以入內內侍充。掌按驗祕方，以時劑和藥品，以進御及供奉禁中之用。舊制，勾當御藥院遷官至遙領團練、防禦者謂之暗轉，干冒恩澤，浸不可止。嘉祐五年，詔御藥院內臣如當轉出而特留者，俟其出，計所留歲月優遷之，更不許累計所遷資序。非勾當御藥院而留者，其出更不推恩。典八人，藥童十一人，匠七人。崇寧二年，併入殿中省。

尙衣庫使　副使　舊曰內衣庫〔五〕，大中祥符二年改。監官二人，以內侍、三班充，掌駕頭服御繖扇之名物。凡御殿、大禮前一日，請乘輿袞冕、鎭圭、袍服於禁中以待進御，事已復還內庫。典一人，匠四人，掌庫十人。

內衣物庫　在文德殿後，太平興國二年，置受納匹段庫，受納綾、錦，西川〔一六〕鹿胎、綾、羅、絹、匹段。大中祥符元年併入。監官二人，以京朝官并內侍充，舊三人，以諸司使、副及三班、內侍充。掌受納錦綺、綾羅、色帛、銀器、腰束帶料。造年支，準備衣服，以待頒賜諸王、宗室、文武近臣、禁軍將校時服，并給宰臣、親王、皇親、使相生日器幣，兩府臣僚、百官、皇親轉官中謝，朝辭特賜，及大遼諸外國人使辭見銀器、射弓、衣帶。典八人，掌庫三十一人。

新衣庫　在太平坊。監官二人，以諸司使副、三班及內侍充。掌受錦綺、雜帛、衣服之物，以備給賜及邦國儀注之用，并受納衣服以賜諸司丁匠、諸軍。監門二人，以三班使臣充。典十人，掌庫五十五人。

朝服、法物庫　太平興國二年置，後分三庫：一在天安殿後，一在右掖門內北廊，一在正陽門外。監官二人，以諸司使、副及三班、內侍充，掌百官朝服、諸司儀仗之名物。典三人，掌庫三十人。已上，崇寧二年併入殿中省。舊有裁造院、針線院、雜賣場，後省併之。

太常寺　卿　少卿　丞各一人　博士四人　主簿、協律郎、奉禮郎、太祝各一人。

卿掌禮樂、郊廟、社稷、壇壝、陵寢之事，少卿爲之貳，丞參領之。禮之名有五：曰吉禮，曰賓禮，曰軍禮，曰嘉禮，曰凶禮。皆掌其制度儀式。祭祀有大祠，有小祠。其犧牲、幣玉、酒醴、薦獻、器服各辨其等；掌樂律、樂舞、樂章以定宮架、特架之制，祭祀享則分樂而序之。凡親祠及四孟月朝獻景靈宮、郊祀告享太廟，掌贊相禮儀升降之節。歲時朝拜陵寢，則視法式辨具以授祠官。凡祠事，差官、卜日、齋戒皆檢舉以聞。初獻用執政官，則卿爲終獻；用卿，則少卿爲亞獻，博士爲終獻；闕則以次互攝。郊祀已，頒御札則撰儀以進。宮架、鼓吹、警場，率前期按閱肄習。餘祀及朝會、宴享、上壽、封册之儀物亦如之。若禮樂有所損益，及祀典、神祇、爵號與封襲、繼嗣之事當考定者，擬上於禮部。凡太醫之政令，以時頒行。

宋初，舊置判寺無常員，以兩制以上充，丞一人，以禮官久次官高者充。別置太常禮院，雖隸本寺，其實專達。有判院、同知院四人，寺與禮院事不相兼。康定元年，置判寺、同判寺，始並兼禮院事。元豐正名，始專其職。分案五，置吏十有一。元祐三年，詔太常寺置長貳，他寺監則互置。紹聖中，復舊制。大觀元年，應太常寺所被旨及施行典禮事，季輪博士銓次成籍，以備討論。政和四年令，祠事監察御史闕，則以六曹郎官及館職攝充。宣和三年，令本寺因革禮五年一檢舉，接續編修。建炎初，併省冗職，惟太常、大理不能。詔太常少卿一員兼宗正少卿，罷丞、簿，惟置博士一員。紹興三年，復置丞。九年，臣僚言：「元豐正名，太常主議論者博士四人，乞參稽舊典，添置博士，以稱朝廷蒐補闕軼、緝熙彌文之意。」詔添博士一員。十年，置簿一員。十五年，詔太常討論置籍田令，續置太社令。隆興元年，併省博士一員、主簿一員，又以光祿寺併歸太常，罷丞。明年，詔丞、簿並依舊制。

分案九：曰禮儀，掌討論大慶典禮、神祠道釋、襲封定謚、檢舉忌辰。曰祠祭，掌大中小祠祀差行事官幷酒齊、幣帛、蠟燭、禮料。曰壇廟，掌行室壇、廟域、陵寢。曰大樂，掌大樂教習樂舞、鼓吹、警場。曰法物，掌給納朝、祭服。曰廩犧，掌歲中祠祭牲牢羊豕滌室。曰太醫，掌臣僚陳乞醫人，補充太醫助教等。曰掌法，曰知雜，並掌本寺條制雜務。裁減吏額，贊引使二人，正禮直官二人，副禮直官二人，正名贊者七人，守闕贊者七人，私名贊者七人，胥吏一人，胥佐四人，貼司一人，書表司一人，祠祭局供官十二人，祭器司供官十人，樂正三人，鼓吹令一人，本寺天樂祭器庫專知官一人、庫子二人，圓壇大樂禮器庫專知官一人、庫子一人。

博士，掌講定五禮儀式，有改革則據經審議。凡於法應謚者，考其行狀，撰定謚文。有祠事，則監視儀物，掌凡贊導之事。主簿，掌稽考簿書。協律郎，掌律、呂以和陰陽之聲，正宮架、特架樂舞之位。大祭祀享宴用樂，則執麾以詔作止之節，舉麾、鼓柷而樂作；偃麾、戛敔而樂止。凡樂，掌其序事。奉禮郎，掌奉幣帛授初獻官，大禮則設親祠板位。太祝，掌讀册辭，授搏黍以嘏告，飲福則進爵，酌酒受其虛爵。郊社令，掌巡視四郊及社稷壇壝，掌凡掃除之事，祭祀則省牲。太廟令，掌宗廟薦新七祀及功臣從享之禮。籍田令，掌帝籍耕耨出納之事，植五穀蔬果，藏冰以待用。宮闈令，率其屬以汛洒廟庭，凡修治潔除之事。

提點管幹郊廟祭器所　南郊太廟祭器庫　提點朝服法物庫所　朝服法物庫　南郊什物庫　太廟什物庫　掌藏其器服，以待祭祀、朝會之用。凡冠服，視其等而頒於執事之臣。

教坊及鈐轄教坊所　掌宴樂閱習，以待宴享之用，考其藝而進退之。

諸陵祠墳所　掌先世后妃之墳園而以時獻享。

太醫局　有丞，有教授，有九科醫生額三百人。歲終則會其全失而定其賞罰。太醫局，熙寧九年置，以知制誥熊本提舉，大理寺丞單驤管幹。後詔勿隸太常寺，置提舉一、判局二，判局選知醫事者爲之。科置教授一，選翰林醫官以下與上等學生及在外良醫爲之。學生常以春試，取合格者三百人爲額。太學、律學、武學生〔一七〕、諸營將士疾病，輪往治之。各給印紙，書其狀，歲終稽其功緒，爲三等第補之：上等月給錢十五千，毋過二十人；中等十千，毋過三十人；下等五千，毋過五十人。失多者罰黜之。受兵校錢物者，論如監臨強乞取法。三學生願預者聽受，而禁邀求者。又官制行，隸太常禮部，自政和以後，隸醫學，詳見選舉志。孝宗隆興元年，省併醫官而罷局生。續以虞允文請，依舊存留醫學科，逐舉附試省試別試所〔一八〕，更不置局，權令太常寺掌行。紹熙二年，復置太醫局，局生以百員爲額，餘並依未罷局前體例，仍隸太常寺。

大晟府　以大司樂爲長，典樂爲貳。次曰大樂令，秩比丞。次曰主簿、協律郎。又有按協聲律、製撰文字、運譜等官，以京朝官、選人或白衣士人通樂律者爲之。又以武臣監府門及大樂法物庫，以侍從及內省近侍官提舉。所典六案：曰大樂，曰鼓吹，曰宴樂〔一九〕，曰法物，曰知雜，曰掌法。國朝禮、樂掌于奉常。崇寧初，置局議大樂；樂成，置府建官以司之，禮、樂始分爲二。五年二月，因省冗員，併之禮官；九月，復舊。大觀四年，以官徒廩給繁厚，省樂令一員、監官二員，吏祿並視太常格。宣和二年，詔以大晟府近歲添置冗濫徼幸，並罷，不復再置。

宗正寺　卿　少卿　丞　主簿各一人。卿掌敍宗派屬籍，以別昭穆而定其親疏，少卿爲之貳，丞參領之。凡修纂牒、譜、圖、籍，其別有五：曰玉牒，以編年之體敍帝系而記其歷數，凡政令賞罰、封域戶口、豐凶祥瑞之事載焉。曰屬籍，序同姓之親而第其服紀之戚疏遠近。曰宗藩慶系錄，辨譜系之所自出，序其子孫而列其名位品秩。曰僊源積慶圖，考定世次枝分派別而系以本宗。曰僊源類譜，序男女宗婦族姓婚姻及官爵遷敍而著其功罪、生死。凡錄以一歲，圖以三歲，牒、譜、籍以十歲修纂以進。宋初，舊置判寺事二人，以宗姓兩制以上充，闕則以宗姓朝官以上知丞事。掌奉諸廟諸陵薦享之事，司皇族之籍。主簿一員，以京官充。舊自丞、簿以上，皆宗姓爲之，通署寺事。初置卿、少，率命常參官判寺事。大中祥符八年，以兵部侍郎趙安易〔10〕兼卿，判寺趙世長改爲知寺事。九年，始定丞、郎以上兼卿，給、舍以下兼少卿，郎中以下兼丞，京官兼主簿〔11〕。其卿闕，則丞以下行寺事而無知、判之名。元豐官制行，詔宗正長貳不專用國姓，蓋自有大宗正司以統皇族也。渡江後，卿不常置，少卿一人，以太常兼。紹興三年，復置少卿一人。五年，復置丞；十年，置主簿；隆興元年併省。次年，詔丞、簿復舊制。嘉定九年，詔以宗學改隸宗正寺，自此寺官又預校試之事。分案二：曰屬籍，曰知雜。吏額，胥長一人，胥史一人，胥佐二人，楷書二人，貼書二人。

大宗正司　景祐三年始制司，以皇兄寧江軍節度使濮王知大宗正事，皇姪彰化軍節度觀察留後守節同知大宗正事。元豐正名，仍置知及同知官各一人，選宗室團練、觀察使以上有德望者充；丞二人，以文臣京朝官以上充。掌糾合族屬而訓之以德行、道藝，受其詞訟而糾正其愆違，有罪則先劾以聞；法例不能決者，同上殿取裁。若宮邸官因事出入，日書于籍，季終類奏。歲錄存亡之數報宗正寺。凡宗室服屬遠近之數及其賞罰規式，皆總之。

官屬有記室一人，掌牋奏；講書、教授十有二人，分位講授，兼領小學之事。舊制，擇宗室賢者爲知大宗正事，次一人爲同知；其後，位高屬尊者爲判。熙寧三年，始以異姓朝臣二員知丞事，置局爲睦親、廣親宅。是歲省管幹睦親、廣親宅及提舉郡、縣主等宅官，以其事歸宗正。自熙寧中置丞，始以都官員外郎張稚圭爲之。神宗疑用異姓，王安石言：前代宗正固有用庶姓者，乃錄春秋時公侯大夫事。神宗曰：「此雖無前代故事，行之何害。」安石曰：「聖人創法，不必皆循前代所已行者。」於是召稚圭對而命之。分案五，置吏十有一。元豐五年，詔大宗正司不隸六曹，其丞屬中書省奏差。元祐四年，詔宗室越本司訴事者罪之。六年，詔宗正按熙寧敕諸院建小學，自八歲至十四歲，首檢舉入學。紹聖元年，詔袒免外兩世孤遺貧乏者，驗實廩給之。四年，詔宗室若婦女自外還京，並報宗正。崇寧三年，詔大宗正及外宗正司將條貫事迹關宗正寺，修纂圖牒。

政和三年，詔以知大宗正事仲忽提舉宗子學事。

崇寧三年，置南外宗正司于南京，西外宗正司于西京，各置敦宗院。初，講議司言：「宗室疏屬願居兩京輔郡者，各置敦宗院，其兩京各置外宗正司。」從之。仍詔各擇宗室之賢者一人爲知宗，掌外居宗室，詔復定宗學博士、正錄員數。大觀四年罷，政和二年復舊。又詔敦宗院宗子有文藝、行實衆所共知者，許外宗正官考察以聞。

中興後，以位高屬尊者爲判大宗正事，其知及同知如舊制。又置知大宗正丞一員，以文臣充，掌糾合宗室而檢防訓飭之。凡南班宗室磨勘、遷轉、襲封、請給，覈其當否；嫁娶房奩、分析財產，酌厚薄多寡而訂其議。凡宗室除合該賜名外，皆大宗正定名而後報宗正寺。其餘遷授官資、支給錢米，考覈以詔予奪。其不率教者以法拘之，歲久知悔，則除其過名。復置南外宗正司、西外宗正司，以處宗室之在外者。各仍舊制設敦宗院，皆設知宗，所在通判職官兼丞、簿，其糾合、檢防、訓飭如大宗正司〔三〕。西、南外兩司闕知宗，間令大宗正司選擇保明而後授之。又各置教授以課其行藝。南渡初，先徙宗室於江、淮，於是大宗正司移江寧，南外移鎭江，西外移揚州。其後屢徙，後西外止於福州，南外止於泉州；又置紹興府宗正司〔三〕，蓋初隨其所寓而分管轄之。乾道七年，嘗欲移紹興府宗司於蜀，不果，後併歸行在。嘉定間，用臣僚言，乞凡除授知宗，須擇老成更練之人。詔知宗正丞照百司例每日入局所，以示增重宗盟之意。

玉牒所　淳化六年，始設局置官，詔以皇宋玉牒爲名，建玉牒殿。咸平初，命趙安易、梁周翰編屬籍，始創規制。大中祥符九年〔四〕，以知制誥劉筠、夏竦爲修玉牒官，自後置一員或二員。元豐官制行，分隸宗正寺官。寺丞王鞏奏：「玉牒十年一進，並以學士典領。自熙寧中范鎭進書之後，神宗玉牒至今未修。僊源類譜自慶曆中張方平修進之後，僅五十年，並無成書。乞別立法，其修玉牒及類譜官，每二年一具草繳進。」從之。紹聖三年，應宗室賜名，三祖下各隨祖宗之支子而下，雖兄弟數多，並爲一字相連。南渡後，紹興十二年，始建玉牒所。提舉一人或二人，以宰相執政爲之，以侍從官一人兼修，宗正卿、少而下同修纂。先是，宗正寺丞邵大受奏：「講求宗正寺舊掌之書，曰皇帝玉牒，曰仙源積慶圖，曰宗藩慶系錄，曰宗支屬籍。南渡四書散失，今重加修纂仙源慶系屬籍總要，合圖、錄、屬籍三者而一之，既無愧於昔矣；獨玉牒一書未修，宜搜訪討論，以正九族，以壯本支。」於是始置官如舊制，分案五，置吏十。乾道八年，詔玉牒殿主管香火，差內侍三員、武臣一員充，並改作幹辦玉牒所殿。

光祿寺　卿　少卿　丞　主簿各一人。卿掌祭祀、朝會、宴饗酒醴膳羞之事，修其儲備而謹其出納之政，少卿爲之貳，丞參領之。凡祭祀，共五齊、三酒、牲牢、鬱鬯及尊彝、籩豆、簠簋、鼎俎、鉶登之實，前期飭有司辨具牲鑊，視滌濯，奉牲則告充告備，共其明水火焉。禮畢，進胙于天子而頒于百執事之人。分案五，置吏十。元祐三年，詔長貳互置。政和六年二月，監察御史王桓奏：「祭祀牢醴之具掌於光祿，而寺官未嘗臨視，請大祠以長貳、朔祭及中祠以丞簿監視宰割，禮畢頒胙，有故及小祠，聽以其屬攝。」從之。舊置判寺事一人，以朝官以上充。光祿卿、少，皆爲寄祿。元豐制行，始歸本寺。中興後，廢併入禮部。

太官令　掌膳羞割亯之事。凡供進膳羞，則辨其名物，而視食之宜，謹其水火之齊。祭祀共明水、明火，割牲取毛血牲體，以爲鼎俎之實。朝會宴享，則供其酒膳。凡給賜，視其品秩而爲之等。元祐初，罷太官令。二年復置。崇寧三年，置尚食局，太官令惟掌祠事。

法酒庫　內酒坊　掌以式法授酒材，視其厚薄之齊，而謹其出納之政。若造酒以待供進及祭祀、給賜，則法酒庫掌之；凡祭祀，供五齊三酒，以實尊罍。內酒坊惟造酒，以待餘用。

太官物料庫　掌預備膳食薦羞之物，以供太官之用，辨其名數而會其出入。

翰林司　掌供果實及茶茗湯藥〔三五〕。

牛羊司、牛羊供應所　掌供大中小祀之牲牷及太官宴享膳羞之用。

乳酪院　掌供造酥酪。

油醋庫　掌供油及鹽胾。

外物料庫　掌收儲米、鹽、雜物以待膳食之須。凡百司頒給者取具焉。

衞尉寺　卿　少卿　丞　主簿各一人。卿掌儀衞兵械、甲胄之政令，少卿爲之貳，丞參領之。凡內外作坊輸納兵器，則辨其名數、驗其良窳以歸于武庫，不如式者罰之。時其曝涼而封籍其數，若進御及頒給，則按籍而出之。每季委官檢視，歲終上計帳于兵部。掌凡幄帟之事，大禮設帷宮，張大次、小次，陳鹵簿儀仗。長貳晝夜巡徼，察其不如儀者。押仗官則前期稟差。凡仗衞，供羽儀、節鉞、金鼓、棨戟，朝宴亦如之。宴享賓客，供幕帟、茵席，視其敝者移少府、軍器監修焉。舊制，判寺事一人，以郎官以上充。凡武庫、武器歸內庫，守宮歸儀鸞司，本寺無所掌。元豐官制行，始歸本寺。分案四，置吏十。元祐三年，詔長貳互置。所隸官司十有三：內弓箭庫、南外庫〔三六〕、軍器弓槍庫、軍器弩劍箭庫，掌藏兵杖、器械、甲冑，以備軍國之用。儀鸞司，掌供幕帟供帳之事。軍器什物庫、宣德樓什物庫，掌收貯什物，給用則按籍而頒之。左右金吾街司、左右金吾仗司、六軍儀仗司，掌淸道、徼巡、排列，奉引儀仗以肅禁衞。凡儀物以時修飭，選募人兵而校其遷補之事。

中興後，衞尉寺廢，併入工部。

太僕寺　卿　少卿　丞　主簿各一人。卿掌車輅、廐牧之令〔二七〕，少卿爲之貳，丞參領之。國有大禮，供其輦輅、屬車，前期戒有司教閱象馬。凡儀仗既陳，則巡視其行列。后妃、親王、公主、執政官應給車乘者，視品秩而頒之。總國之馬政，籍京都坊監、畿甸牧地畜馬之數，謹其飼養，察其治療，考蕃息損耗之實，而定其賞罰焉。死則斂其鬉尾、筋革入于官府。凡閱馬，差次其高下，應給賜則如格。歲終鈎覆帳籍，以上駕部。若有事于南北郊，侍中請降輿升輅〔二八〕，則卿授綏。舊置判寺事一人，以朝官以上充。凡邦國廐牧、車輿之政令，分隸羣牧司、騏驥院諸坊監，本寺但掌天子五輅、屬車，后妃、王公車輅，給大中小祀羊。元豐官制行，始歸本寺。分案五，置吏十有八，總局十有二。元祐二年詔：「外監事，令本寺依羣牧司舊法施行；應內外馬事專隸太僕〔二九〕，直達樞密院，更不經尚書省及駕部。」三年，詔省主簿一員。崇寧二年，詔太僕寺依舊制不治外事，歸尙書駕部；應馬事，上樞密院所隸官司。

車輅院　掌乘輿、法物，凡大駕、法駕、小駕供輦輅及奉引屬車，辨其名數與陳列先後之序。

左、右騏驥院　左、右天駟監　掌國馬，別其駑良以待軍國之用。

鞍轡庫　應奉御馬鞍勒，及以轜轡給賜臣下。

養象所　掌調御馴象。

駝坊　車營　致遠務　掌分養雜畜以供負載般運。

牧養上下監　掌治療病馬及申駒數，有耗失則送皮剝所。元豐末，廢畿內牧馬監。元祐初，置左右天廐坊，聽民間承佃牧地。紹聖元年，依元豐法置孳生監。

中興後，廢太僕寺，併入兵部。

羣牧司　制置使一人，景德四年置，以樞密使、副爲之。至道三年〔三〇〕，罷而復置。使一人，咸平三年置，以兩省以上官充；副使一人，以閤門以上及內侍都知充。都監二人，以諸司使以上充。判官二人，以京朝官充。掌內外廐牧之事，周知國馬之政，而察其登耗焉。凡受宣詔、文牒，則以時下於院、監。大事則制置使同簽署，小事則專遣其副使。都監多不備置，判官、都監每歲更出諸州巡坊監，點印國馬之蕃息者。又有左右廂提點，隸本司。都勾押官一人，勾押官一人，押司官一人。

鞍轡庫　使　副使　監官二人，以諸司副使及三班使臣、內侍充。掌御馬金玉鞍勒，及給賜王公、羣臣、外國使幷國信韉轡之名物。勾管一人，典五人，掌庫十四人。元豐併入太僕寺。

校勘記

〔一〕乃詔舉三任以上知縣爲裏行　「任」原作「丞」。按長編卷二〇九，王陶言：「欲乞許舉三任以上知縣資序人爲御史裏行。」從之。「丞」字蓋爲「任」字之訛，據改。

〔二〕權監察御史裏行　「權」字原脫，據職官分紀卷一四、長編卷二一〇補。

〔三〕王安石　按本書卷三二七王安石傳，安石未嘗爲御史中丞，政和七年安石去世已三十餘年，也不能有所上奏；本書卷三五二王安中傳載安中於政和間擢御史中丞，疑此爲「王安中」之訛。

〔四〕東廊爲集賢書庫　宋會要職官一八之五〇「東廊」下有「爲昭文書庫南廊」等七字，長編卷一九所載略同，疑志文有脫誤。

〔五〕端拱元年　「元年」原作「二年」。據下文和宋會要職官一八之四七改。

〔六〕別以奏對稱旨預試　「奏對」原作「奏封」，據宋會要職官一八之三、宋朝事實卷九改。

〔七〕直集賢院　「直」字原脫，據長編卷三八九、宋朝事實卷九補。

〔八〕以編修日曆選本省　按下文「日曆所」條記：「紹聖二年，詔日曆還祕書省。」合璧事類後集卷四三、羣書考索後集卷一一所載同，疑此處「選」字爲「還」字之訛。

〔九〕祕書校理　本書卷一八哲宗紀、宋會要職官一八之一三都作「祕閣校理」，疑此處「書」字爲「閣」字之訛。

〔一〇〕著作郎以四員爲額　按宋會要職官一八之二一，「著作郎」下尚有「佐郎」二字，疑此處有脫誤。

〔一一〕有保章正　「有」上原衍「郎」字，據宋會要職官一八之八二、通考卷五六職官考刪。

〔一二〕丞　「丞」上原衍「監」字。按本書卷一六八、一六九職官志，殿中丞之名屢見，本省官屬別無「監丞」，據通考卷五七職官考刪。

〔一三〕名別而事存　「而」原作「有」，據宋會要職官一九之一、通考卷五七職官考改。

〔一四〕三年　原作「二年」，據宋會要職官一九之一、一九之九和通考卷五七職官考改。

〔一五〕內衣庫　原作「尙衣庫」，據宋會要職官一九之二、長編卷七二改。

〔一六〕西川　原作「西州」，按本書地理志宋代境內無西州，宋會要職官一九之二作「西川」，據改。

〔一七〕武學生　原作「武舉生」，據宋會要職官二二之三七、長編卷二一七五改

〔一八〕逐舉附試省試別試所　「逐」原作「遂」，宋會要職官二二之四一本句作：「可令逐舉附試。」本書卷一五七選舉志作：「令每舉赴省闈別試所解發。」「遂」字當爲「逐」字之訛，據改。

〔一九〕宴樂　「宴」下原衍「安」字，據宋會要職官二二之二五、通考卷五五職官考删。

〔二〇〕趙安易　當作「趙安仁」。按本書卷二五七趙安易傳，安易死於景德二年（公元一〇〇五年），此處所記乃大中祥符八年（公元一〇一五年）事，安易死已十年；本書卷二八七趙安仁傳，安仁於大中祥符八年兼宗正卿，與志文合；宋會要職官二〇之三職官分紀卷一八作「趙安仁」，「易」字當爲「仁」字之誤。

〔二一〕京官兼主簿　「兼」字原脫，據宋會要職官二〇之四、職官分紀卷一八補。

〔二二〕大宗正司　「大」下原重一「宗」字，按本志上下文大宗正司之名屢見，通考卷五五職官考作：「其糾合、檢防、訓飭如大宗正司。」據删。

〔二三〕紹興府宗正司　「司」原作「寺」，據宋會要職官二〇之三三、通考卷五五職官考改。

〔二四〕大中祥符九年　「九年」原作「六年」，據宋會要職官二〇之五五、長編卷八六改。

〔二五〕茶茗湯藥　宋會要職官二一之八作「酒茗湯果」，同書職官二一之二又說：「供酒及茶、果寔則歸翰林司。」「藥」字疑以作「果」字爲是。

〔二六〕南外庫　按上文說「所隸官司十有三」，但綜計所列「內弓箭庫」以下等官署僅十二，與上述數目不符。宋會要職官二二之一、通考卷五五職官考「南外庫」下還有「軍器衣甲庫」，此處當有脫漏。

〔二七〕卿掌車輅廄牧之令　「卿」字原脫，據本卷文例和通考卷五六職官考補。

〔二八〕侍中請降輿升輅　「輿」原作「與」，據本書卷九九禮志、宋會要禮之三九改。

〔二九〕應內外馬事專隸太僕　「馬事」原作「馬軍」，按本書卷一九八兵志作：「時又有旨，內外馬事並隸太僕寺。」長編卷三九三作：「詔應緣內外馬事舊係羣牧司管勾者，專隸太僕寺。」據改。

〔三〇〕至道三年　宋會要職官二三之七、職官分紀卷一九都作「明道二年」，當是。

宋史卷一百六十五

志第一百一十八

職官五

大理寺　鴻臚寺　司農寺　太府寺　國子監　少府監　將作監
軍器監　都水監　司天監

大理寺　舊置判寺一人，兼少卿事一人。建隆二年，以工部尚書竇儀判寺事。凡獄訟之事，隨官司決劾，本寺不復聽訊，但掌斷天下奏獄，送審刑院詳訖，同署以上于朝。詳斷官八人，以京官充；國初，大理正、丞、評事皆有定員，分掌斷獄。其後，擇他官明法令者，若常參官則兼正，未常參則兼丞，謂之詳斷官。舊六人，後加至十一人，又去兼正、丞之名。咸平二年始定置。法直官二人，以幕府、州縣官充，改京官則爲檢法官。

元豐官制行，置卿一人，少卿二人，正二人，推丞四人，斷丞六人，司直六人，評事十有二人，主簿二人。卿掌折獄、詳刑、鞫讞之事。凡職務分左右：天下奏劾命官、將校及大辟囚以下以疑請讞者，隸左斷刑，則司直、評事詳斷，丞議之，正審之；若在京百司事當推治，或特旨委勘及係官之物應追究者，隸右治獄，則丞專推鞫。蓋少卿分領其事，而卿總焉。凡刑獄應審議者，上刑部；被旨推鞫及情犯重者，卿同所隸官請對奏裁。若獄空或斷絕，則御史按實以聞。分案十有一，置吏六十有九。

先是舊制，大理寺讞天下奏案而不治獄。熙寧五年，增詳斷官二爲十員。七年，置詳斷習學官十四，詳覆習學官六。九年，詔以「京師官寺，凡有獄皆繫開封府司錄司及左右軍巡三院，囚逮猥多，難於隔訊，又暑多瘐死，因緣流滯，動涉歲時。稽參故事，宜屬理官，可復置大理獄。」始命崔台符爲知卿事，蹇周輔、楊汲爲少卿，各舉丞及檢法官。初，神宗謂國初廢大理獄非是，以問孫洙，洙對合旨，至是，命官起寺，十七日而成。元豐二年手詔：「大理寺近舉墜典，俾治獄事，推輪規摹〔一〕，皆以義起，不少寬假，必懷顧忌，稽留弊害，無異前日。宜依推制院及御史臺例，不供報糾察司。」三年，詔依舊供報。凡官屬依御史臺例，謁有禁。又詔糾察司察訪本寺斷徒以上出入不當者，索案點檢。五年，詔毋以大理寺官爲試官。六年，又詔：「凡斷公案，先上正看詳當否，論難改正，簽印注日，然後過議司覆議；如有批難，具記改正，長貳更加審定，然後判成錄奏。」又刑部言：「應吏部補授大理寺左斷刑官，先與刑部、大理寺長貳同議可否，然後注擬。仍取經試得循資以上人充，正闕以丞補，丞闕以評事補。」詔刑部、吏部同著爲令。八年，詔大理寺推斷事應奏及上尙書省者，更不先申本曹。

元祐元年，以右治獄勘斷公事全少，併左右兩推爲一司。三年，三省請罷右治獄，依三司舊例置推勘檢法官于戶部，從之。又詔大理寺並置長貳。四年，從刑部請，改本寺條，任大理官失斷徒已上五人或死罪二人，不在選限。舊條，失斷徒已上三人或死罪一人。紹聖元年，詔斷刑獄官依元豐元年選試法。二年，復置右治獄，置官屬如元豐制。左右推事有飜異者互送，再有異者朝廷委官審問，或送御史臺治之。元符元年，應大理寺、開封府承受內降公事，不得奏請移送。又詔應奏斷公事，依開封府專條，不許諸處取索。

崇寧四年，詔大理寺官諸司輒奏辟者，以違制論。政和二年，詔法官任滿，擇職事修舉、人材可錄者奏舉再任，仍許就任關升，理本等資序。五年，依熙、豐故事，復置習學公事四員，長、貳立課程，正、丞同指教。宣和七年，評事以上並差試中刑法人。又詔大理寺、開封府承受公事，依法斷遣，不得乞降特旨。中興併省官寺，惟大理寺不併。

紹興初，詔正與丞並堂除。評事闕，則委本寺長貳選擇應格人赴刑部議定，申朝廷差填;如無應格,即選諳習刑法人權充。又立比較法以懲差失。隆興二年,評事羣衍言:「評事檢斷,躬自節案,親書斷語,最爲勞苦。」詔增置,以八員爲額。淳熙末,嚴寺官出謁之禁,以防請託、漏泄之弊。紹熙初,除試中刑法評事八員外,司直、主簿選用有出身曾歷任人,各兼評事繫銜。將八評事已擬斷文字,分兩廳點檢,或有未安,則述所見與長貳商量。慶元四年,定逐季仲月定日斷絕之法。嘉定八年,申嚴紹熙指揮,重司直、主簿之選,增選試取人數以勸法科。

左斷刑分案三:曰磨勘,掌批會吏部等處改官事;曰宣黃,掌凡斷訖命官指揮;曰分簿,掌行分探諸案文字。設司有四:曰表奏議,掌拘催詳斷案八房斷議獄案,兼旬申月奏;曰開拆;曰知雜;曰法司。又有詳斷案八房,專定斷諸路申奏獄案等。又有敕庫,掌收管架閣文書。吏額:胥長一人,胥史三人,胥佐三十人,貼書六人,楷書十四人。隆興共減七人。右治獄分案有四:曰左右寺案,掌斷訖公事案後收理追贓等;曰驅磨,掌驅磨兩推官錢、官物、文書;曰檢法,掌檢斷左右推獄案併供檢應用條法;曰知雜。又有開拆、表奏二司;有左右推,主鞫勘諸處送下公事及定奪等。吏額:前司胥史一人、胥佐九人,表奏司一人、貼書三人,左右推胥史二人、胥佐八人、般押推司四人、貼書四人。隆興共減五人。

鴻臚寺　舊置判寺事一人，以朝官以上充。元豐官制行，置卿一人，少卿一人，丞、主簿各一人。卿掌四夷朝貢、宴勞、給賜、送迎之事，及國之凶儀、中都祠廟、道釋籍帳除附之禁令，少卿爲之貳，丞參領之。凡四夷君長、使价朝見，辨其等位，以賓禮待之，授以館舍而頒其見辭、賜予、宴設之式，戒有司先期辦具；有貢物，則具其數報四方館，引見以進。諸蕃封册，卽行其禮命。若崇義公承襲，則辨其嫡庶，具名上尙書省。其周嵩、慶、懿陵廟，命官以時致享。若凶儀之節，宗室以服，臣僚以品，辨其喪紀而詔奠臨賻贈之制。禮應成服，則卿掌贊導之儀，葬則預戒有司具鹵簿儀物。分案四，置吏九。其官屬十有二：往來國信所，掌大遼使介交聘之事。都亭西驛及管幹所，掌河西蕃部貢奉之事。禮賓院，掌回鶻、吐蕃、党項、女眞等國朝貢館設，及互市譯語之事。懷遠驛，掌南蕃交州，西蕃龜茲、大食、于闐、甘、沙、宗哥等國貢奉之事。中太一宮、建隆觀等各置提點所，掌殿宇齋宮、器用儀物、陳設錢幣之事。在京寺務司及提點所，掌諸寺葺治之事。傳法院，掌譯經潤文。左、右街僧錄司，掌寺院僧尼帳籍及僧官補授之事。同文館及管勾所，掌高麗使命。已上並屬鴻臚寺。中興後，廢鴻臚不置，併入禮部。

司農寺　舊置判寺事二人，以兩制、朝官以上充；主簿一人，以選人充。掌供藉田九種，大中小祀供豕及蔬果、明房油，與平糶、利農之事。

元豐官制行，始正職掌，置卿、少卿、丞、主簿各一人。卿掌倉儲委積之政令，總苑囿庫務之事而謹其出納，少卿爲之貳，丞參領之。凡京都官吏祿廩，辨其精粗而爲之等；諸路歲運至京師，遣官閱其名色而分納于倉庾，藁秸則歸諸場，歲具封樁、月具見存之數奏聞；給兵食則進呈糧樣，因出納而受賂刻取者，嚴其禁；有負失者，計其虧數上于倉部。凡諸路奏雨雪之闕與過多者，皆籍之。凡苑囿行幸排比及薦饗進御、頒賜植藏之物，戒有司先期辦具，造麴蘖、儲薪炭以待給用。天子親耕藉田，有事于先農，則卿奉耒耜，少卿率屬及庶人以終千畝。分案六，置吏十有八。

初，熙寧二年，置制置條例司，立常平斂散法，遣諸路提舉官推行之。三年五月，詔制置司均通天下之財，以常平新法付司農寺，增置丞、簿，而農田水利、免役、保甲等法，悉自司農講行。初以太子中允呂惠卿判司農寺，改同判寺胡宗愈爲兼判。四年，以御史知雜鄧綰判寺，曾布同判。詔諸路提舉常平官課績，田寺考校升絀〔二〕，管幹官令提舉司保明，計功賞之。六年，以司農間遣屬官出視諸路，力有不給，乃置幹當公事官，以葉康直等四人爲之。七年，本寺言：「所主行農田水利、免役、保甲之法，措置未盡，官吏推行多違法意，欲榜諭官私，使人陳述，有司違法，從寺按察。」九年，以幹當公事官所至輒用喜怒，罷之，從熊本請也。元豐四年，減丞一，主簿三。官制行，寺監不治外事，司農事舊職務悉歸戶部右曹。

元祐三年，詔司農寺置長貳。五年，以本寺主簿兼檢法。八年，復置提轄修倉所；紹聖元年，詔罷官屬，以其事歸將作監〔三〕。四年，罷主簿，添丞一員。政和六年，浙西諸州各置排岸一員，從兩浙運副應安道請也。所隸官屬凡五十：倉二十有五，掌九穀廩藏之事，以給官吏、軍兵祿食之用。凡綱運受納及封樁支用，月具數以報司農。草場十有二，掌受京畿芻秸，以給牧監飼秣。排岸司四，掌水運綱船輸納雇直之事。園苑四：玉津、瑞聖、宜春、瓊林苑，掌種植蔬蒔以待供進，修飭亭宇以備游幸宴設。下卸司，掌受納綱運。都麴院，掌造麴，以供內酒庫酒醴之用，及出鬻以收其直。水磨務，掌水磑磨麥，以供尚食及內外之用。內柴炭庫，掌諸薪炭，以給宮城及宿衞班直軍士薪炭席薦之物。炭場，掌儲炭以供百司之用。

建炎三年，罷司農寺，以事務併隸倉部。紹興三年，復置丞二員。凡有合行事務，申戶部施行。四年，復置寺，仍置卿、少。十年，復置簿。隆興元年，併省主簿一員，明年，詔如舊制。乾道三年，詔糧綱有欠，從本寺斷遣監納，情理重者，大理寺推勘。分案五，南北省倉、草料場、和糴場隸焉。監倉官分上中下界，司其出納。諸場皆置監官。外有監門官，交量則有檢察斛面官，綱運下卸有排岸司官，各分其事以佐本寺。豐儲倉所，置監官二員，監門官一員。初，紹興以上供米餘數，樁管別廩，以爲水旱之助，後又增廣收糴。淳熙間，命右司爲之提領，後以屬檢正，非奉朝廷指揮不許支撥。別置赤曆，提領官結押，不許衮同司農寺收支經常米數。凡外州軍起到樁管米，從司農寺差官盤量，據納到數報本所樁管。監官、監門官遇考任滿，所屬批書外，仍于本所批書，視其有無欠折，以定其功過。在外，則鎭江、建康亦置倉焉。

太府寺　舊置判寺事一人，以兩制或帶職朝官充；同判寺一人，以京朝官充。凡廩藏貿易、四方貢賦、百官奉給，時皆隸三司，本寺但掌供祠祭香幣、帨巾、神席，及校造斗升衡尺而已。

元豐官制行，始正職掌，置卿、少卿各一人，丞、主簿各二人。卿掌邦國財貨之政令，及庫藏、出納、商稅、平準、貿易之事，少卿爲之貳，丞參領之。凡四方貢賦之輸于京師者，辨其名物，視其多寡，別而受之。儲於內藏者，以待非常之用；頒于左藏者，以供經常之費。凡官吏、軍兵奉祿賜予，以法式頒之，先給曆，從有司檢察，書其名數，鈎覆而後給焉。供奉之物，則承旨以進，審奏得畫，乃聽除之。若春秋授軍衣，則前期進樣，定其頒日，畿內將校營兵支請，月具其數以聞。凡商賈之賦，小賈即門征之，大賈則輸於務。貨之不售者，平其價鬻於平準，乘時賒貸以濟民用；若質取於官，則給用多寡，各從其抵。歲以香、茶、鹽鈔募人入豆穀實邊。即京都闕用物，預報度支。凡課入，以盈虧定課最，行賞罰。大祀，晨祼則卿置幣，奠玉則入陳玉帛，餘祀供其帨巾。分案九，置吏六十有五。

元祐初，以倉部郎官印發文鈔，三年，復歸本寺。又詔太府置長貳。五年，令長貳每月分巡所轄庫務。元符元年，增置丞一員。三年，改市易案爲平準，其市易務亦如之。崇寧中，置藥局七所，添丞一員點檢。宣和三年減罷。靖康元年，詔內外官司局所，依熙寧法，錢物並納左藏庫，凡省一百五所。又詔戶部、太府寺長貳當職官及本庫官吏俸錢，候在京官吏支散並足，方許支給，從戶部尚書梅執禮之請也。

所隸官司二十有五：

左藏東西庫，掌受四方財賦之入，以待邦國之經費，給官吏、軍兵奉祿賜予。舊分南北兩庫，政和六年修建新庫，以東西庫爲名。西京、南京、北京各置左藏庫。

內藏庫，掌受歲計之餘積，以待邦國非常之用。

奉宸庫，掌供內庭，凡金玉、珠寶、

良貨賄藏焉。祗候庫，掌受錢帛、器皿、衣服，以備傳詔頒給及殿庭賜予。元豐庫，掌受諸路積剩及常平錢物，凡封椿者皆入焉。神宗嘗憤契丹倔彊，慨然有恢復幽燕之志，聚金帛內帑，自製四言詩一章，曰：「五季失國，獫狁孔熾，藝祖造邦，思有懲艾。爰設內府，基以募士，曾孫保之，敢忘厥志。」每庫以詩一字目之，儲積皆滿。又別置庫，賦詩二十字，分揭於庫，曰：「每虔夕惕心，妄意遵遺業，顧予不武姿，何日成戎捷。」徽宗朝，又有崇寧庫、大觀庫。布庫，掌受諸道輸納之布，辨其名物以待給用。茶庫，掌受江、浙、荊湖、建、劍茶茗，以給翰林諸司及賞賚、出鬻。雜物庫，掌受內外雜輸之物，以備支用。糧料院，掌以法式頒廩祿，凡文武百官、諸司、諸軍奉料，以券準給。審計司，掌審其給受之數，以法式驅磨。都商稅務，掌收京城商旅之算，以輸于左藏。汴河上下鎖、蔡河上下鎖，掌收舟船木筏之征。都提舉市易司，掌提點貿易貨物，其上下界及諸州市易務、雜買務、雜賣場皆隸焉。市易上界，掌斂市之不售、貨之滯於民用者，乘時貿易，以平百物之直。市易下界，掌飛錢給券，以通邊糴。雜買務，掌和市百物，凡宮禁、官府所需，以時供納。雜賣場，掌受內外幣餘之物，計直以待出貨，或準折支用。榷貨務，掌折博斛斗、金帛之屬。交引庫，掌給印出納交引錢鈔之事。抵當所，掌以官錢聽民質取而濟其緩急。和劑局、惠民局，掌修合良藥，出賣以濟民疾。店宅務，掌管官屋及邸店，計置出僦及修造之事。石炭場，掌受納出賣石炭。香藥庫，掌出納外國貢獻及市舶香藥、寶石之事。

建炎詔罷太府寺，以其所掌職務撥隸金部。紹興元年，復以章誼守太府寺丞，措置印給茶鹽鈔引，續添置丞二員。四年，復置卿、少各一員。十年，復置主簿。十一年，詔交引庫書押鈔引寺丞兩員，遇合推賞，各與減磨勘二年。尋詔三丞一體行之。隆興元年，併省主簿一員，明年如舊制。設案七，以序次分管。監交案，隨逐丞簿赴左藏庫監交看驗綱運錢物。中興後，所隸惟有糧料院、審計司、左藏東西庫、交引庫、祗候庫、和劑局〔四〕、惠民局如前制所置。左藏南庫，係椿管御前激賞庫改。以侍從官提領，又置提轄檢察官一員。編估局、打套局、二局係揀選市舶香藥雜物等第，會其直以待貿易。寄椿庫，掌發賣香藥、匹帛，拘其直歸于左藏南庫。置監官提領二人。

國子監　舊置判監事二人，以兩制或帶職朝官充，凡監事皆總之。直講八人，以京官、選人充，掌以經術教授諸生。舊以講書爲名，無定員。淳化五年，判監李至奏爲直講，以京朝官充。其後，又有講書、說書之名，並以幕職、州縣官充。其熟於講說而秩滿者，稍遷京官。皇祐中，始以八人爲額，每員各專一經，並選擇進士幷九經及第之人，相參薦舉。丞一人，以京朝官或選人充，掌錢穀出納之事。主簿一人，以京官或選人充，掌文簿以勾考其出納。舊制，祭酒闕，始置判監事。監生無定員。並有蔭及京畿人，初隸監授業，後補監生；或隨屬游官，以久離本貫，不克赴鄉薦，而文藝可稱，亦許隸補試。廣文教進士，太學教九經、五經、三禮、三傳學究，律學館教明律，餘不常置。

元豐官制行，始置祭酒、司業、丞、主簿各一人，太學博士十人，舊係國子監直講，元豐三年，詔改爲太學博士，每經二人。正、錄各五人，武學博士二人，律學博士、正各一人。

祭酒　掌國子、太學、武學、律學、小學之政令，司業爲之貳，丞參領監事。凡諸生之隸于太學者，分三舍。始入學，驗所隸州公據，以試補中者充外舍。齋長、諭月書其行藝于籍，行謂率教不戾規矩，藝謂治經程文。季終考于學諭，次學錄，次學正，次博士，然後考于長貳。歲終校定，具注于籍以俟覆試，視其校定之數，參驗而序進之。凡私試，孟月經義，仲月論，季月策。公試，初場以經義，次場以論、策。試上舍如省試法。凡內舍行藝與所試之等俱優者，爲上舍上等，取旨命官；一優一平爲中，以俟殿試；一優一否或俱平爲下，以俟省試。唯國子生不預考選。凡課試、升黜、教導之事，長貳皆總焉。車駕幸學，則率官屬諸生班迎，卽行在距學百步亦如之。凡釋奠于先聖、先師及武成王，則率官屬諸生共薦獻之禮。歲計所隸三舍生升降多寡之數，以爲學官之殿最賞罰。

博士，掌分經講授，考校程文，以德行道藝訓導學者。正、錄，掌舉行學規，凡諸生之戾規矩者，待以五等之罰，考校訓導如博士之職。職事學錄五人，掌與正、錄通掌學規。學諭二十人，掌以所授經傳諭諸生。直學四人，掌諸生之籍及幾察出入。凡八十齋，齋置長、諭各一人，掌表率齋生，凡戾規矩者，糾以齋規五等之罰，仍月考齋生行藝，著于籍。武學博士、學諭各二人，掌以兵書、弓馬、武藝訓誘學者。律學博士二人，掌傳授法律及校試之事。小學，置職事教諭二人，掌訓導及考校責罰。學長二人，掌序齒位、糾不如儀者。集正二人，掌籍諸生名氏，糾程課不逮者。

熙寧初，詔用經術取士，廣闢黌舍，分爲三學，增置生徒，總二千八百人。隸籍有數，給食有等，庫書有官，治疾有醫。分案八，置吏十。元豐三年，詔自今奏舉太學博士，先以所業進呈。五年，詔國子監官差承務郎以上，闕卽差選人充正官，立行、守、試請奉法〔五〕。八年，詔罷太學保任同罪法。

元祐元年，詔太學每歲公試，以司業、博士主之，如春秋補試法。左司諫王巖叟言：「太學生補中人，乞並許應舉，罷一年之限。」詔國子監立法。又詔給事中孫覺、祕書少監顧臨、崇政殿說書程頤、國子監長貳看詳修立國子監條例。又詔置春秋博士一員。二年，增司業一員。又詔內外學官選年三十以上歷任人充。三年，詔國子監置長貳。四年，詔太學正、錄依熙寧法，選上舍生充，闕則以內舍生。五年，殿中侍御史岑象求言：「國子監無叩問師資之益，學官不以訓導爲己任，補試伺察不嚴，有假手之弊。」詔禮部相度以聞。本部言：「生員遇有請益，許見長貳。仍詔生員以所納齋課於講堂上指論，幷委博士逐月巡所隸齋，詢考生員所業。凡私試不鎖宿，欲令不罷講說。」從之。

紹聖元年，監察御史劉拯言：「太學復行元豐中三舍推恩注官、免省試、免解試之制。夫舊法欲行，必先嚴考察。請自今太學長貳、博士、正錄，選學行純備、衆所推服者爲之，有弛慢不公，考察不實，則重加譴責；差職掌長諭改正如元豐舊制。」從之。又詔：「內外學官非制科、進士出身及上舍生入官者，並罷。」又詔：「太學正、錄依元豐舊制，各置五人。」又詔：「太學三舍生並依元豐學制，重行考察，依舊條推恩。」左司諫翟思言：「元豐太學令訓迪糾禁亦具矣，今追復經義取士，乞令有司看詳，依舊頒行。」詔送國子監。又詔：「內外學官選進士出身及經明行修人。」又詔學官並召試，國子監長貳、臺諫官、外監司皆許薦舉。三年，司業龔原言：「公試依元豐舊制，以長貳監試，輪差博士五員考試，乞朝廷更差官五員參考。」從之。元符元年，詔有官人許入太學充監生，毋過四十人。三年，復置春秋博士。崇寧元年省罷。

崇寧元年，宰臣蔡京言：「有詔天下皆興學貢士，以三舍考選法遍行天下，聽每三年貢入太學。上舍試仍別爲考，分爲三等，若試中上等，補充太學上舍，試中中等、下等者，補充內舍，餘爲外舍生。仍建外學于國之南，待其歲考行藝，升之太學。其外學官屬：司業一人，丞一人，博士十人，學正五人，學錄五人；職事人係學生充〔六〕：學錄五人，學諭十人，直學二人，齋長、齋諭各一人。外舍生三千人，太學上舍一百人，內舍三百人，候將來貢試到合格者，卽上舍以二百人、內舍以六百人爲額。處上舍、內舍于太學，處外舍于外學。外學置齋一百，講堂四，每齋三十人。太學自訟齋移於外學。諸路貢士並入外學，候依法考選校試合格，升之太學爲上舍、內舍生。見爲太學外舍生，依舊在太學，候外學成日取旨。外學並依太學敕、令、格、式。」從之。二年，罷春秋博士。三年，詔辟雍置司成、司業各一員。四年，詔：「辟雍待四方貢士，在國之郊，太學教養上舍生，在王城之內，內外旣殊，高下未倫；辟雍有司成在侍郎之次，國子有祭酒、司業列於卿、少，事體不順，合行釐正。」改辟雍司成爲太學司成，總國子監及內外學事，凡學之事，皆許專達。仍立學官謁禁。

大觀元年，置國子博士四員，國子正、錄各二員，太學、辟雍博士共置二十員，國子、太學每經一員，辟雍二員。從薛昂之請也。三年，詔諸路贍學餘錢並起發充在京學事支用。四年，詔省國子、辟雍博士五員，太學命官學錄一員，辟雍二員，國子命官正、錄及命官直學、國子監書庫官等官，並省罷，依紹聖格，毋用謄錄。政和元年，詔兩學博士、正、錄依舊制選試，朝廷除授。七年，新提舉河東路學事王格言：「崇寧初，建辟雍于郊，以處貢士及外舍生，立太學于國，以處上舍、內舍。由州、郡而貢之辟雍，由辟雍而升之太學。法行之初，上、內舍之選未衆，故外舍有校定者留太學，無校定者出辟雍。比年上、內舍人日增，而太學又有國子隨行親及小學生，人數已多，居處迫隘，乞以外舍生有無校定，並居辟雍，升補上、內舍乃入太學。」從之。八年，詔兩學博士、正、錄幷諸州教授兼用元豐試法，仍止試一經。吏部具到元豐法：進士第一甲，或省試十名內，或府、監發解五名內，或太學公、私試三名內，或季試兩次爲第一人，或上舍、內舍生，或曾充經論〔七〕以上職掌，或投所業乞試，並聽試，入上等注博士，中下等注正、錄，即人多闕少，願注諸州教授者聽。

宣和三年，詔罷天下三舍，太學以三舍考選，開封府及諸路以科舉取士。州學未行三舍以前，應置學宮〔八〕及養士去處，依元豐舊制。太學生並撥塡舊額，辟雍正額入太學者，撥入額外，依舊制遇闕塡〔九〕。諸內舍上等校定人願入太學者，與免補試。辟雍官屬並罷。又詔國子博士、正、錄改充太學正、錄〔一〇〕。七年，臣僚言：「熙、豐間，博士未嘗除代，近年以來，席未暖而代者已至，當從正、錄第進。新除太學博士胡世將、周利建乞改除正、錄，候將來升爲博士。」從之。

靖康元年，諫議大夫馮澥言：「朝廷罷元祐學術之禁，不專王氏之學，六經之旨，其說是者取之。今學校或主一偏之說，執一偏之見，願詔有司考校，敢私好惡去取，重行黜責。」又詔太學博士替成資闕。

建炎三年，詔國子監併歸禮部。未幾，詔復養生徒，置博士。紹興十二年，置祭酒、司業各一人。十三年〔一〕，太學成，增置博士、正、錄。參用元祐、紹聖監學法，修立監學新法。詔國子博士、正、錄通治諸齋。學官闕，從本監選舉。其後，監學博士、正、錄增減不齊，兼攝並置不一。至隆興以後，正、錄不兼權，祭酒、司業並置，復書庫官；又定國子博士一員，太學博士三員，正、錄共四員，學官之制始定。淳熙四年，置監門官一員，兼管石經閣，以不釐務使臣充，以後相承不改。

武學　慶曆三年，詔置武學于武成王廟，以阮逸爲教授。八月，罷武學，以議者言「古名將如諸葛亮、羊祜、杜預等，豈專學孫、吳」故也。熙寧五年，樞密院言：「古者出師受成於學，文武弛張，其道一也，乞復置武學。」詔于武成王廟置學。元豐官制行，改教授爲博士。紹興十六年，詔修建武學，武博、武諭以兵書、弓馬、武藝誘誨學者。紹興二十六年，詔武學博士、學諭各置一員，內博士於文臣有出身或武舉出身曾預高選充，其學諭差武學人，後又除文臣之有出身者。

宗學　元豐六年，宗室令鑠乞建宗學，詔從之，既而中輟，建中靖國元年復置。崇寧初，立月書、季考法〔三〕。南渡初，建學。嘉定更新置四齋，後再增三齋。宗學博士，舊諸王宮大小學教授也。至道元年，太宗將爲皇姪等置師傅，執政謂環衞之官非親王比，當有降，乃以教授爲名。咸平初，遂命諸王府官分兼南、北宅教授。南宮者，太祖、太宗諸王之子孫處之，所謂睦親宅也。崇寧五年，又改稱某王宮宗子博士，位國子博士之上。靖康之亂，宗學遂廢。紹興四年，始復置諸王宮大小學教授二員，隆興省其一。嘉定九年十二月，始復置宗學，改教授爲博士，又置宗學諭一員，並隸宗正寺，在太常博士之下，諭在國子正之上，奉給、賞典依國子博士及正例，於是宗室疏遠者皆得就學。旋有旨復存諸王宮大小學教授一員。

書庫官　淳化五年，判國子監李志〔三〕言：「國子監舊有印書錢物所，名爲近俗，乞改爲國子監書庫官。」始置書庫監官，以京朝官充。掌印經史羣書，以備朝廷宣索賜予之用，及出鬻而收其直以上於官。元豐三年省。中興後，併國子監入禮部。紹興十三年，復置一員；三十一年，罷。隆興初，詔主簿兼書庫。乾道七年，復置一員。

少府監　舊制，判監事一人，以朝官充。凡進御器玩、后妃服飾、雕文錯綵工巧之事，分隸文思院、後苑造作所，本監但掌造門戟、神衣、旌節，郊廟諸壇祭玉、法物，鑄牌印朱記，百官拜表案、褥之事。凡祭祀，則供祭器、爵、瓚、照燭。

元豐官制行，始置監、少監、丞、主簿各一人〔四〕。監掌百工伎巧之政令，少監爲之貳，丞參領之。凡乘輿服御、寶册、符印、旌節、度量權衡之制，與夫祭祀、朝會展采備物，皆率其屬以供焉。庀其工徒，察其程課、作止勞逸及寒暑早晚之節，視將作匠法，物勒工名，以法式察其良窳。凡金玉、犀象、羽毛、齒革、膠漆、材竹，辨其名物而攷其制度，事當損益，則審其可否，議定以聞。少府所掌，舊有主名，其工作之事，則監自親之。

熙寧中，已釐歸有司，官制行，皆復舊。元豐元年，工部言：「文思院上下界諸作工料條格，該說不盡，功限例各寬剩，乞委官檢照前後料例功限，編爲定式。」從之。又詔：「文思監官除內侍外，令工部、少府監同議選差。」崇寧三年詔：「文思院兩界監官，立定文臣一員、武臣二員，並朝廷選差，其內侍幹當官並罷。」

分案四，置吏八。所隸官屬五：文思院，掌造金銀、犀玉工巧之物，金采、繪素裝鈿之飾，以供輿輦、册寶、法物凡器服之用。綾錦院，掌織絍錦繡，以供乘輿凡服飾之用。染院，掌染絲枲幣帛。裁造院，掌裁製服飾。文繡院，掌纂繡，以供乘輿服御及賓客祭祀之用。崇寧三年置，招繡工三百人。

舊置南郊祭器庫監官二人，太廟祭器法物庫監官二人，掌祠祭器服之名物，各有專典。旌節官二人，鑄印篆文官二人。諸州鑄錢監監官各一人。以上並屬少府監。

將作監　舊制，判監事一人，以朝官以上充。凡土木工匠之政、京都繕修隸三司修造案；本監但掌祠祀供省牲牌、鎮石、炷香、盥手、焚版幣之事。

元豐官制行，始正職掌。置監、少監各一人，丞、主簿各二人。監掌宮室、城郭、橋梁、舟車營繕之事，少監爲之貳，丞參領之。凡土木工匠板築造作之政令總焉。辨其才幹器物之所須，乘時儲積以待給用，庀其工徒而授以法式；寒暑蚤暮，均其勞逸作止之節。凡營造有計帳，則委官覆視，定其名數，驗實以給之。歲以二月治溝渠，通壅塞。乘輿行幸，則預戒有司潔除，均布黃道。凡出納籍帳，歲受而會之，上于工部。熙寧初，以嘉慶院爲監，其官屬職事，稽用舊典，已而盡追復之。元祐七年，詔頒將作監修成營造法式。八年，又詔本監營造檢計畢，長貳隨事給限，丞、簿覆檢。元符元年，三省言：「將作監主簿二員，乞將先到任一員改充幹當公事，候成資替罷。」從之。崇寧五年，詔將作監，應承受前後特旨應副外，路并府、監修造差撥人工物料，遵執元豐條格，不得應副。宣和五年，詔罷營繕所歸將作監。

分案五，置吏二十有七。所隸官屬十：修內司，掌宮城、太廟繕修之事。東西八作司，掌京城內外繕修之事。竹木務，掌修諸路水運材植〔三〕及抽算諸河商販竹木，以給內外營造之用。事材場，掌計度材物，前期樸斲，以給內外營造之用。麥䴬場，掌受京畿諸縣夏租䴬䴬，以給圬墁之用。窰務，掌陶爲塼瓦，以給繕營及缾缶之器。丹粉所，掌燒變丹粉，以供繪飾。作坊物料庫第三界，掌儲積材物，以備給用。退材場，掌受京城內外退棄材木，掄其長短有差，其曲直中度者以給營造，餘備薪爨。簾箔場，掌抽算竹木、蒲葦，以供簾箔內外之用。

建炎三年，詔將作監併歸工部。紹興三年，復置丞，仍兼總少府之事。十年，置主簿一員。十一年，詔依司農、太府寺，置長貳一員。隆興初，宮室無所營繕，職務簡省，百工器用屬之文思院，以隸工部；本監惟置丞一員，餘官虛而不除。乾道以後，人材甚多，監、少、丞、簿無闕，凡臺省之久次與郡邑之有聲者，悉寄徑于此，自是號爲儲才之地，而營繕之事，多俾府尹、畿漕分任其責焉。

軍器監　國初，戎器之職領于三司胄案〔一六〕，官無專職。熙寧六年，廢胄案，乃按唐令置監，以從官總判。元豐正名，始置監、少監各一人，丞二人，主簿一人。監掌監督繕治兵器什物，以給軍國之用，少監爲之貳，丞參領之。凡利器以法式授工徒，其弓矢、干戈、甲胄、劍戟戰守之具，因其能而分任之，量用給材，旬會其數以考程課，而輸于武庫，委遣官詣所隸檢察。凡用膠漆、筋革、材物必以時，課百工造作，勞逸必均，歲終閱其良否多寡之數，以詔賞罰。器成則進呈便殿，俟閱試而頒其樣式于諸道。即要會州建都作院分造器械，從本監比較而進退其官吏焉。元祐三年，省丞一員，紹聖中復置。政和三年，應御前軍器監所頒降軍器樣製，非長貳當職官不得省閱，及傳寫漏洩，論以違制。

分案五，置吏十有三。所隸官屬四：東西作坊，掌造兵器、旗幟、戎帳、什物，辨其名色，謹其繕作，以輸于受藏之府。兵校工匠，其役有程，視精麤利鈍以爲之賞罰。作坊物料庫，掌收鐵錫、羽箭、油漆之屬。皮角場，掌收皮革、筋角，以供作坊之用。南渡置御前軍器所。建炎三年，詔軍器監併歸工部，東西作坊、都作院併入軍器所。紹興三年，復置丞一員，令工部相度合管職事歸之。十一年，詔復置長貳各一員。十四年，以朝奉大夫趙子厚守軍器監，宗室爲寺監長貳自此始。

隆興初，詔置造軍器，已有軍器所隸工部，本監惟置丞一員。乾道五年，復置少監及簿。六年，以少監韓玉往建康點檢物馬，以奉使軍器少監爲名。是年，復置監一員。淳熙初元，詔戎器非進入毋輒出所，由是呈驗寖省。二年，錢良臣以少監總領淮東財賦；八年，沈揆復以監長行。諸監長貳自是始許總餉外帶，然二人實初兼版曹職事。嘉定十四年，岳珂獨以軍器監總餉淮東。是後，戎所、作坊已備官于下，宥府、起部並提綱于上，監居其間，事務稀簡，特爲儲才之所焉。

都水監　舊隸三司河渠案，嘉祐三年，始專置監以領之。判監事一人，以員外郎以上充；同判監事一人，以朝官以上充；丞二人，主簿一人，並以京朝官充。輪遣丞一人出外治河埽之事，或一歲再歲而罷，其有諳知水政，或至三年。置局于澶州，號曰外監。

元豐正名，置使者一人，丞二人，主簿一人。使者掌中外川澤、河渠、津梁、堤堰疏鑿浚治之事，丞參領之。凡治水之法，以防止水，以溝蕩水，以澮寫水，以陂池瀦水。凡江、河、淮、海所經郡邑，皆頒其禁令。視汴、洛水勢漲涸增損而調節之。凡河防謹其法禁，歲計茭揵之數，前期儲積，以時頒用，各隨其所治地而任其責。興役以後月至十月止，民功則隨其先後毋過一月。若導水溉田及疏治壅積爲民利者，定其賞罰。凡修堤岸、植榆柳，則視其勤惰多寡以爲殿最。南、北外都水丞各一人，都提舉官八人，監埽官百三十有五人，皆分職涖事；即干機速，非外丞所能治，則使者行視河渠事。

元豐八年〔七〕，詔提舉汴河堤岸司隸本監。先是，導洛入汴，專置堤岸司；至是，亦歸之有司。元祐四年，復置外都水使者。五年，詔南、北外都水丞並以三年爲任。七年，方議回河東流，乃詔河北、京西漕臣〔八〕及開封府界提點，各兼南、北外都水事；紹聖元年罷。元符三年，詔罷北外都水丞，以河事委之漕臣；三年，復置。重和元年，工部尙書王詔言，乞選差曾任水官諳練者爲南、北兩外丞，從之。宣和三年，詔罷南、北外都水丞司，依元豐法，通差文武官一員。

分案七，置吏三十有七。所隸有：街道司，掌轄治道路人兵，若車駕行幸，則前期修治，有積水則疏導之。

建炎三年，詔都水監置使者一員。紹興九年，復置南、北外都水丞各一員，南丞于應天府，北丞于東京置司。十年，詔都水事歸于工部，不復置官。

司天監　監　少監　丞　主簿　春官正　夏官正　中官正　秋官正　冬官正　靈臺郎　保章正　挈壺正各一人。掌察天文祥異，鍾鼓漏刻，寫造曆書，供諸壇祀祭告神名版位畫日〔九〕。監及少監闕，則置判監事二人。以五官正充。禮生四人，曆生四人，掌測驗渾儀，同知算造、三式〔一〇〕。元豐官制行，罷司天監，立太史局，隸祕書省。

校勘記

〔一〕推輪規摹　「推輪」，當誤。長編卷二九六作「椎輪」，宋會要職官二四之七作「推論」。

〔二〕考校升絀　「絀」原作「出」，據宋會要職官四三之五改。

〔三〕將作監　「作」字原脫。按宋會要職官二六之一六：「至紹聖元年三省言：自復修倉所，所修屋宇較未置以前不甚相遠。詔罷所置官屬，事歸將作監。」將作監掌修繕營造之事，見下文。據補。

〔四〕和劑局　原作「和劑庫」。按繫年要錄卷九七說：「初置行在和劑局。」宋會要職官二七之六六也說：「內將葯局一所，以和劑局爲名。」上文也作「和劑局」，據改。

〔五〕行守試請奉法　按宋會要職官二八之一〇、長編卷三二六都作「行、守、試請受法」。

〔六〕職事人係學生充　「係」原作「保」。按本書卷一五七選舉志：「學生充學諭者十人，直學二人。」宋會要職官二八之一五作「係」，是，據改。

〔七〕經論　宋會要職官二八之二一作「經諭」，疑「論」是「諭」字形近之訛。

〔八〕學宮　宋會要職官二八之二二作「學官」，疑「宮」字係「官」字形近之訛。

〔九〕遇闕塡　「遇」原作「過」，「闕塡」二字原倒。同上書同條作「遇闕塡」，是，據改。

〔一〇〕詔國子博士正錄改充太學正錄　文義不協，按宋會要職官二八之二二作：「詔國子博士、正、錄改充太學博士、正、錄。」此處「太學」下當脫「博士」二字。

〔一一〕十三年　原作「十二年」，據宋會要職官二八之二三、二四和繫年要錄卷一四九改。

〔一二〕月書季考法　「考」字原脫，據宋會要崇儒一之一、通考卷五七職官考補。

〔一三〕李志　疑當作「李至」，按上文記淳化五年判國子監的是李至，本書卷二六六李至傳同，「志」字當是「至」字之訛。

〔一四〕始置監少監丞主簿各一人　「置」原作「制」，「監」字原脫。按下文說：「監掌百工伎巧之政令，少監爲之貳，丞參領之。」則當時所置長官當有監。通考卷五七職官考作「置監、少監、丞、主簿各一人」，據改。

〔一五〕掌修諸路水運材植　「修」，通考卷五七職官考作「受」，疑是。

〔一六〕三司胄案　「胄」下原衍「曹」字，據下文和本書卷一六二職官志、通考卷五七職官考刪。

〔一七〕元豐八年　「元豐」原作「元祐」。按此事長編卷三五六、通考卷五七職官考都繫於元豐八年，據改。

〔一八〕河北京西漕臣　「京西」原作「東西」。本書卷九二河渠志作「河北、京西轉運使、副、判官」，通考卷五七職官考作「河北、京西漕臣」，據改。

〔一九〕晝日　原作「晝日」，據宋會要職官三一之三、職官分紀卷一七改。

〔二〇〕三式　原作「王式」，據本書卷一五七選舉志算學條、宋會要職官三一之四改。

宋史卷一百六十六

志第一百一十九

職官六

殿前司　侍衞親軍　環衞官　皇城司　三衞官〔一〕　客省引進
四方館　東西上閤門　帶御器械　入內內侍省　內侍省　開封府
臨安府　河南應天府　次府　節度使　承宣觀察防禦等使

殿前司　都指揮使、副都指揮使、都虞候各一人。掌殿前諸班直及步騎諸指揮之名籍，凡統制、訓練、番衞〔二〕、戍守、遷補、賞罰，皆總其政令。而有都點檢、副都點檢之名，在都指揮之上，後不復置。入則侍衞殿陛，出則扈從乘輿，大禮則提點編排，整肅禁衞鹵簿儀仗，掌宿衞之事。都指揮使以節度使爲之，而副都指揮使、都虞候以刺史以上充；資序淺則主管本司公事，馬步軍亦如之。備則通治，闕則互攝。凡軍事皆行以法，而治其獄訟，若情不中法，則稟奏聽旨。

騎軍有殿前指揮使、內殿直、散員、散指揮、散都頭、散祗候、金鎗班、東西班、散直、鈞容直及捧日以下諸軍指揮。步軍有御龍直、骨朵子直、弓箭直、弩直及天武以下諸軍指揮。諸班有都都虞候指揮使〔三〕、都軍使、都知、副都知、押班。御龍諸直，有四直都虞候，本直各有都虞候、指揮使、副指揮使、都頭、副都頭、十將、將虞候。騎軍、步軍，有捧日、天武左右四廂都指揮使，捧日、天武左右廂各有都指揮使。每軍有都指揮使、都虞候，每指揮有指揮使、副指揮使，每都有軍使、副兵馬使、十將、將虞候、承局、押官，各以其職隸于殿前司。

元祐七年，簽書樞密院王巖叟言：「祖宗以來，三帥不曾闕兩人，若殿帥闕，難於從下超補，姚麟係殿前都虞候，合升作步軍副都指揮使。」紹聖三年，詔：「殿前指揮使金鎗弩手班、龍旗直所減人額及排定班分，並依元豐詔旨。」政和四年，詔：「殿前都指揮使在節度使之上，殿前副都指揮使在正任承宣使之上，殿前都虞候在正任防禦使之上。」

渡江後，都指揮闕虛不除，則以主管殿前司一員任其事。其屬有幹辦公事、主管禁衞二員，準備差遣、準備差使、點檢醫藥飯食各一員，書寫機宜文字一員。本司掌諸班直禁旅扈衞之事，捧日、天武四廂隸焉。訓齊其衆，振飭其藝，通輪內宿，併宿衞親兵並聽節制。其下有統制、統領、將佐等分任其事。凡諸軍班直功賞、轉補，行門拍試、換官，閱實排連以詔于上；諸殿侍差使年滿出職，祗應參班，覈其名籍；以時教閱，則謹鞍馬、軍器、衣甲之出入；軍兵有獄訟，則以法鞫治。初，渡江草創，三衙〔四〕之制未備，稍稍招集，塡置三帥〔五〕，資淺者，各有主管某司公事之稱。又別置御營司，擢王淵爲都統制。其後外州駐箚，又有御前諸軍都統制之名。又併入神武軍，以舊統制、統領改充殿前司統制、統領官。

乾道中，臣僚言：「三衙軍制名稱不正。以舊制論之，軍職大者凡八等，除都指揮使或不常置外，曰殿前副都指揮使、馬軍副都指揮使、步軍副都指揮使，次各有都虞候，次有捧日、天武四廂都指揮使，龍、神衞四廂都指揮使，秩秩有序，若登第然；降此而下，則分營、分廂各置副都指揮使。邊境有事，命將討捕，則旋立總管、鈐轄、都監之名，使各將其所部以出，事已復初。今以宿衞虎士而與在外諸軍同其名，以統制、統領爲之長，又使遙帶外路總管、鈐轄，皆非舊典。所當法祖宗之舊，正三衙之名，改諸軍爲諸廂，改統制以下爲都虞候、指揮使，要使宿衞之職，預有差等，士卒之心，明有所係，異時拜將，必無一軍皆驚之舉。」時不果行。淳熙以後，四廂之職多虛，而殿司職司有權管幹，有時暫照管之號，愈非乾道以前之比矣。

侍衞親軍馬軍　都指揮使、副都指揮使、都虞候各一人，掌馬軍諸指揮之名籍，凡統制、訓練、番衞、戍守、遷補、賞罰，皆總其政令；侍衞扈從，及大禮宿衞，所掌如殿前司官。所領馬軍，自龍衞而下有左右四廂都指揮使〔六〕，龍衞左右廂各有都指揮使。每軍有都指揮使、都虞候，每指揮有指揮使、副指揮使〔七〕，每都有軍使、副兵馬使、十將、將虞候、承勾、押官，各以其職隸于馬軍司。政和四年，詔以馬軍都指揮使、馬軍副都指揮使在正任觀察使之上，馬軍都虞候在正任防禦使之上。

中興後，置主管侍衞馬軍司一員，其屬有幹辦公事、準備差遣、點檢醫藥飯食各一員，掌出戍建康〔八〕，差主管機宜文字一員，掌馬軍之政令。凡出入扈衞、守宿以奉上，閉收閱習，轉補以勵下，如殿前司。凡名籍覈其在亡，過則以法繩之，有巡防救應，則糾率差撥龍衞四廂隸焉。

侍衞親軍步軍　都指揮使、副都指揮使、都虞候各一人，掌步軍諸指揮之名籍，凡統制、訓練、番衞、戍守、遷補、賞罰，皆總其政令；侍衞扈從，及大禮宿衞，如殿前司。所領步軍，自神衞而下有左右四廂都指揮使〔九〕，左右廂各有都指揮使。每軍有都指揮使、都虞候，每指揮有指揮使、副指揮使，每都有都頭、副都頭、十將、將、虞候、承勾、押官，各以其職隸于步軍司。政和四年，詔以步軍都指揮使、步軍副都指揮使在正任觀察使之上，都虞候〔一〇〕在正任防禦使之上。

中興後，置主管侍衞步軍司一員，其屬有幹辦公事二員，準備差遣、點檢醫藥飯食各一員，掌步軍之政令。凡出入扈衞、守宿以奉上，閱收閱習、轉補以勵下，如殿前司。凡名籍校其在亡，過則以法繩之，有巡防救應，則糾率差撥神衞四廂隸焉。

環衞官　左、右金吾衞上將軍　大將軍　將軍　中郎將　郎將

左、右衞上將軍　大將軍　將軍　中郎將　郎將

左、右驍衞上將軍　大將軍　將軍

左、右武衞上將軍　大將軍　將軍

左、右屯衞上將軍　大將軍　將軍

左、右領軍衞〔一一〕上將軍　大將軍　將軍

左、右監門衞上將軍　大將軍　將軍

左、右千牛衛上將軍　大將軍　將軍　中郎將　郎將

諸衞上將軍、大將軍、將軍，並爲環衞官，無定員，皆命宗室爲之，亦爲武臣之贈典；大將軍以下，又爲武官責降散官。政和中，改武臣官制，而環衞如故，蓋雖有四十八階，別無所領故也。靖康元年，詔以武安軍節度使錢景臻等爲左金吾衞上將軍，保信軍節度使劉敷等爲右金吾衞上將軍，用御史中丞陳過庭言，遵藝祖開寶初罷王彥超、武行德等歸環衞故事也。其禁兵分隸殿前及侍衞兩司，所稱十二衞將軍，皆空官無實，中興多不除授。隆興中，始命學士洪遵等討論典故，復置十六衞，號環衞官。其法：節度使則領左、右金吾衞上將軍，承宣使則領左、右衞上將軍，在內則兼帶，在外則不帶；正任爲上將軍，遙郡爲大將軍，正親兄弟子孫試充〔三〕。又詔祖宗諸后自明肅至欽慈諸后及后妃嬪御之家，各具本宗堪充諸衞官以名銜聞。又詔三衞郎爲三衞侍郎。又詔博士並差文臣。崇寧四年二月置，五年正月罷。

皇城司　幹當官七人，以武功大夫以上及內侍都知、押班充。掌宮城出入之禁令，凡周廬宿衞之事、宮門啓閉之節皆隸焉。每門給銅符二、鐵牌一，左符留門，右符請鑰，鐵牌

則請鑰者自隨，以時參驗而啓閉之。總親從、親事官名籍，辨其宿衞之地，以均其番直；人物僞冒不應法，則譏察以聞。凡臣僚朝覲，上下馬有定所，自宰相、親王以下，所帶人從有定數，揭牓以止其喧鬨。元豐六年，詔幹當皇城司，除兩省都知、押班外，取年深者減罷，止留十員。元祐元年，詔幹當官閱三年無過者遷秩一等，再任滿者減磨勘二年。元符元年，詔：「應宮城出入請納官物，呈稟公事，傳送文書，并御廚、翰林、儀鸞司非次祗應，聽於便門出入，卽不由所定門者，論如闌入律。應差辦人物入內，及內諸司差人往他所應奉，並前一日具名數與經歷諸門報皇城司。」二年，詔皇城司任滿酬獎依熙寧五年指揮，再任滿無遺闕，取旨。政和五年，詔皇城司可創置親從弟五指揮，以七百人爲額，親從官舊有四指揮，元額共二千二百七十人。仍以五尺九寸一分六釐〔三〕使爲將軍，副使爲中郎將，使臣以下爲左、右郎將，通以十員爲額。宗室不在此例。除管軍則解，或領閤門、皇城之類則仍帶，雖戚里子弟，非戰功人不除。批書印紙屬殿前司。是時，帝諭宰相，以爲如文臣館閣儲才之地。紹熙初，嘗欲留闕以儲將才，循初意也。嘉泰中，復申明隆興之詔，屏除貪得妄進，以重環尹之官。嘉定二年，復因臣僚言，專以曾爲兵將有功績〔四〕及名將子孫之有才略者充。通前後觀之，可以見環衞儲才之意。

三衞官　三衞郎一員，秩比太中大夫；中郎爲之貳，文武各一員，秩比朝議大夫。博士二員，主簿一員。親衞府郎十員，中郎十員；勳衞府郎十員，中郎十員；翊衞府郎二十員，中郎二十員；文武各四十員。三衞郎治其府之事，率其屬日直于殿陛，長在左，立起居郎之前；貳分左右，文東武西，立都承旨之後；仗退，治事于府。博士掌敎道，校試三衞所習文武之藝。親衞立于殿上兩旁，勳衞立于朶殿，翊衞立于兩階衞士之前。三衞郎依給、舍，中郎依少卿，餘依寺丞。親衞官以后妃嬪御之家有服親，及翰林學士并管軍正任觀察使以上子孫；勳衞官以勳臣之世、賢德之後有服親，太中大夫以上及正任團練使、遙郡觀察使以上；翊衞官以卿監、正任刺史、遙郡團練使以上，並以爲等〔三〕。其將校、十將、節級等應合行事件，比第四指揮及見行條貫。六年三月，應臣僚輒帶售雇人入宮門，罪賞並依宗室法，將帶過數止坐本官，若兼領外局，所定人從非隨本官輒入者，依闌入法。十一月，詔嘉王楷差提舉皇城司整肅隨駕禁衞所。靖康元年，詔應入皇城門，依法服本色，輒衣便服及不裹頭帽入出者並科罪。所隸官屬一：冰井務，掌藏冰以薦獻宗廟、供奉禁庭及邦國之用，若賜予臣下，則以法式頒之。

中興初，爲行營禁衞所，差主管官，掌出入皇城宮殿門等敕號，察其假冒，車駕行幸則糾察導從。紹興元年，改稱行在皇城司。提舉官一員，提點官二員，幹當官五員，以諸司副使、內侍都知押班充。掌皇城宮殿門，給三色牌號，稽驗出入。凡親從、親事官五指揮，入內院子、守闕入內院子指揮，總其名籍，均其勞役，察其功過而賞罰之。凡諸門必謹所守；蠲潔齋肅，郊祀大禮，則差撥隨從守衞；有宴設，則守門約闌。每年春秋，按賞親從逐指揮、親事官第一指揮、長行三色武藝、弓弩槍手。皇城周回或有墊陷，移文修整。嘉定間，臣僚言：「皇城一司，總率親從，嚴護周廬，參錯禁旅，權亞殿巖，乞專以知閤、御帶兼領。仍立定親從員額，以革泛濫。」並從之。

客省、引進使

客省使、副使各二人。掌國信使見辭宴賜，及四方進奉、四夷朝覲貢獻之儀，受其幣而賓禮之，掌其饔餼飲食，還則頒詔書，授以賜予；宰臣以下節物，則視其品秩以爲等。若文臣中散大夫、武臣横行刺史以上還闕朝覲，掌賜酒饌。使闕，則引進、四方館、閤門使副互權。大觀元年，詔客省、四方館不隸臺察。政和二年，改定武選新階，乃詔客省、四方館、引進司、東西上閤門所掌職務格法，並令尚書省具上。又詔高麗已稱國信，改隸客省。靖康元年，詔客省、引進司、四方館、西上閤門爲殿庭應奉，與東上閤門一同隸中書省，不隸臺察。

引進司使、副各二人。掌臣僚、蕃國進奉禮物之事，班四方館上。使闕，則客省、四方館互兼。

四方館使　二人。掌進章表，凡文武官朝見辭謝、國忌賜香，及諸道元日、冬至、朔旦慶賀起居章表，皆受而進之；郊祀大朝會，則定外國使命及致仕、未升朝官父老陪位之版，進士、道釋亦如之。掌凡護葬、賻贈、朝拜之事。客省、四方館，建炎初併歸東上閤門，皆知閤總之。

東、西上閤門　東上閤門、西上閤門使各三人，副使各二人，宣贊舍人十人，舊名通事舍人，政和中改。祗候十有二人。掌朝會宴幸、供奉贊相禮儀之事，使、副承旨稟命，舍人傳宣贊謁，祗候分佐舍人。凡文武官自宰臣、宗室自親王、外國自契丹使以下朝見謝辭皆掌之，視其品秩以爲引班、敍班之次，贊其拜舞之節而糾其違失。若慶禮奉表，則東上閤門掌之；慰禮進名，則西上閤門掌之。月進班簿，歲終一易，分東西班揭貼以進。自客省而下，因事建官，皆有定員，遂立積考序遷之法，聽其領職居外，增置看班祗候六人，由看班遷至使皆五年，使以上七年，遇闕乃遷，無闕則加遙郡。

元豐七年，詔客省、四方館使副領本職外，官最高者一員兼領閤門事。元祐元年，詔客省、四方館、閤門並以橫行通領職事。紹聖三年，詔看班祗候有闕，令吏部選定，尚書省呈人材，中書省取旨差。崇寧四年，詔閤門依元豐法隸門下省。大觀元年，詔閤門依殿中省例，不隸臺察。政和六年，詔宣贊播告，直誦其辭。靖康元年，詔閤門並立員額。監察御史胡舜陟奏：「閤門之職，祖宗所重，宣贊不過三五人，熙寧間，通事舍人十三員，祗候六人，當時議者猶以爲多。今舍人一百八員，祗候七十六員，看班四員，內免職者二百三員，由宦侍恩倖以求財，朱勔父子交賣尤多〔一六〕，富商豪子往往得之。眞宗時，諸王夫人因聖節乞補閤門，帝曰：『此職非可以恩澤授。』不許。神宗即位之初，用宮邸直省官郭昭選爲閤門祗候，司馬光言：『此祖宗以蓄養賢才，在文臣爲館職〔一七〕。』其重如此，今豈可賣以求財，乞賜裁省。」故有是詔。

舊制有東、西上閤門，多以處外戚勳貴。建炎初元，併省爲一，其引進司、四方館併歸閤門，客省循舊法，非橫行不許知閤門。紹興元年，帝以宋籛孫藩邸舊人，稍習儀注，命轉行橫行一官，主管閤門。又曰：「藩邸舊人，自內侍及使臣皆不與行在職任，止與外任，籛孫以閤門無諳練人，故留之。」五年，詔右武大夫以上並稱知閤門事兼客省、四方館事，官未至者，卽稱同知閤門事同兼客省、四方館事，以除授爲序，稱同知者在知閤門之下。宣贊舍人任傳宣引贊之事，與閤門祗候並爲閤職，間帶點檢閤門簿書公事。紹興中，許令供職，注授內外合入差遣，闕到然後免供職。其後供職舍人員數稍冗，裁定以四十員爲額。乾道六年，上欲淸閤門之選，除宣贊舍人、閤門祗候仍舊通掌贊引之職外，置閤門舍人十員，以待武舉之入官者。掌諸殿覺察失儀兼侍立，駕出行幸亦如之；六參、常朝，後殿引親王起居。倣儒臣館閣之制，召試中書省，然後命之。又許轉對如職事官〔八〕，供職滿二年與邊郡。淳熙間，置看班祗候，令忠訓郎以下充，秉義郎以上，始除閤門祗候。又增重薦舉閤門祗候之制，必廉幹有方略、善弓馬、兩任親民無遺闕及曾歷邊任者充。紹熙以來，立定員額。慶元初，申嚴閤門長官選擇其屬之令，非右科前名之士不預召試，蓋以爲右列淸選云。

帶御器械　宋初，選三班以上武幹親信者佩櫜鞬、御劍，或以內臣爲之，止名「御帶」；咸平元年，改爲帶御器械。景祐二年，詔自今無得過六人。慶曆元年，詔遇闕員，曾歷邊任有功者補之。中興初，諸將在外多帶職，蓋假禁近之名，爲軍旅之重。紹興七年，樞密院言：「帶御器械官當帶插。」帝曰：「此官本以衞不虞，今乃佩數笴骲箭，不知何用。方承平時，至飾以珠玉，車駕每出，爲觀美而已。他日恢復，此等事當盡去之。」二十九年，詔中外舉薦武臣，無闕可處，增置帶御器械四員。然近侍亦或得之。乾道以來，詔立班樞密院檢詳文字之上〔九〕。淳熙間，凡正除軍中差遣或外任者，不許銜內帶行，又須供職一年，方與解帶恩例，於是屬鞬之職益加重焉。

入內內侍省　內侍省

宋初，有內中高品班院，淳化五年，改入內內班院，又改入內黃門班院，又改內侍省入內內侍班院。景德三年，詔：「東門取索司可併隸內東門司，餘入內都知司；內東門都知司、內侍省入內內侍班院可立爲入內內侍省，以諸司隸之。」宋初，有內班院，淳化五年，改爲黃門；九月，又改內侍省。

入內內侍省與內侍省號爲前後省，而入內省尤爲親近。通侍禁中、役服褻近者，隸入內內侍省。拱侍殿中、備洒掃之職、役使雜品者，隸內侍省。入內內侍省有都都知、都知、副都知、押班、內東頭供奉官、內西頭供奉官、內侍殿頭、內侍高品、內侍高班、內侍黃門。內侍省有左班都知、副都知、右班都知、副都知、押班、內東頭供奉官、內西頭供奉官、內侍殿頭、內侍高品、內侍高班、內侍黃門。自供奉官至黃門，以一百八十人〔一〇〕爲定員。凡內侍初補曰小黃門，經恩遷補則爲內侍黃門。後省官闕，則以前省官補。押班次遷副都知，次遷都都知，遂爲內臣之極品。

熙寧中，入內內侍省內侍省都知、押班遂省，各以轉入先後相壓，永爲定式。其官稱，則有內客省使、延福宮使、宣政使、宣慶使、昭宣使。元豐議改官制，張誠一欲易都知、押班之名，置殿中監以易內侍省。既而宰執進呈，神宗曰：「祖宗爲此名有深意，豈可輕議？」政和二年，始遂改焉。以通侍大夫易內客省使，正侍大夫易延福宮使，中侍大夫易景福殿使，中亮大夫易宣慶使，中衞大夫易宣政使，拱衞大夫易昭宣使，供奉官易內東頭供奉官，左侍禁易內西頭供奉官，右侍禁易內侍殿頭，左班殿直易內侍高品，右班殿直易內侍高班，而黃門之名如故。

其屬有：御藥院勾當官四人，以入內內侍充〔一一〕，掌按驗方書，修合藥劑，以待進御及供奉禁中之用。內東門司勾當官四人，以入內內侍充〔一二〕，掌宮禁人物出入，周知其名數而譏察之。合同憑由司監官二人，掌禁中宣索之物，給其要驗，凡特旨賜予，皆具名數憑由，付有司準給。管勾往來國信所管勾官二人，以都知、押班充，掌契丹使介交聘之事。後苑勾當官無定員，以內侍充，掌苑囿、池沼、臺殿種藝雜飾，以備游幸。造作所，掌造作禁中及皇屬婚娶之名物。龍圖、天章、寶文閣勾當四人，以入內內侍充，掌藏祖宗文章、圖籍及符瑞寶玩之物，而安像設以崇奉之。軍頭引見司勾當官五人，以內侍省都知、押班及閤門宣贊舍人以上充，掌供奉便殿禁衞諸軍入見之事，及馬步兩直軍員之名。翰林院勾當官一員，以內侍押班、都知充，總天文、書藝、圖畫、醫官四局，凡執伎以事上者皆在焉。

中興以來，深懲內侍用事之弊，嚴前後省使臣與兵將官往來之禁，著內侍官不許出謁及接見賓客之令。紹興三十年，詔內侍省所掌職務不多，徒有冗費，可廢併歸入內內侍省。舊制，內侍遇聖節許進子，年十二試以墨義，卽中程者，候三年引見供職。三十二年，殿中侍御史張震言宦者員衆，孝宗卽命內侍省具見在人數，免會慶節進子，仍定以二百人爲額。乾道間，以差赴德壽宮應奉闕人，增置二百五十人。紹熙三年，依宰臣奏，中官只令承受宮禁中事，不許預聞他事。嘉定初，詔內侍省陳乞恩例，親屬充寄班祗候，以十年爲限。

開封府　牧、尹不常置，權知府一人，以待制以上充。掌尹正畿甸之事，以教法導民而勸課之。中都之獄訟皆受而聽焉，小事則專決，大事則稟奏，若承旨已斷者，刑部、御史臺無輒糾察。屏除寇盜，有姦伏則戒所隸官捕治。凡戶口、賦役、道釋之占京邑者，頒其禁令，會其帳籍。大禮，橋道頓遞則爲之使，仗內奉引則差官攝牧。

其屬有判官、推官四人，日視推鞫，分事以治，而佐其長。領南司者一人，督察使院，非刑獄訟訴則主行之。司錄參軍一人，折戶婚之訟，而通書六曹之案牒。功曹、倉曹、戶曹、兵曹、法曹、士曹參軍各一人，視其官曹分職涖事。左右軍巡使、判官各二人，分掌京城爭鬭及推鞫之事。左右廂公事幹當官四人，掌檢覆推問，凡鬭訟事輕者聽論決。領縣十有八，鎭二十有四，令佐、訓練、征榷、監臨、巡警之官，知府事者率統隸焉。分案六，置吏六百。

開封典司轂下，自建隆以來，爲要劇之任。至熙寧間，增給吏祿，禁其受賕，省衙前役以寬民力，釐折獄訟歸於廂官，而治事視前日損去十四。元祐元年，詔府界捕盜官吏隸本府，與都大提舉司同管轄而掌其賞罰。置新城內左右二廂。三年，以罷大理寺獄，置軍巡院判官一員。四年，罷新置二廂。六年，王巖叟言：「左右廳推官公事詞狀，初無通治明文，請事繫朝省及奏請通治外，餘並據號分治。」從之。紹聖元年，知府事錢勰言：「自祖宗以來，並分左右廳置推官各一員，近年止除推官，元祐中，並令分治。請依故事分左右廳，各除推官一員，作兩廳共治職事。」又言：「熙寧中，置舊城左右廂，元祐初，增置于新城內，四年，罷增置兩廂，今請復置。」從之。三年，詔開封、祥符知縣事自今選秩通判人充。四年，詔開封府所薦推、判官，並召對取旨。

崇寧三年，蔡京奏：「乞罷權知府，置牧一員、尹一員，專總府事；少尹二員，分左右，貳府之政事。牧以皇子領之。尹以文臣充，在六曹尙書之下、侍郎之上。少尹在左右司郎官之下、列曹郎官之上。以士、戶、儀、兵、刑、工爲六曹次序，司錄二員，六曹各二員，參軍事八員。開封、祥符兩縣置案倣此。易胥吏之稱，略依唐六典制度。」又請移開封府治所於舊尙書省，從之。太宗、眞宗嘗任府尹，自至道後，知府者必帶「權」字，蔡京乃以潛邸之號處臣下，建置曹官以上凡十六員，比舊增要官十一員。五年，詔開封府屬官參軍等並依舊員額。大觀元年，李孝壽乞增置府學博士一員。從之。詔：「開封六職閑劇不同，如士曹之官，唯主到罷批書，而刑、戶事繁，自今凡士之婚田門訟皆在士曹，餘曹倣此。」二年，詔皇子領牧，祿令如執政官。又詔天下州郡並依開封府分曹置掾。政和二年，復置開封府學錢粮官一員。五年，盛章奏，乞依尙書六部置架閣主管官一員。宣和元年聶山奏，司錄、六曹官乞依省部少監封敍。詔修入條令。

臨安府　舊爲杭州，領浙西兵馬鈐轄，建炎三年，詔改爲臨安府，其守臣令帶浙西同安撫使。時置帥在鎭江府，紹興駐驆臨安，遂正稱安撫使。置知府一員，通判二員，簽書節度判官廳公事、節度推官、觀察推官、觀察判官、錄事參軍、左司理參軍、右司理參軍、司戶參軍、司法參軍各一員。

本府掌畿甸之事，籍其戶口，均其賦役，頒其禁令。城外內分南北左右廂，各置廂官，以聽民之訟訴。廂官許奏辟京朝官親民資序人充，後以臣僚言，罷城內兩廂官，惟城外置焉。分使臣十員，以緝捕在城盜賊。立五酒務，置監官以裕財。分六都監界分，差兵一百四十八鋪以巡防煙火。置兩總轄，承受御前朝旨文字。凡御寶、御批、實封有所取索，則供進；凡省、臺、寺、監、監司符牒及管下諸縣及倉場等申到公事，則受而理之；凡大禮及國信，隨事應辦，祠祭共其禮料，會聚陳其幄帟，人使往來，辦其舟楫，皆先期飭于有司。

領縣九，分士、戶、儀、兵、刑、工六案。內戶案分上中下案，外有免役案、常平案、上下開拆司、財賦司、大禮局、國信司、排辦司、修造司，各治其事。置吏：點檢文字、都孔目官、副孔目官、節度孔目官、觀察孔目官各一名，磨勘司主押官、正開拆官、副開拆官各一人，下名開拆官二名，押司官八人，前後行守分二十一人，貼司三十人。

乾道七年，皇太子領尹事，廢臨安府通判、簽判職官。置少尹一員，日受民詞以白太子，間日率僚屬詣宮稟事。置判官二員、推官三員。有旨，少尹比倣知府，判官比通判，推官比幕職官，其統臨職分，並照從來條例。九年，皇太子解尹事，臨安府知、通、簽判、推判官並依舊置。既據保義郎趙禮之狀：「臨安府依條合置兵馬監押一員，經任監當四員，初任監當闕一員，昨皇太子領府尹更不差注，今既辭免，乞將宗室添差員闕依舊。」從之。淳熙三年，詔罷備攝官，惟緝捕使臣十二員、聽候差使六員許令辟置。嘉泰四年，詔臨安府添差不釐務總管路鈐二十員，州鈐轄、路分都監、副都監二十員，正、副將十五員，安撫司準備將領十五員，州都監以下十員，共以八十員爲額。尋減總管路鈐五員。開禧三年，復省罷總管、路分共六員。

河南應天府　牧　尹　少尹　司錄　戶曹　法曹　士曹

尹以下掌同開封府，尹闕則置知府事一人，以郎中以上充，二品以上曰判府。次府及節度州準此。通判一人，以朝官充。判官、推官各一人，或以京朝官簽書。使院牙職、左右軍巡悉同開封，而主典以下差減其數。戶曹通掌府院戶籍、考課、稅賦，法曹專掌讞議，士曹或蔭敍起家，不常置。諸州府同。至道初，罷司理院，州置司士，取官吏強慢者爲，給簿、尉奉。助教有特恩而受者，不釐務。

次府　牧　尹　少尹　司錄　戶曹　法曹　士曹　司理　文學　助教　牧、尹以下所掌並同開封，大中祥符八年，以楚王爲興元牧，其後又爲京兆、江陵牧，自餘無爲者。尹闕則知府事一人，以朝官及刺史以上或諸司使充。通判一人，以京朝官充。乾德初，諸州置通判，統治軍、州之政，事得專達，與長吏均禮。大藩或置兩員，戶少事簡有不置者，正刺史以上州知州，雖小處亦特置〔三〕。使院牙職事並同前。

節度使　宋初無所掌，其事務悉歸本州知州、通判兼總之，亦無定員，恩數與執政同。初除，鎖院降麻，其禮尤異，以待宗室近屬、外戚、國壻年勞久次者；若外任，除殿帥始授此官，亦止於一員；或有功勳顯著，任帥守於外，及前宰執拜者，尤不輕授。又遵唐制，以節度使兼中書令、或侍中、或中書門下平章事，皆謂之使相，以待勳賢故老及宰相久次罷政者；隨其舊職或檢校官加節度使出判大藩，通謂之使相。元豐以新制，始改爲開府儀同三司。舊制，敕出中書門下，故事之大者使相繫銜。至是，皆南省奉行，而開府不預。八年，鎭江軍節度使、檢校太傅韓絳爲開府儀同三司、判大名府。元祐五年，太師、平章軍國重事文彥博爲開府儀同三司、守太師、充護國軍山南西道節度使致仕。自崇寧五年司空、左僕射蔡京爲開府儀同三司、安遠軍節度使、中太一宮使，其後故相而除則有劉正夫、余深，前執政則有蔡攸、梁子美，外戚則有向宗回宗良、鄭紳、錢景臻，殿帥則有高俅，內侍則有童貫、梁師成。宣和末，節度使至六十人〔三四〕，議者以爲濫。親王、皇子二十六人，宗室十一人，前執政二人，大將四人，外戚十人，宦者恩澤計七人。

中興，諸州升改節鎭凡十有二〔三五〕。是時，諸將勳名有兼兩鎭、三鎭者，實爲希闊之典。宋朝元臣拜兩鎭節度使者才三人：韓琦、文彥博、中興後呂頤浩是也。三公卒辭之。而諸大將若韓、張、吳、岳、楊、劉〔三六〕之流，率至兩鎭節度使，其後加至三鎭者三人：韓世忠鎭南、武安、寧國，張俊靜江、寧武、靜海，劉錡〔三七〕護國、寧武、保靜。其後相承，宰執從官及后妃之族拜者不一。然自建炎至嘉泰，宰相特拜者六人，呂頤浩、張浚〔三八〕、虞允文皆以勳，史浩以舊，趙雄、葛邲以恩。執政一人，葉右丞夢得。從官二人而已。張端明澄、楊敷學炎。惟紹興中曹勛、韓公裔，乾道中曾覿，嘉泰中姜特立、譙令雍，皆以攀附恩澤，亦累官至焉，非常制也。

承宣使　無定員，舊名節度觀察留後。政和七年，詔：「觀察留後乃五季藩鎭官以所親信留充後務之稱，不可循用，可冠以軍名，改爲承宣使。」唐有留後，五代因之，宋初，留後、觀察皆不得本州刺史。大中祥符七年，令有司檢討故事，始復帶之。

觀察使　無定員。初沿唐制置諸州觀察使，凡諸衞將軍及使遙領者，資品並止本官敍。政和中，詔承宣、觀察使仍不帶持節等。

防禦使　團練使　諸州刺史　無定員。靖康元年，臣僚言：「遙郡、正任恩數遼絕，自遙郡遷正任者，合次第轉行。今自遙郡與落階官而授正任，直超轉本等正官，是皆姦巧希進躐取。乞應遙郡承宣使有功勞除正任者，止除正任刺史。」從之。凡未落階官者爲遙郡，除落階官者爲正任。朝謁御宴，惟正任預焉。遙郡並止本官敍，正任復次第轉行，考之舊制，梯級有差。中興以後，節度移鎭寖少，後有一定不易徑遷太尉；承宣、觀察徑作一官，及遙郡落階官又就除正任。紹興末，臣僚以爲言，雖復置檢校官，餘未盡改。

校勘記

〔一〕三衞官　原脫標目，據正文內容補。下文「入內內侍省」同。

〔二〕番衞　原作「蕃衞」，據下文和宋會要職官三二之四改。

〔三〕都都虞候指揮使　本書卷一八七兵志作「都虞候、指揮使」；宋會要職官三二之四、通考卷五八職官考作「都虞候、都虞候指揮使」。

〔四〕三衙　原作「三衞」，按三衞官指親、勳、翊衞，見下文；此處乃指殿、馬、步三衙。據下文和通考卷五八職官考、合璧事類後集卷五四改。

〔五〕塡置三帥　「置」原作「制」，據通考卷五八職官考改。下文乾道中臣僚言「除都指揮使或不常置外」句同。

〔六〕左右四廂都指揮使　「使」字原脫，據宋會要職官三二之四、通考卷五八職官考補。

〔七〕副指揮使　「副」下原衍「使」字，據同上書同卷刪。

〔八〕掌出戍建康　通考卷五八職官考、合璧事類後集卷五四皆謂侍衞馬軍司「中興後常出戍建康」，疑此處「掌」爲「常」字之誤。

〔九〕有左右四廂都指揮使　「有」字原脫，據上文「自龍衞而下有左右四廂都指揮使」例、宋會要職官三二之五補。

〔一〇〕在正任觀察使之上都虞候　十一字原脫，據羣書考索後集卷一二引四朝志、合璧事類後集卷五四補。

〔一〕左右領軍衞　「領」原作「衞官」。按本書卷一六八職官志元豐以後合班之制，諸衞上將軍排列次序爲「左右驍衞、武衞、屯衞、領軍衞、監門衞、千牛衞上將軍」；宋朝事實卷八宗室轉官資級圖諸衞大將軍排列次序同，都無「左右衞官軍衞」之名。宋會要職官三二之七所載諸衞大將軍，也有左右領軍衞，而無「左右衞官軍衞」，據改。

〔二〕正親兄弟子孫試充　「正」字下史文有錯簡。據通考卷五八職官考，此下應接「皇城司」條「使爲將軍」句下至「可以見環衞儲才之意」一段。又下文「親兄弟子孫試充」下至「五年正月罷」一段，應移至下文「三衞官」條「遙郡團練使以上並以」之下，參考校勘記〔五〕。

〔三〕仍以五尺九寸一分六釐　「釐」字下史文有錯簡。據宋會要職官三四之三一至三四之三四，此下應接「三衞官」條「爲等」句下至「並從之」一段。又下文「使爲將軍」句下至「可以見環衞儲才之意」一段，應移至「環衞官」條「遙郡爲大將軍正」之下，參考校勘記〔二〕。

〔四〕曾爲兵將有功績　「有」原作「其」，宋會要職官三三之五作「曾爲兵將而有功績」，語意明確，「其」字當爲「有」字之訛，據改。

〔五〕並以爲等　「以」字下史文有錯簡。據宋會要職官三二之九至三三之一一，此下應接「環衞官」條「親兄弟子孫試充」下至「五年正月罷」一段。又下文「爲等」句下至「並從之」一段，應移至上文「皇城司」條「仍以五尺九寸一分六釐」之下，參考校勘記〔三〕。

〔一六〕交賣尤多　「賣」原作「買」，據靖康要錄卷七、通考卷五八職官考改。

〔一七〕在文臣爲館職　「文臣」原作「文武」，據司馬光溫國文正司馬公文集卷三七郭昭選劄子、通考卷五八職官考改。

〔一八〕又許轉對如職事官　「許」原作「詳」，據通考卷五八職官考、朝野雜記甲集卷一〇改。

〔一九〕乾道以來詔立班樞密院檢詳文字之上　按宋會要職官三四之一二：「孝宗乾道六年九月十四日，中書門下省勘會已降指揮，帶御器械立班在樞密院檢詳諸房文字之下，其雜壓敍位亦合一體。」又：「十月五日，帶御器械雜壓敍位依近降指揮，令在樞密院檢詳諸房文字之下。」疑此處「上」字當作「下」。本書卷一六八職官志紹興以後合班之制，帶御器械立位卻在樞密院檢詳諸房文字之上，疑是乾道以前之制。

〔二〇〕一百八十人　「一」原作「二」，據宋會要職官三六之一、通考卷五七職官考改。

〔二一〕以入內內侍充　「侍」下原衍「省」字，據宋會要職官一九之一三、合璧事類後集卷五三刪。

〔二二〕以入內內侍充　「侍」下原衍「省」字，據同上書及宋會要職官三六之二八刪。

〔二三〕正刺史以上州知州雖小處亦特置　按宋會要職官四七之五八，作「正刺史以上及諸司使、副使知州，雖小郡亦特置」。合璧事類後集卷七六同。

〔二四〕節度使至六十人　「至」原作「五」，據朝野雜記甲集卷一二、通考卷五九職官考改。

〔二五〕諸州升改節鎮凡十有二　「節」下原衍「政」字，據通考卷五九職官考删。

〔二六〕韓張吳岳楊劉　「吳」原作「呂」，據朝野雜記甲集卷一二、通考卷五九職官考改。

〔二七〕劉錡　朝野雜記甲集卷一二作「劉安城王」，通考卷五九職官考作「劉安城」。劉安城乃劉光世，非劉錡。按本書卷三六六劉錡傳，錡未嘗兼領三鎮；卷三六九劉光世傳，光世曾領護國等三鎮節度使，追封安城郡王，此「劉錡」當作「劉光世」。

〔二八〕張浚　原作「張俊」，朝野雜記甲集卷一二、通考卷五九職官考都作「張忠獻」。按忠獻乃張浚謚號，且自宰相特拜者也是張浚，而非張俊，見本書卷三六一張浚傳。張俊並未作宰相，「俊」字當爲「浚」字之誤，據改。

宋史卷一百六十七

志第一百二十

職官七

大都督府　制置使　宣諭使　宣撫使　總領　留守
經略安撫使　發運使　都轉運使　招討使　招撫使　撫諭使
鎮撫使　提點刑獄　提舉常平茶馬市舶等職　提舉學事
提點開封府界公事　提舉河北糴便司〔一〕　經制邊防財用
提舉解鹽保甲三白渠弓箭手等職　府州軍監　諸軍通判
幕職諸曹等官　諸縣令丞簿尉　鎮砦官　廟令丞簿　總管鈐轄
路分都監　諸軍都統制　巡檢司　監當官

大都督府　都督府　長史　左右司馬　錄事參軍　司戶、司法、司士、司理、文學參軍　助教　大都督及長史掌同牧、尹，親王爲節度則大都督領之；庶姓爲節度則長史領之。端拱初，越王爲威武軍節度、福州大都督府長史。淳化五年，吳王爲淮南節度、揚州大都督府長史，翰林學士張洎草制，再表援引典故，宰相言：「越王已爲長史。」上曰：「業已差悞，異日有除，幷改正之。」至道後，因移鎭，遂爲大都督。闕則置知府事一人，同次府。通判一人，京朝官充。司馬不釐務。舊制，凡都督州建官如上。南渡後，以見任宰相充都督，次有同都督，有督視軍馬，多執政爲之，雖名稱略同，然掌總諸路軍馬，督護諸將，非舊制比也。

初，紹興二年，呂頤浩首以左僕射出都督江、淮、兩浙、荆湖諸軍事，置司鎭江。其後，趙鼎、張浚、湯思退皆以宰相兼之。頤浩還朝，孟庾始以參知政事爲權同都督代，後落「權」字。趙鼎先以知樞密院事爲都督川陝、荆襄諸軍事。其後與浚並相，並帶兼都督諸路軍馬入銜。未幾，浚獨被旨江上視師，置都督行府，行移文字，並依三省體式，其召赴行在，以其事分隸三省、樞密院。思退初以左相出都督，時楊存中卽以太傅、寧遠軍節度使同都督，思退不行，就以楊存中充都督，非宰執而爲都督自存中始。

三十一年，葉義問以知樞密院事督視江、淮、荆襄軍馬，明年，汪澈以參知政事、湖北、京西路督視軍馬〔三〕，執政爲督視於是見焉。王之望辭同都督，有曰：「朝廷於兩淮，前以二大將爲招撫使，後以二從臣爲宣諭使，憂其不相統攝，則以宰相爲都督，欲事權歸一也，此可以見朝廷開府之意。」凡簽廳文字，並依尚書左右司、樞密院檢詳房體式。設屬：諮議軍事、參謀、參議，並以從官充；書寫機宜文字、幹辦官、準備差遣，前後員數不一。開禧用兵，或以簽樞督視，或以元樞代之，或以參知政事督視四川軍馬，然皆未有底績而罷。

制置使　不常置，掌經畫邊鄙軍旅之事。政和中，熙、秦用兵，以內侍童貫爲之，仍兼經略使。靖康初，會諸路兵解太原之圍，姚古、解潛相繼爲河東、河北制置使，皆無功而罷。中興以後，置使，掌本路諸州軍馬屯防扞禦，多以安撫大使兼之，亦以統兵馬官充；地重秩高者加制置大使，位宣撫副使上，紹興三年〔三〕，趙鼎始爲江西制置大使。其後，席益帥潭，李綱帥江西，呂頤浩帥湖南〔四〕，皆領制置大使。開禧，丘崈、何澹亦然。或置副使以貳之。呂頤浩充江、浙制置使，陳彥文、程千秋副使。胡舜陟除沿江都制置使，王羲叔〔五〕副使。趙鼎爲江西制置大使，岳飛爲制置使，每事會議，或急速則施行，許報大使照應。

初，建炎元年，詔令安撫使、發運、監司、州軍官，並聽制置司節制。其後，議者以守臣既帶安撫，又兼制置，及許便宜，權之要重，擬於朝廷〔六〕，於是詔止許便宜制置軍事，其他刑獄、財賦付提刑、轉運。後又詔諸路帥臣並罷制置使之名，惟統兵官如故。隆興以後，或置或省。開禧間，江、淮、四川並置大使。休兵後，獨成都守臣帶四川安撫、制置使，掌節制御前軍馬、官員升改放散、類省試舉人、銓量郡守、舉辟邊州守貳，其權略視宣撫司，惟財計、茶馬不預。又有沿海制置使，以明州守臣領之，然其職止肅清海道，節制水軍，非四川比。大使置屬參謀、參議、主管機宜、書寫文字各一員，幹辦公事三員，準備將領、差遣、差使各五員，餘隨時勢輕重而增損焉。

宣諭使　掌宣諭德意，不預他事，歸即結罷。紹興元年，詔祕書少監傅崧卿〔七〕充淮南東路宣諭使，此其始也。二年，分遣御史五人，宣諭東南諸路，戒其興獄，責其不當，督捕盜賊，皆欲事一布惠以爲民。其後，右司范直方宣諭川、陝，察院方庭實宣諭三京，均此意。及新復陝西，樓炤以簽書樞密院事往永興宣諭，就令招撫盜賊，鄭剛中爲川、陝宣諭使，許按察官吏，汪澈爲湖北、京西宣諭使，仍節制兩路軍馬，自是使權益重，而使事始不專。三十二年，虞允文、王之望相繼充川、陝宣諭使，皆預軍政，其權任殆亞於宣撫。其後，錢端禮、吳芾皆以侍從出膺斯寄，事畢結局；官屬軍兵，視其所任事之輕重，爲賞之厚薄焉。開禧〔八〕間，薛叔似、鄧友龍、吳獵皆因饑荒盜賊及平逆亂後，往敷德意，亦並以從官行。

宣撫使　不常置，掌宣布威靈、撫綏邊境及統護將帥、督視軍旅之事，以二府大臣充。治平末，命同簽書樞密院郭逵宣撫陝西。三年〔九〕，夏兵犯順，以參知政事韓絳爲陝西宣撫使，繼卽軍中拜相，仍舊領使。政和中，遣內侍童貫爲陝西、河東宣撫使，又兼河北。宣和三年，睦寇方臘作亂，移貫宣撫淮、浙，賊平依舊。靖康初，种師道提兵入衞京城，爲京畿、河東北宣撫使，凡勤王之師屬焉。及會諸道兵救太原，又以知樞密院李綱宣撫河東、北兩路。中興初，張浚以知樞密院事、孟庾以參知政事、李綱以前宰相，皆出宣撫，浚又加「處置」二字入銜。時爲川、陝、京西、湖北路。

紹興元年，詔以淮南守臣多闕，百姓未能復業，分命呂頤浩、朱勝非、劉光世皆以安撫大使兼宣撫使。武臣非執政而爲宣撫使，實自光世始。二年，李光又以吏部尙書加端明殿學士，爲壽春等州宣撫使。自是韓世忠、張俊〔一〇〕、吳玠、岳飛、吳璘皆以武臣充使，王似亦以從官由副使而升正使焉。三十二年，張浚復以少傅依前觀文殿大學士充江淮東、西路宣撫使。乾道三年，虞允文依舊知樞密院事充四川宣撫使。五年，王炎除四川宣撫使，依舊參知政事。開禧間，以從官出宣撫江、淮、湖北、京西等處不一。其屬有參謀官，係知州資序人，與提刑敍官；參議官，係知州資序人，與轉運判官敍官；機宜幹辦公事，並依發運司主管文字敍官。凡宰執帶三省、樞密院事出使，行移文字劄六部，六部行移卽具申狀。如從官任使、副，合申六部，六部行移卽用公牒。

宣撫副使　不常置，掌貳使事。宣和末，王師伐燕，命少保蔡攸充。靖康初，會兵救太原，又以資政殿學士劉鞈爲之。建炎三年，周望宣撫兩浙，以太尉郭仲荀副之。其後，福建韓世忠、川陝吳玠皆有此授。紹興間，張浚宣撫川、陝，將召歸，命從臣王似、盧法原爲之副；王似除使，盧法原仍副之。亦有不置使而置副，如胡世將之於川、陝，岳飛之於荆、襄，楊沂中之於淮北，皆止以副使爲名。飛後以功始落「副」字。亦有身爲正使兼領副使，如開禧三年，安丙充利州西路宣撫使兼四川宣撫副使。

宣撫判官　不常置，掌贊使務。熙寧中，命直舍人呂大防爲之，實上幕也。紹興中，張浚初以便宜命劉子羽爲副，其後張宗元、呂祉亦爲之。十年，楊沂中以太尉爲淮北宣撫副使，劉琦以節度使爲判官，禮抗權均，猶轉運使、副、判官之比。詔行移文字同其繫銜，宣判之名同，而先後輕重異焉。

總領　四人。掌措置移運應辦諸軍錢糧，以朝臣充，仍帶幹階、戶部等官。朝廷科撥州軍上供錢米，則以時拘催，歲較諸州所納之盈虧，以聞于上而賞罰之。初，建炎間，張浚出使川、陝，用趙開總領四川財賦，置所繫銜，總領名官自此始。其後大軍在江上，間遣版曹或太府、司農卿少卿調其錢糧，皆以總領爲名。

紹興十一年，收諸帥之兵改爲御前軍，分屯諸處，乃置三總領，以朝臣爲之，仍帶專一報發御前軍馬文字。蓋又使之預聞軍政，不獨職餉餽而已。其序位在轉運副使之上。鎭江諸軍錢糧，淮東總領掌之；鄂州、荆南、江州諸軍錢糧，湖廣總領掌之；建康、池州諸軍錢糧，淮西總領掌之。十五年，復置四川總領，凡興元、興州、金州諸軍錢糧，四川總領掌之。其官屬有幹辦公事、準備差遣〔一〕。四川又有主管文字二員。淮東西有分差糧料院、審計司、審計以通判權。榷貨務、都茶場、御前封椿甲仗庫、大軍倉、大軍庫、贍軍酒庫、市易抵當庫、惠民藥局。湖廣有給納場、屬官兼。分差糧料院、審計院、通判兼。御前封椿甲仗庫、大軍倉庫、贍軍酒庫。四川有分差糧料院、審計院、屬官兼。大軍倉庫、撥發船運官、贖藥庫、糴買場。

淳熙元年，詔委諸路州軍通判，專一主管拘催逐州錢米，起發赴所，本所每半年比較，以行賞罰。紹熙二年，以淮西總領所言，定知州、通判展減磨勘法：十分欠二展二年，數足減二年。吏額：淮東九人，淮西、湖廣十人，四川二十人。

留守　副留守　舊制，天子巡守、親征，則命親王或大臣總留守事。建隆元年，親征澤、潞，以樞密使吳廷祚爲東京留守，其西、南、北京留守各一人，以知府兼之。西京河南，南京應天，北京大名。留司管掌宮鑰及京城守衞、修葺、彈壓之事，畿內錢穀、兵民之政皆屬焉。

政和三年，資政殿大學士鄧洵武言：「河南、應天、大名府號陪京，乞依開封制，正尹、少之名。」從之。宣和三年，詔河南、大名少尹依熙寧舊制，分左右廳治事；應天少尹一員，及三京司錄，通管府事。南渡初，其東京、北京並置留守，以開封、大名知府兼，又以掌兵官爲副留守。其後，河南復，南京、西京置留守。紹興四年，帝將親征，以參知政事孟庾爲行宮留守，奏差主管書寫機宜文字官一員，幹辦官二員，準備差遣、差使各三員，使臣五十員，又置留司臺官一員。五年，罷局。其後，秦檜爲行宮留守，援例置官。

經略安撫司

經略安撫使一人，以直祕閣以上充，掌一路兵民之事；皆帥其屬而聽其獄訟，頒其禁令，定其賞罰，稽其錢穀、甲械出納之名籍而行以法。若事難專決，則具可否具奏；即干機速、邊防及士卒抵罪者，聽以便宜裁斷。帥臣任河東、陝西、嶺南路，職在綏御戎夷，則爲經略安撫使兼都總管以統制軍旅，有屬官典領要密文書，奏達機事。河北及近地，則使事止於安撫而已，其屬有幹當公事、主管機宜文字、準備將領、準備差使。

元祐元年，詔陝西河東經略安撫、都總管司，自元豐四年後，應緣軍興添置官屬並罷。

又詔罷經略安撫司幹當官。二年，詔沿邊臣僚奏請事，並先赴經略司詳度以聞。元符元年，詔經略司遇軍興差發軍馬，具數關報走馬承受。崇寧二年，熙河蘭會經略王厚奏：「溪哥城乃古積石軍，今當爲州，乞以李忠爲守，置河南安撫司。」從之。四年，置河東、陝西諸路招納司，並隸經略司。五年，詔河東同管幹沿邊安撫司公事，許歲赴闕奏事一次。政和四年，詔移京西路安撫於河南府，京東路安撫於應天府。宣和二年，詔瀘州守臣帶潼川府、夔州路兵馬都鈐轄、瀘南沿邊路兵馬都鈐轄、瀘南沿邊安撫使。又詔罷置輔郡內潁昌府帶京西路安撫使。三年，詔杭越州、江寧府、洪州守臣並帶安撫使。六年，詔瀘州止帶主管瀘南沿邊安撫司公事，仍差守臣。七年，詔河陽、開德守臣並帶管內安撫使。

舊制，安撫總一路兵政，以知州兼充，太中大夫以上，或曾歷侍從乃得之，品卑者止稱主管某路安撫司公事。中興以後，職名稍高者出守，皆可兼使，如係二品以上，卽稱安撫大使。廣東西、荆南、襄陽仍舊制加「經略」二字。凡帥府皆帶馬步軍都總管。建炎初，李綱請於沿河、沿淮、沿江置帥府，以文臣爲安撫使帶馬步軍都總管，武臣一員爲之副，許便宜行事，辟置僚屬、將佐，措置調發，惟轉輸屬之漕使。其後，沿江三大使司辟置過多，邊報稍寧，詔加裁定。參謀、參議官、主管機宜文字、主管書寫機宜文字各一員，幹辦公事二員，文臣準備差遣、武臣準備差使、準備將領各以五員爲額，其餘諸路或隨地輕重而損益焉。餘從省罷。後以諸路申請，或置或省不一。

淳熙二年，詔揚州、廬州、荊南、襄陽、金州、興元、興州分爲七路，每路委文臣一員充安撫使以治民，武臣一人充都總管以治兵，其逐路都總管職事，且令帥臣依舊帶行，候正官到日交割。慶元二年，詔利州西路安撫司於興州置司，令都統制兼。五年，臣僚言：「遴選帥才，除嘗任執政外，兩制從官必曾經作郡、庶官必曾任憲漕實有治績者。」從之。惟廣南東、西兩路則帶經略、安撫使。紹興五年〔三〕，令襄陽守臣、湖北帥司各帶經略、安撫使，後罷，惟二廣如故。

走馬承受　諸路各一員，隸經略安撫總管司，無事歲一入奏，有邊警則不時馳驛上聞。然居是職者惡有所隸，乃潛去「總管司」字，冀以擅權。熙寧五年，帝命正其名，鑄銅記給之，仍收還所用奉使印。崇寧中，始詔不隸帥司而輒預邊事，則論以違制。大觀中，詔許風聞言事。政和五年詔：「諸路走馬承受體均使華，邇來皆貪賄賂，類不舉職，是豈設官之意？其各自勵，以稱任使，或蹈前失，罰不汝赦。」明年七月，改爲廉訪使者。宣和五年詔：「近者諸路廉訪官，循習違越，附下罔上，凡邊機皆先申後奏，且侵監司、凌州縣而預軍旅、刑獄之事，復置買民物，不償其直，招權怙勢，至與監司表裏爲惡。自今猶爾，必加貶竄。」靖康初，罷之，依祖宗舊制，復爲走馬承受。

發運使　副　判官　掌經度山澤財貨之源，漕淮、浙、江、湖六路儲廩以輸中都，而兼制茶鹽、泉寶之政，及專舉刺官吏之事。熙寧初，輔臣陳升之、王安石領制置三司條例，建言：「發運使實總六路之出入，宜假以錢貨，繼其用之不給，使周知六路之有無而移用之。凡上供之物，皆得徙貴就賤，用近易遠，令預知在京倉庫之數所當辦者，得以便宜蓄買以待上令，稍收輕重斂散之權歸於公上，則國用可足，民財不匱矣。」從之。既又詔六路轉運使弗協力者宜改擇，且許發運使薛向自辟其屬。又令舉眞、楚、泗守臣及兼提舉九路坑冶、市舶之事。元祐中，詔發運使兼制置茶事。至崇寧三年，始別差官提舉茶鹽。

政和二年，罷轉般倉，六路上供米徑從本路直達中都，以發運司所拘綱船均給六路。宣和初，詔：「發運司視六路豐歉和糴上供，乃祖宗舊制，曩緣姦吏侵用糴本，遂壞良法。自今每歲加糴一百萬石，同年額輸京。」三年，方臘初平，江、浙諸郡皆未有常賦，乃詔陳亨伯以大漕之職經制七路財賦，許得移用，監司聽其按察。於是亨伯收民間印契及鬻糟醋之類爲錢凡七色，是後州縣有所謂經制錢，自亨伯始。

六年，詔復轉般倉，命發運判官盧宗原措置，尋以靖康之難，迄不能復。渡江後，惟領給降糴本，收糴米斛，廣行儲積，以備國用。紹興二年，用臣僚言省罷，以其職事分委漕臣。

八年，戶部復言廣糴儲積之使，再置經制發運使，并理經制司財賦，故名。以徽猷閣待制程邁充使，專掌糴事。邁上疏，以租庸、常平、鹽鐵、鼓鑄各分于諸司而總於戶部，發運使無所用之，固辭不行。九年，遂廢發運司，以戶部侍郎梁汝嘉爲經制使，檢察中外失陷錢物，與催未到綱運、措置糴買、總領常平爲職。未幾，復以臣僚言，分其責於逐路監司。乾道六年復置，以戶部侍郎史正志爲兩浙、京、湖、淮、廣、福建等路都大發運使。是冬，以奏課誕謾貶，併廢其職。

都轉運使　轉運使　副使　判官　掌經度一路財賦，而察其登耗有無，以足上供及郡縣之費；歲行所部，檢察儲積，稽考帳籍，凡吏蠹民瘼，悉條以上達，及專舉刺官吏之事。熙寧初，詔河東、河北、陝西三路漕臣許乘傳赴闕，留毋過浹日。既又詔三路漕臣，令自辟屬各二員，以京朝官曾歷知縣者爲之。二年，詔川、陝、閩、廣七路除堂選守臣外，委轉運司依四選例立格就注，免赴選，具爲令。元豐初，詔河北、淮南、京東、京西及陝右雖各析爲兩路，許依未析時通治兩路之事，錢穀聽其移用。元祐初，司馬光請漕臣除三路外，餘路毋得過二員，其屬官溢員亦省之。紹聖中，詔淮、浙、江、湖六路上供米，計其近遠分三限，自季冬至明年八月，以次輸足。大觀中，陝西漕臣以四員爲額。政和中，又詔陝西以三員，熙、秦兩路各二員。宣和初，又詔陝西以都漕兩員總治于長安，而漕臣三員分領六路。

中興後，置官掌一路財賦之入，按歲額錢物斛斗之多寡，而察其稽違，督其欠負，以供于上；間詣所部，則財用之豐欠，民情之休戚，官吏之勤惰，皆訪問而奏陳之；有軍旅之事，則供餽錢糧，或令本官隨軍移運，或別置隨軍轉運使一員，或諸路事體當合一，則置都轉運使以總之。江東、西路分置三帥，置都轉運使一員，張公濟爲江、浙、荆湖、廣南、福建都運，趙開爲四川都運。隨軍及都運廢置不常，而正使不廢。若副使，若判官，皆隨資之淺深稱焉。其屬有主管文字、幹辦官各一員，文臣準備差遣、武臣準備差使，員多寡不一。

招討使　掌收招討殺盜賊之事，不常置。建炎四年，以檢校少保、定江昭慶軍〔三〕節度使張俊充江南路招討使，定位在宣撫使之下、制置使之上，著爲定制。軍中急速事宜，待報不及，許以便宜行事。差隨軍轉運使一員、參議官一員、幹辦官三員、隨軍幹辦官四員、書寫機宜文字一員，並聽奏辟。紹興五年，岳飛爲湖北、襄陽招討使，請州縣不法害民者，許一面對移，或放罷以聞。從之。十年，金人犯三京，以韓世忠、岳飛、張俊並兼河南、北招討使以禦之。三十一年，陝西、河東北、京東西等路皆置招討使，蓋又特遙領其地而已。

招撫使　不常置。建炎初，李綱秉政，以張所爲河北招撫使，未及出師而廢。紹興十年，劉光世爲三京招撫使，踰年而罷。三十二年，孝宗卽位，以成閔、張子蓋、李顯忠三大將爲湖北、京西、淮東西招撫使。子蓋死，劉寶代之，未幾結局，官吏並罷。開禧二年，山東及京東西北路並置使招撫，後皆罷之。

撫諭使　掌慰安存問，採民之利病，條奏而罷行之，亦不常置。建炎元年，帝謂輔臣曰：「京城士庶，自金人退師，人情未安，可差官撫諭。」於是以路允迪、耿延禧爲京城撫諭使，此置使初意也。是年八月，又令學士院降詔，且命江端友等奉詔撫諭諸路。其後，李正民以中書舍人爲江、浙、湖南撫諭使，且令按察官吏，伸民寃抑。傅崧卿以吏部侍郎爲淮東撫諭使，採訪民間利病，及措置營田等事。或不以使名，則稱撫諭官，所至以某州撫諭司爲名，具宣恩言，俾民知德意，初無二致。乾道元年，知閤門事龍大淵差充兩淮撫諭軍馬，回日結局，是又特爲軍馬出云。

鎭撫使　舊所無有，中興，假權宜以收羣盜。初，建炎四年，范宗尹爲參知政事，議：羣盜併力以拒官軍，莫若析地以處之，盜有所歸，則可漸制，乃請稍復藩鎭之制。是年五月，宗尹爲右僕射，於是請以淮南、京東西、湖南北諸路並分爲鎮，除茶鹽之利仍歸朝廷置官提舉外，他監司並罷。上供財賦權免三年，餘聽帥臣移用，更不從朝廷應副，軍興聽從便宜。時劇盜李成在舒、蘄，桑仲在襄、鄧，郭仲威在揚州，薛慶〔四〕在高郵，皆即以爲鎮撫使，其餘或以處歸朝之人，分畫不一，許以能扞禦外寇，顯立大功，特與世襲。官屬有參議官、書寫機宜文字各一員，幹辦公事二員，並聽奏辟。久之，諸鎮或戰死，或北降，但餘荊南解潛。及趙鼎爲相，召潛主管馬軍，遂罷弗置焉。

提點刑獄公事

掌察所部之獄訟而平其曲直，所至審問囚徒，詳覆案牘，凡禁繫淹延而不決，盜竊逋竄而不獲，皆劾以聞，及舉刺官吏之事。舊制，參用武臣。熙寧初，神宗以武臣不足以察所部人材，罷之。六年，置諸路提刑司檢法官。紹聖初，以提刑兼坑冶事。宣和初，詔江西、廣東增置武提刑一員，然遇闕帥，不許武憲兼攝。中興，以盜賊未衰，諸路無武臣提刑處，權添置一員；建炎四年罷。紹興初，兩浙路以疆封闊遠，差提刑二員，淮南東路罷提刑，令提舉茶鹽官兼領，蓋因事之煩簡而損益焉。乾道六年，詔諸路分置武臣提刑一員，須選差公廉曉習法令、民事之人，如無聽闕。其後稍橫，遂不復除。八年，用臣僚言，諸路經總制錢併委提點刑獄官督責。嘉定十五年，臣僚言：「廣西所部州軍最多，提刑合照元降指揮，分上下半年，就鬱林州與靜江府兩處置司，無使僻地貧民有冤莫吐。」從之。其屬有檢法官、幹辦官。

提舉常平司　掌常平、義倉、免役、市易、坊場、河渡、水利之法，視歲之豐歉而爲之斂散，以惠農民。凡役錢，產有厚薄則輸有多寡；及給吏祿，亦視其執役之重輕難易以爲之等。商有滯貨，則官爲斂之，復售於民，以平物價。皆總其政令，仍專舉刺官吏之事。熙寧初，先遣官提舉河北、陝西路常平。未幾，諸路悉置提舉官。元祐初罷之，併其職于提點刑獄司。紹聖初復置，元符以後因之。

提舉茶鹽司　掌摘山煮海之利，以佐國用。皆有鈔法，視其歲額之登損，以詔賞罰。凡給之不如期，鬻之不如式，與州縣之不加恤者，皆劾以聞。政和改元，詔江、淮、荆、浙六路共置一員，既而諸路皆置。中興後，通置提舉常平茶鹽司，掌常平、義倉、免役之政令。凡官田產及坊場、河渡之入，按額拘納；收糴儲積，時其斂散以便民；視產高下以平其役。建炎元年，常平職事併歸提刑司，錢歸行在。二年，始復置常平官，還其糴本，未幾復罷。紹興二年，復置主管。係提刑司，委通判或幕職官充。其後，置經制司，改常平官爲經制某路幹辦常平等公事。未幾，經制司罷，復爲常平官。十五年，戶部侍郎王鈇〔二五〕言：「常平之設，科條實繁，其利不一，豈一主管官能勝其任？」乃詔諸路提舉茶鹽官改充提舉常平茶鹽公事。如四川無茶鹽去處，仍以提刑兼充，主管官改充常平司幹辦公事。是年冬，詔提舉官依舊法爲監司，與轉運判官敍官，歲舉升改，官員有不職，則按以聞。其後，常平錢多取以贍軍，所掌特義倉、水利、役法〔一六〕、振濟之事。茶鹽司置官提舉，本以給賣鈔引，通商阜財，時詣所部州縣巡歷覺察，禁止私販，按劾不法。其屬有幹辦官，既與常平合一，遂並行兩司之事焉。

都大提舉茶馬司　掌榷茶之利，以佐邦用。凡市馬於四夷，率以茶易之。應產茶及市馬之處，官屬許自辟置，視其數之登耗，以詔賞罰。舊制，於原、渭、德順三郡市馬。熙寧七年，初復熙、河，經略使王韶言：「西人頗以善馬至邊，其所嗜唯茶，而乏茶與之爲市，請趣買茶司〔一七〕買之。」乃命三司幹當公事李杞運蜀茶至熙、河，置買馬場〔一八〕六，而原、渭、德順更不買馬，於是杞言：「買茶買馬，一事也，乞同提舉買馬。」杞遂兼馬政，然分合不常。至元豐六年，羣牧判官提舉買馬郭茂恂又言：「茶司既不兼買馬，遂立法以害馬政，恐悞國事，乞併茶場買馬爲一司。」從之。先是，市馬于邊，有司倖賞，率以駑充數。紹聖中，都大茶馬程之邵始精揀汰，仍以八月至四月爲限，又以羨茶轉入熙、秦市戰騎，故馬多而茶息厚，二法著爲令。元符末，程之邵召對，徽宗詢以馬政，之邵言：「戎俗食肉飲酪，故貴茶，而病於難得，願禁沿邊鬻茶，專以蜀產易上乘。」詔可。未幾，獲馬萬匹。宣和中，以茶馬兩司吏員猥衆，於是朝奉大夫何漸請遵豐、熙成憲，稱其事之繁簡而定以員數，從之。紹興四年，初命四川宣撫司支茶博馬。七年，復置茶馬官，凡買馬州縣黎、文、敍、長寧、南平〔一九〕、珍皆與知州、通判同措置任責。通判許茶馬司辟置，視買馬額數之盈虧而賞罰之。歲發馬綱應副屯駐諸軍及三衙之用。舊有主管茶馬、同提舉茶馬、都大提舉茶馬，皆考其資歷授之。乾道初，用臣僚言省罷，委各郡知州、通判、監押任責；尋復置。紹熙三年，茶馬司拖欠馬數過多，詔將本年分馬綱錢價，責茶馬司撥付湖廣總領所，勞付軍官自買土馬。嘉泰三年〔二〇〕，以所發綱馬不及格式，詔茶馬官各差一員，遂分爲兩司。文臣成都主茶，武臣興元主馬。其屬共有幹辦公事四員、準備差使二員。

提舉坑冶司　掌收山澤之所產及鑄泉貨，以給邦國之用。歲有定數，視其登耗而賞罰之。舊制一員，元豐初，以其通領九路，歲不能周歷所部，始增爲二員，分置兩司：在饒者領江東、淮、浙、福建等路，在虔者領江西、湖、廣等路。至元祐，復併爲一員。紹興五年，以責任不專，職任廢弛，詔將饒州司官吏除留屬官一員外，並減罷，併歸虔州司〔二一〕，又加「都大」二字於「提點」之上。或病其事權太重，省併歸逐路轉運司措置，仍置提領諸路鑄錢官一員於行在，以侍從官充，自此或復或罷不一。乾道六年，併歸發運司；發運司罷，復置提點兩司如初。淳熙二年，併贛歸饒，復加「都大」二字，與提刑序官。其屬有幹辦公事二員，檢踏官六員，稱銅官、催綱官各一員。

提舉市舶司　掌蕃貨海舶征榷貿易之事，以來遠人，通遠物。元祐初，詔福建路於泉州置司。大觀元年，復置浙、廣、福建三路市舶提舉官。明年，御史中丞石公弼請以諸路提舉市舶歸之轉運司，不報。建炎初，罷閩、浙市舶司歸轉運司，未幾復置。紹興二十九年，臣僚言：「福建、廣南各置務於一州，兩浙市舶乃分建於五所。」乾道初，臣僚又言兩浙提舉市舶一司抽解搔擾之弊，且言福建、廣南皆有市舶，物貨浩瀚，置官提舉實宜，惟兩浙冗蠹可罷。從之。仍委逐處知州、通判、知縣、監官同檢視，而轉運司總之。

提舉學事司　掌一路州縣學政，歲巡所部以察師儒之優劣、生員之勤惰，而專舉剌之事。崇寧二年置，宣和三年罷。

提點開封府界諸縣鎭公事　掌察畿內縣鎭刑獄、盜賊、場務、河渠之事。

提舉河北糴便司　糴便芻糧以供邊儲之用。

提舉制置解鹽司　掌鹽澤之禁令，使民入粟塞下，予鈔給鹽，以足民用而實邊備。

凡鹽價高下及文鈔出納多寡之數，皆掌之。

經制邊防財用司　掌經畫錢帛、芻糧以供邊費，凡榷易貨物、根括耕地及邊部弓箭手等事，皆奏而行之。熙寧末，以熙、河連歲用兵，仰給支度，費用不貲，始置是司。元祐初，罷。崇寧中，復置提舉兵馬、提轄兵甲，皆守臣兼之。掌按練軍旅，督捕盜賊，以清境內；凡諸營之名籍，較其壯怯而賞罰之。

提舉保甲司　掌什伍其民，教之武藝，視其優劣而進退之。元豐初，置于開封府界，遂下其法河北、河東、陝西三路，既而悉置提舉官，如府界焉。

提舉三白渠公事　掌瀦泄三白渠，以給關中灌溉之利。

撥發司　輦運司　掌以時起發綱運而督其滯留，以供京師之用。

提舉弓箭手　掌沿邊郡縣射地弓箭手之籍，及團結、訓練、賞罰之事。政和五年，復以所招弓箭手之數爲殿最。

府　州　軍　監　宋初革五季之患，召諸鎮節度會于京師，賜第以留之，分命朝臣出守列郡，號權知軍州事，軍謂兵，州謂民政焉。其後，文武官參爲知州軍事，二品以上及帶中書、樞密院、宣徽使職事，稱判某府、州、軍、監。諸府置知府事一人，州、軍、監亦如之。掌總理郡政，宣布條教，導民以善而糾其姦慝；歲時勸課農桑〔三〕，旌別孝悌；其賦役、錢穀、獄訟之事，兵民之政皆總焉。凡法令條制，悉意奉行，以率所屬；有赦宥則以時宣讀，而班告于治境；舉行祀典；察郡吏德義材能而保任之，若疲軟不任事，或姦貪冒法，則按劾以聞；遇水旱，以法振濟，安集流亡，無使失所。若河南、應天、大名府則兼留守司公事。太原府、延安府、慶州、渭州、熙州、秦州則兼經略安撫使、馬步軍都總管。定州、眞定府、瀛州、大名府、京兆府則兼安撫使、馬步軍都總管。瀘州、潭州、廣州、桂州、雄州則兼安撫使、兵馬鈐轄。潁昌府、青州、鄆州、許州、鄧州則兼安撫使、兵馬巡檢。其餘大藩府或沿邊州郡，或當一道衝要者，並兼兵馬鈐轄、巡檢，或帶沿邊安撫、提轄兵甲、沿邊溪洞都巡檢。餘州、軍，則別其地望之高下與職務之繁簡而置之。分曹以理之，而總其綱要。凡屬縣之事皆統焉。

建炎初，詔：「河北、京東西路除帥司外，舊差文臣知州去處，許通差武臣一次。」又：「要郡文臣一員帶本路兵馬鈐轄，武臣一員充副鈐轄；次要郡文臣一員帶本路兵馬都監，武臣一員充副都監。」紹興三年，詔守臣帶路分鈐轄、都監去處並罷。五年，帝以守、令皆帶勸農公事，多不奉職，自今有治效顯著者，可令中書省籍記姓名，特加擢用。凡從官出知郡者，特許不避本貫。初，除授見闕及自外罷任赴闕，並令引見上殿。九年，詔應守臣以二年爲任。又以武臣作郡，往往不曉民事，且多恣横，詔新復州郡只差文臣。續因臣僚言，極邊控扼去處，仍差武臣；其不係極邊，文武臣通差。詔：「守臣到任半年以上，具民間利病，或邊防五條聞奏，委都司看詳，有便於民者，卽與施行。」續又詔不拘五條之數。十三年，詔依舊制帶提舉或主管學事。從官以上稱提舉，餘知、通主管，淳熙中罷。乾道二年，令非曾任守臣不得爲郎官〔三〕，諸郡合文武臣通差去處，並依舊制。

通判　宋初懲五代藩鎭之弊，乾德初，下湖南，始置諸州通判，命刑部郎中賈玭等充。建隆四年，詔知府公事並須長吏〔四〕、通判簽議連書，方許行下。時大郡置二員，餘置一員，州不及萬戶不置，武臣知州，小郡亦特置焉。其廣南小州，有試秩通判兼知州者。職掌倅貳郡政，凡兵民、錢穀、戶口、賦役、獄訟聽斷之事，可否裁決，與守臣通簽書施行。所部官有善否及職事修廢，得刺舉以聞。元祐元年，詔知州係帥臣，其將下公事不許通判同管。元符元年，詔通判、幕職官，令日赴長官廳議事及都廳簽書文檄。

南渡後，設官如舊，入則貳政，出則按縣；有軍旅之事，則專任錢糧之責，經制、總制錢額，與本郡協力拘催，以入于戶部。既而諸州通判有兩員處減一員，凡軍監之小者不置。又詔更不添差。其後，或以廢事請，或以控扼去處請。紹興五年以後旋添置之〔三五〕。除潭廣洪州、鎮江建康成都府見係兩員外，凡帥府通判並以兩員爲額，餘置一員。乾道元年，詔買馬州、軍通判，令茶馬司依舊法奏辟，餘堂除差人。淳熙十四年，利州路提刑言：「關外四州通判，乞自制置司奏辟，所有金、洋、興、利、文、龍等州通判，乞送轉運司擬差。」並從之。

幕職官 簽書判官廳公事 兩使、防、團、軍事推判官 節度掌書記 觀察支使

掌裨贊郡政，總理諸案文移，斟酌可否，以白于其長而罷行之。凡員數多寡，視郡小大及職務之煩簡。初，政和改簽書判官廳公事爲司錄，建炎初復舊。凡節度推、判官從軍額，察推及支使從州、府名。凡諸州減罷通判處，則升判官爲簽判以兼之。小郡推、判官不並置，或以判官兼司法，或以推官兼支使，亦有併判官窠闕省罷，則令錄參兼管。凡要郡簽判及推官皆堂除，餘吏部使闕，二廣間許監司辟差。紹熙元年，臣僚言：「廣西奏擬簽判，多恩科癃老，乞行下轉運司，不許差年六十以上昏眊之人。」嘉定二年，臣僚言：「監司有幹官，州郡有職官，以供簽廳之職，或非才不勝任，則按刺易置可也。今乃差兼簽廳者動輒三兩員，或四

五員，其爲冗費〔二六〕，與添差何異？乞將諸州郡所差僉簽廳官並行住罷。」從之。

諸曹官　舊制，錄事參軍掌州院庶務，糾諸曹稽違；戶曹參軍掌戶籍賦稅、倉庫受納；司法參軍掌議法斷刑；司理參軍掌訟獄勘鞫之事。中興，詔曹掾官依舊，惟司理、司法並注經任及試中刑法人。乾道以來，間以司戶兼司法，知錄亦或兼職。六年，汪大猷言：「司戶初官，令專主倉庫，知錄依司理例以獄事爲重，不兼他職。」從之。仍依知縣格法銓量，如有老疾昏眊難任事者，卽從本州知通於判、司、簿、尉內選經一考以上無罪犯曉法人對換。紹熙元年，詔不曾銓試人不許注授司法。慶元五年，臣僚言：「司理獄事煩重，宜優其舉主，照提刑司合舉主三員以上許間歲舉獄官一員。」嘉定中，申明年滿六十不許爲獄官之令，仍不許恩科人注授。

教授　景祐四年，詔藩鎭始立學，他州勿聽。慶曆四年，詔諸路州、軍、監各令立學，學者二百人以上，許更置縣學。自是州郡無不有學。始置教授，以經術行義訓導諸生，掌其課試之事，而糾正不如規者。委運司及長史於幕職、州縣內薦，或本處舉人有德藝者充〔二七〕。熙寧六年，詔諸路學官委中書門下選差，至是，始命于朝廷。元豐元年，州、府學官共五十三員，諸路惟大郡有之，軍、監未盡置。元祐元年，詔齊、盧、宿、常等州各置教授一員，自是列郡各置教官。建炎三年，教授並罷。紹興三年，復置四十二州。十二年，詔無教授官州、軍，令吏部申尚書省選差。二十六年，詔並不許兼他職，令提舉司常切遵守。若試教官，則始於元豐；添差教授，則始於政和。

縣令　建隆元年，令天下諸縣除赤、畿外，有望、緊、上、中、下。掌總治民政、勸課農桑、平決獄訟，有德澤禁令，則宣布于治境。凡戶口、賦役、錢穀、振濟、給納之事皆掌之，以時造戶版及催理二稅。有水旱則有災傷之訴，以分數蠲免；民以水旱流亡，則撫存安集之，無使失業。有孝悌行義聞于鄉閭者，具事實上于州，激勸以勵風俗。若京、朝、幕官則爲知縣事，有戍兵則兼兵馬都監或監押。宣教郞以下帶監押。

初，建炎多差武臣，紹興詔專用文臣，然沿邊溪洞處，仍許武臣指射。邑大事煩則堂除，仍借緋、章服〔六〕，嚴差出之禁，任滿有政績，則與升擢。乾道以後，定以三年爲任，仍非兩任不除監察御史。初改官人必作縣，謂之「須入」。十六年，詔知縣在任不成兩考，即不合理爲實歷。嘉定十二年詔：「兩經作令滿替者，實歷九考、有政聲無過犯、舉員及格，改官人特免再作知縣，許受簽判或幹官，以當知縣履歷。」

縣丞　初不置，天聖中因蘇耆請，開封兩縣始各置丞一員，在簿、尉之上，仍於有出身幕職、令錄內選充。皇祐中，詔赤縣丞並除新改官人。熙寧四年，編修條例所言：「諸路州、軍繁劇縣，令戶二萬已上增置丞一員，以幕職官或縣令人充。」元祐元年詔：「應因給納常平、免役置丞，並行省罷；如委事務繁劇難以省罷處，令轉運司存留。」崇寧二年，宰相蔡京言：「熙寧之初，修水土之政，行市易之法，興山澤之利，皆王政之大。請縣並置丞一員，以掌其事。」大觀三年，詔：「昨增置縣丞內，除舊額及萬戶以上縣事務繁冗，及雖非萬戶實有山澤、坑冶之利可以修興去處，依舊存留外，餘皆減罷。」建炎元年，詔縣丞係嘉祐以前員闕并萬戶處存留一員，餘並罷。紹興三年，以淮東累經兵火，權罷縣丞。十八年，置海陵丞一員。嘉定後，小邑不置丞，以簿兼。

主簿　開寶三年，詔諸縣千戶以上置令、簿、尉；四百戶以上置令、尉，令知主簿事；四百戶以下置簿、尉，以主簿兼知縣事。咸平四年，王欽若言：「川峽縣五千戶以上請並置簿，自餘仍以尉兼。」從之。自後川蜀及江南諸縣，各增置主簿。中興後，置簿掌出納官物、銷注簿書，凡縣不置丞，則簿兼丞之事。凡批銷必親書押，不許用手記，仍不許差出，以防銷注。

尉　建隆三年，每縣置尉一員，在主簿之下，奉賜並同。至和二年，開封、祥符兩縣各增置一員，掌閱習弓手，戢姦禁暴。凡縣不置簿，則尉兼之。中興，沿邊諸縣間以武臣爲尉，並帶兼巡捉私茶、鹽、礬，亦或文武通差。隆興，詔不許差癃老疾病年六十以上之人。

邑大事煩則置二尉。紹熙中，詔恩科人年及六十不差。嘉定十三年，詔極邊縣尉，獲盜酬賞班改，歲以二員爲額。

鎭砦官　諸鎭置於管下人煙繁盛處，設監官，管火禁或兼酒稅之事。砦置於險扼控禦去處，設砦官，招收土軍，閱習武藝，以防盜賊。凡杖罪以上並解本縣，餘聽決遣。

廟令　丞　主簿　舊制，五岳、四瀆、東海、南海諸廟各置令、丞。廟之政令多統於本縣令。京朝知縣者稱管勾廟事，或以令、錄老耄不治者爲廟令，判、司、簿、尉爲廟簿，掌葺治修飾之事。凡以財施於廟者，籍其名數而掌之。

總管　鈐轄司　掌總治軍旅屯戍、營防〔二九〕守禦之政令。凡將兵隸屬官〔三〇〕訓練、教閱、賞罰之事，皆掌之。守臣帶提舉兵馬巡檢、都監及提轄兵甲者，掌統治軍旅訓練、教閱，以督捕盜賊而肅清治境。凡諸營名籍、賞罰之事，皆掌之。崇寧四年，蔡京奏：「京畿四輔置輔郡屏衞京師，以潁昌府〔三一〕爲南輔，襄邑縣升爲拱州爲東輔，鄭州爲西輔，澶州爲北輔。以太中大夫以上知州，置副總管、鈐轄各一員，知州爲都總管，餘依三路帥臣法。」從之。

大觀三年，詔東南帥府總管，依三路都總管法。靖康元年，詔四道副總管並通差文武臣。其諸路將官，掌統所隸禁旅，以行陣隊伍、金鼓旗幟、弓矢擊刺之法而教習訓練之，別其武藝強者，待次遷補，以激勸士卒。凡兵仗器甲之數，廩祿犒設、賞罰約束之禁令皆掌焉，副將爲之貳。若屯戍防邊，則受帥司節制；遇寇敵，則審其戰守應援之事；若師有功，則具馘數、籍用命而旌賞之。

路分都監　掌本路禁旅屯戍、邊防、訓練之政令，以肅淸所部。州府以下都監，皆掌其本城屯駐、兵甲、訓練、差使之事，資淺者爲監押。紹聖三年，詔諸路將副序位在路分都監之下。大觀三年，詔帥府無路分鈐轄、望郡無路分都監者，許置一員，其餘添置處，任滿不差人。宣和二年，虔州添置都監一員。

建炎初，分置帥府，以諸路帥臣兼。要郡守臣帶兵馬鈐轄，次要郡帶兵馬都監；並以武臣爲之副，稱副總管、副鈐轄、副都監，許以便宜行軍馬事，辟置僚屬，依帥臣法。屯兵皆有等差。遇朝廷起兵，則副總管爲帥，副鈐轄、都監各以兵從，聽其節制。其後，瀘、夔、廣、桂五州牧又皆以都鈐轄爲稱。四年，詔建康府、江州路又置副都總管一員，於見置帥司處駐劄。紹興三年，詔要郡、次要郡守臣罷帶兵職，其逐路副總管依舊格，改充路分都監，爲一路掌兵之官。其各州鈐轄或省或置不一。又有逐路兵馬都監、兵馬監押，掌煙火公事、捉捕盜賊。淳熙十六年，詔諸路訓練鈐轄，並須年六十以下曾經從軍有才武人充。紹熙元年指揮，雜流出身之人，不得過路分州鈐；諸州軍兵馬都監，獨員處專注才武及曾任主兵官之人。慶元中，詔總管下至將副等，年七十以上許自陳，與宮觀差遣。初，守臣罷帶兵職，惟江西贛州以多盜，仍帶江西兵馬鈐轄。其後，武臣爲路鈐者，亦無尺籍伍符，每歲諸州按閱，特存故事，間有得旨葺治軍器或訓練禁軍，則仍帶入銜。

諸軍都統制　副都統制　統制　統領

舊制，出師征討，諸將不相統一，則拔一人爲都統制以總之，未爲官稱也。建炎初，置御營司，擢王淵爲都統制，名官自此始。其後，神武五軍及川陝宣撫司、都督府、樞密院皆置。紹興十一年，三大將兵罷，諸軍皆冠以「御前」二字，擢其偏裨爲御前統領官，以統制御前軍馬入銜，秩高者爲御前諸軍都統制，且令仍舊駐劄，以屯駐州名冠軍額之上。其後，興元江陵建康鎭江府、興金鄂江池州及平江許浦水軍，皆除都統制，恩數略視三衙，權任在帥臣右，官卑者稱副都統制。設屬有計議、機宜、幹辦公事、準備差遣，省置不一。次有副都統制。乾道三年，帝諭輔臣：「欲今後江上諸軍各置副都統一員，兼領軍事，豈惟儲帥，亦使主將顧忌，不敢專擅。」因言：「都、副統制禮有隆殺，且爲條約。」上曰：「如此，他日不致爭權越禮。」遂行之。然其後都、副鮮有並除者。初，渡江後，大軍又有統制、同統制、副統制、統領、同統領、副統領，其下有正將、準備將〔三〕、訓練官、部將、隊將等名，皆偏裨也。舊制，準備將而上，皆主帥升差，仍先申樞密院審察。乾道七年，詔訓練官、部隊將而下，許軍中徑差，申朝廷照會。紹熙間，詔諸軍升差統制至準備將者，主帥解發三人，赴總領所選一名，諸將不以爲便。慶元三年，詔主帥選擇，總領所或屯軍處守臣審覈保明，申樞密院。

巡檢司　有沿邊溪峒都巡檢，或蕃漢都巡檢，或數州數縣管界、或一州一縣巡檢，掌訓治甲兵、巡邏州邑、擒捕盜賊事；又有刀魚船戰棹巡檢，江、河、淮、海置捉賊巡檢，及巡馬遞鋪、巡河、巡捉私茶鹽等，各視其名以修舉職業，皆掌巡邏幾察之事。中興以後，分置都巡檢使、都巡檢、巡檢、州縣巡檢，掌土軍、禁軍招塡敎習之政令，以巡防扞禦盜賊。凡沿江沿海招集水軍，控扼要害及地分闊遠處，皆置巡檢一員，往來接連合相應援處，則置都巡檢以總之，皆以材武大小使臣充。各隨所在，聽州縣守令節制，本砦事並申取州縣指揮。若海南瓊管及歸、峽、荆門等處跨連數郡，控制溪峒，又置水陸都巡檢使或三州都巡檢使，以增重之。

監當官　掌茶、鹽、酒稅場務征輸及冶鑄之事。諸州軍隨事置官，其征榷場務〔三〕歲有定額，歲終課其額之登耗以爲舉刺。凡課利所入，日具數以申于州。建炎初，詔監當官闕，許轉運司具名奏辟一次，以二年爲任，實有六考，方許闕升。煩劇去處，許添差一員。凡交割必置曆以稽其剩欠，合選差文臣處，更不差武臣。淳熙二年，詔二萬貫以下庫分，選有才幹存留一員，指揮、諸班直、親從親事官、保義郎以下差充。建炎四年，詔每州每以五員爲額。

校勘記

〔一〕提舉河北糴便司　「糴便」原作「雜紀」，據本卷正文標目改。河北糴便司之名，見宋會要職官四四之三五。

〔二〕督視軍馬　「督」上原衍「都」字，據通考卷五九職官考、繫年要錄卷二〇〇刪。

〔三〕紹興三年　「三年」原作「元年」，據本書卷二七高宗紀、宋會要職官四〇之五改。

〔四〕湖南　「南」字原脫，據本書卷三六二呂頤浩傳、繫年要錄卷九四補。

〔五〕王羲叔　「羲」原作「義」，據本書卷二五高宗紀、宋會要職官四〇之二改。

〔六〕擬於朝廷 「擬」原作「議」。宋會要職官四〇之二，此句作「可擬朝廷」，作「擬」是，據改。

〔七〕傅崧卿 「卿」原作「年」，據本書卷二六高宗紀、嘉泰會稽志卷一五傅崧卿傳改。

〔八〕開禧 原作「開熙」，按宋寧宗年號開禧不作「開熙」，據宋會要職官四一之一二改。

〔九〕三年 按韓絳爲陝西宣撫使及同中書門下平章事，本書卷一五神宗紀、卷三一五本傳都載在熙寧三年，志文失書「熙寧」紀元。

〔一〇〕張俊 原作「張浚」。按張浚在此以前已官至知樞密院事，不應與韓、吳等武臣並列，而名次反敍韓世忠之下。據本書卷三六九張俊傳、朝野雜記甲集卷一一宣撫使條，此「浚」字應作「俊」，今改。

〔一一〕準備差遣 原作「準備差使」，據宋會要職官四一之四四、合璧事類後集卷六七改。

〔一二〕紹興五年 羣書考索後集卷一三、合璧事類後集卷六九同。宋會要職官四一之一〇八和繫年要錄卷一〇一、卷一〇二都繫於紹興六年。疑以六年爲是。

〔一三〕昭慶軍 原作「招慶軍」，按昭慶是湖州節度軍額，「昭」不作「招」，見本書卷八八地理志；本書卷三六九張俊傳正作「昭慶」，據改。

〔一四〕薛慶 原作「許慶」，據宋會要職官四一之七五、繫年要錄卷三三改。

〔一五〕王鈇 原作「王鉄」。按本書卷一七三食貨志、宋會要食貨六之四〇、咸淳臨安志卷五〇、玉海卷一七六紹興經界法條所載的王鈇，都是此人；王明淸揮麈錄後錄卷一一：「王鈇，字承可，會之舅氏。」據改。今本繫年要錄卷一五四作「王鐵」，當因「鈇」「鉄」形近轉訛爲「鐵」。

〔一六〕役法　原作「設法」，據上文「掌常平、義倉、免役之政令」句，和朝野雜記甲集卷一一改。

〔一七〕買茶司　原作「賣茶司」，按宋會要職官四三之四七，熙寧七年「十一月，權發遣三司鹽鐵判官公事提舉成都府利州路買茶公事李杞、同提舉成都府利州路買茶公事蒲宗閔，……」羣書考索後集卷一三：「熙寧七年，差李杞、蒲宗閔成都府買茶熙河路博馬。」「賣」字當爲「買」字之訛。長編卷二五四同年六月辛卯條正作「買茶司」，據改。下文「買茶買馬」句同。

〔一八〕買馬場　原作「賣馬場」，據長編卷二五九、通考卷六二職官考改。

〔一九〕長寧南平　「寧南」二字原倒，據朝野雜記甲集卷一八、通考卷六二職官考乙正。

〔二〇〕嘉泰三年　「嘉泰」原作「嘉定」，據兩朝綱目卷八、朝野雜記乙集卷一四改。

〔二一〕紹興五年以責任不專職任廢弛詔將饒州司官吏除留屬官一員外並減罷併歸虔州司　按上文已說至元祐饒、虔二司復併爲一，中間未說恢復，此處卽不得謂紹興五年又有兩司。按合璧事類後集卷六八、通考卷六二職官考有紹興二年從王喚乞請復置虔州提點司的記載，則五年又將饒州司事務歸併，實有所本，此事失書。

〔二二〕勸課農桑　「勸」原作「勤」，據合璧事類後集卷七三、通考卷六三職官考改。

〔二三〕郎官　原作「郎定」，據宋會要職官四七之三五、通考卷六三職官考改。

〔二四〕長吏　原作「長史」，據宋會要職官四七之五八、合璧事類後集卷七六改。

〔二五〕紹興五年以後旋添置之　「紹興」二字原脫。按宋會要職官四七之六七、合璧事類後集卷七六都說帥府通判並以兩員爲額，事在紹興五年而非南渡後五年，今補。

〔二六〕其爲冗費　「爲」原作「餘」，據宋會要職官四八之一四、通考卷六二職官考改。

〔二七〕委運司及長史於幕職州縣內薦或本處舉人有德藝者充　通考卷六三職官考、合璧事類後集卷七六於「州縣」下有「官」字，「舉人」下有「舉」字。疑是。

〔二八〕仍借緋章服　「借」原作「備」，宋會要職官四八之三四、通考卷六三職官考作「借」。按本書卷一五三輿服志，四品以下至六品以上官服緋、章服，有品未及而服者爲借；又卷一六八職官志，知縣爲正八品或從八品。當以作「借」爲是，據改。

〔二九〕營防　原作「營房」，據合璧事類後集卷七五改。

〔三〇〕凡將兵隸屬官　合璧事類後集卷七五引哲宗正史職官志，「官」字作「者」，疑是。

〔三一〕潁昌府　原作「潁川府」，據本書卷二〇徽宗紀、卷八五地理志改。

〔三二〕正將準備將　按朝野雜記甲集卷一一、通考卷五九職官考「正將」下有「副將」二字，疑此處脫。

〔三三〕場務　原作「提務」，據合璧事類後集卷八一改。

宋史卷一百六十八

志第一百二十一

職官八 合班之制

建隆以後合班之制

中書令　侍中　同中書門下平章事已上爲宰相。　親王、樞密使、留守、節度、京尹兼中書令、侍中、同中書門下平章事已上並爲使相。　尚書令　太師　太尉　太傅　太保　司徒　司空舊儀，太師、太傅、太保爲三師。太尉、司徒、司空爲三公。太尉在太保下。國朝以來，自太傅除太尉，今依此次序。其三師、三公之稱如舊儀制。　樞密使　知樞密院事　參知政事舊在樞密使下。　樞密副使　舊在知院之上。　同知樞密院事　宣徽南院、北院使　簽書樞密院事參政以下班位臨時取奏裁。

太子太師、太傅、太保　左、右僕射　太子少師、少傅、少保　諸府牧開封、河南、應天、大名、江陵、興元、眞定、江寧、京兆、鳳翔、河中。又有大都督、大都護，今皆領使，無特爲者。　御史大夫　觀文殿大學士舊無此位。　六尙書吏、兵、戶、刑、禮、工。　左、右金吾衞　左、右衞上將軍　門下、中書侍郎舊在尙書下。　節度使泰寧、武寧、彰信、鎭海、天平、安化、武成、忠武、鎭海、河陽、山南東道、武勝、崇信、昭化、保康、天雄、成德、鎭寧、彰德、永淸、安國、威德、靜難、彰化、雄武、保大〔一〕、淮南、忠正、保信、保靜、集慶、建康、寧國、鎭南、昭信、荆南、寧海、武昌、安遠、武安、鎭東、平江、鎭江、宣德、保寧、康國〔二〕、威武、建寧、益州、安靜、武信、山南西道、昭武、安德、武定、寧海〔三〕、寧江、武康、淸海、靜江、寧遠、建武、高州定南、密州靜海〔四〕、涼州西河、沙州歸義、洮州保順、應州彰國〔五〕、威城〔六〕、昌化〔七〕、豐州天德、朔州振武、雲州大同。　觀文殿學士舊曰文明殿，若學士官尙書者自從本班。　資政殿大學士　三司使與觀文、資政班位臨時取裁。　玉淸昭應宮、景靈宮、會靈觀副使與三司使、翰林學士班位臨時取裁。

翰林學士承旨　翰林學士　資政殿學士　翰林侍讀、侍講學士　龍圖閣學士　天章閣學士　樞密直學士　龍圖直學士　天章直學士　左、右散騎常侍舊在諸衞上將軍下。　六統軍左、右龍武　左、右羽林　左、右神武。　諸衞上將軍左、右驍衞　左、右武衞　左、右屯衞　左、右領軍衞　左、右千牛衞。　太子賓客　太常、宗正卿　御史中丞權中丞立中丞塼位，內殿起居日止立本官班。　左、右丞　諸行侍郎　節度觀察留後　給事中　左、右諫議大夫　中書舍人　知制誥　龍圖閣待制　天章閣待制　觀察使　秘書監　光祿、衞尉、太僕、大理、鴻臚、司農、太府卿　內客省使　國子祭酒　殿中、少府、將作監　景福殿使〔八〕　延福宮使　客省使　開封、河南、應天、大名尹　太子詹事　諸王傅　司天監　諸衞大將軍　太子左右庶子　引進使　防禦使齊、濟、沂、登、萊、鄭、汝、蔡、潁、均、郢、懷、衞、博、磁、洺、棣、深、瀛、雄、霸、莫、代、絳、解、龍〔九〕、和、蘄、舒、復、眉、象、陸〔一〇〕、果。　團練使單、濮、濰、唐、祁、冀、隰、忻、成、鳳、海、鼎。　三司鹽鐵、度支、戶部副使官至諫議大夫已上，從本官。

玉清昭應宮、景靈宮、會靈觀判官　太常寺、宗正少卿　秘書少監　光祿等寺七寺少卿　宣慶使　四方館使　國子司業　殿中、少府、將作少監　開封、河南、應天、大名少尹　太子少詹事、左右諭德　太子家令　太子率更令　太子僕　諸州刺史淄、趙、德、濱、保、并、汾、澤、遼、憲、嵐、石、虢、坊、丹、階、乾、商、寧、原、慶、渭、儀、環、楚、泰、泗、濠、光、滁、通、黃、眞、舒〔一一〕、江、池、饒、信、太平、吉、袁、撫、筠、岳、澧、峽、歸、辰、衡、永、全、郴、邵、常、秀、溫、台、衢、睦、處、南劍、汀、漳、綿、漢、彭、邛、蜀、嘉、簡、黎、雅、維、茂、資、榮、昌、普、渠、合、戎、瀘、興、劍、文、集、壁、巴、蓬、龍、施、萬、開、達、涪、渝、昭、循、潮、連、梅、英、賀、封、南雄、端、新、康、恩、春、惠、韶、梧、藤、龔、象〔一二〕、潯、貴、賓、橫、融、化、竇、高、雷、南儀、欽、鬱林、廉、瓊、崖、儋、萬安。　諸王府長史、司馬　司天少監　樞密都承旨如客省使以下充者，依本職同班。如閤門使充，即在閤門使之上。如自見任內客省使以下轉南班官充，亦與同班，仍在舊職之上。如自客省副使以下轉南班官充者，並在閤門使之上。　宣政使　昭宣使　東上、西上閤門使　樞密承旨　樞密副都承旨　諸軍衞將軍　起居郎　起居舍人　知雜御史　侍御史　諸行郎中左右司　吏部　兵部　司封　司勳　考功　職方　駕部　庫部　度支　戶部　金部　倉部　刑部　都官　比部　司門　禮部　工部　祠

部　主客　膳部　屯田　虞部　水部。　皇城以下諸司使皇城　洛苑　右騏驥　尚食　左騏驥　御廚　內藏庫　軍器　左藏　儀鸞　南作坊　弓箭庫　北作坊　衣庫　莊宅　六宅　文思　東作坊　內苑　牛羊　如京　東綾錦　香藥　崇儀　榷易　西京左、右藏　氈毯　西綾錦　西京作坊　鞍轡庫　東染院　酒坊　西染院　法酒庫　禮賓　翰林　醫官　供備庫。　樞密院副承旨、諸房副承旨如帶南班官者，在諸司使之下；不帶南班官者，在皇城副使之上。　殿中侍御史　左、右司諫　諸行員外郎　客省引進、閤門副使　左、右正言　監察御史　太常博士　皇城以下諸司副使　諸次府少尹　大都督府左、右司馬兗、徐、潞、陝、揚、杭、越、福。　通事舍人　國子博士　春秋、禮記、毛詩、尚書、周易博士　都水使者　開封、祥符、河南、洛陽、宋城縣令　太常、宗正、秘書丞　著作郎　殿中丞　內殿承制　殿中省尚食、尚藥、尚衣、尚舍、尚乘、尚輦奉御　大理正　太子中允、左右贊善大夫　內殿崇班　閤門祗候　太子中舍、洗馬　太子諸率府率左、右衞　左、右監門　左、右清道　左、右司禦。　樞密院兵房、吏房、戶房、禮房副承旨　東頭、西頭供奉官　太子諸率府副率　諸衞中郎將左、右金吾　左、右衞　左、右千牛　左、右羽林。　郎將左、右金吾　左、右衞。　左、右侍禁　諸王友　諸王府諮議參軍官高者從本官。　司天春官、夏官、中官、秋官、冬官正　節度行軍司馬、副使　秘書郎　左、右班殿直　著作佐郎　大理寺丞　諸寺、監丞　大理評事　太學、廣文博士　太常太祝、奉禮郎　秘書省校書郎、正字　御史臺、諸寺、監主簿　國子助教　廣文、太學、四門、書學、算學博士　律學助教書、算學無助教。　司天靈臺郎、保章正、挈壺正　三班奉職、借職　防禦、團練副使　留守、京府、節度、觀察判官　節度掌書記　觀察支使　防禦、團練判官　留守、京府、節度、觀察推官　軍事判官　防禦、團練、軍事推官　軍、監判官　諸軍別駕、長史、司馬　司錄、錄事參軍　司理參軍三京府軍巡判官在諸曹參軍之下。　諸州諸司參軍　軍巡判官　諸縣令　赤縣丞　諸縣主簿、尉　諸軍文學、參軍、助教

元豐以後合班之制

諸太師、舊制，太尉爲三公，在太傅上，政和改爲三少。　太傅、　太保　侍中　中書令政和二年，改左輔右弼，靖康後復。　尚書令　少師　少傅　少保舊太尉、司徒、司空，政和二年改。　尚書左、右僕射政和二年，改太宰、少宰，靖康復舊，元豐令在左右僕射下。　開府儀同三司　知樞密院事　門下、中書侍郎　尚書左、右丞　同知樞密院事　簽書樞密院事元豐罷，元祐復置，政和入雜壓。　太子太師、太傅、太保　特進　觀文殿大學士　太尉舊爲三公，政和二年，改爲三少，復以太尉爲武選一品，位節度使上。　太子少師、少傅、少保　冀、兗、青、徐、揚、荆、豫、梁、雍州牧元祐復置，政和入雜壓。　御史大夫　觀文殿學士　資政、元豐令在節度使下。　保和政和五年，置宣和殿大學士、學士，宣和元年，改爲

保和學士〔三〕。待制同。殿大學士　吏部、戶部、禮部、兵部、刑部、工部尚書　金紫、銀青光祿大夫　左、右金吾衞上將軍　節度使　翰林學士承旨　翰林學士　資政、保和、端明政和四年，改爲延康。殿學士　龍圖、天章、寶文、元豐二年，增置直學士，待制同。顯謨、元豐元年增置。徽猷崇寧二年增置。閣學士　左、右散騎常侍　御史中丞舊在直學士下，元豐八年升。開封尹崇寧三年升。尚書列曹侍郎　樞密直學士政和四年，改爲述古殿直學士。龍圖、天章、寶文、顯謨、徽猷閣直學士　宣奉、元祐，左光祿大夫。正奉、元祐，右光祿大夫，並大觀二年改置。正議、通奉大夫　殿中監舊在秘書監下，崇寧二年升。大司成崇寧二年增置。左右驍衞、武衞、屯衞、領軍衞、監門衞、千牛衞上將軍　太子賓客、詹事　給事中　中書舍人　通議大夫　承宣使舊節度觀察留後，政和七年始改。左、右諫議大夫　保和殿待制　龍圖、天章、寶文、顯謨、徽猷閣待制　太中大夫　太常卿　大司樂崇寧二年增置。宗正卿　秘書監　殿中少監崇寧二年升。觀察使　中大夫光祿、衞尉、太僕、大理、鴻臚、司農、太府卿　中奉、元祐，左中散大夫，大觀二年改。中散、通侍大夫舊內客省使，政和二年改，橫行、正使、副使、大使臣、小使臣並改。樞密都承旨　國子祭酒　太常少卿典樂崇寧二年增置。宗正少卿　秘書少監　正侍、舊延福宮使，政和二年改。宣正、履正、協忠、三階係政和六年增置。中侍、中亮大夫舊客省使。太子左、右庶子　中衞、舊引進使。翊衞、親衞大夫政和六年增置。防禦、團練使　諸州刺史　左、右金吾以下諸衞大將軍　駙馬都尉集英殿修撰政和八年置。　七寺少卿　朝議、奉直大夫　元祐，右朝議大夫，大觀二年改置。　尚書左、右司郎中　右文殿修撰舊集賢殿修撰，不入雜壓，政和六年改，增入。　國子、辟雍司業崇寧元年增置。　少府、將作、軍器監　都水使者　入內內侍省都都知政和，改知入內內侍省事。　內侍省都都知政和，改知內侍省事。　拱衛大夫舊四方館使。　太子少詹事、左右諭德　入內內侍省副都知　內侍省副都知政和並改同知省事。　左武、右武大夫舊東、西上閤門使。　入內內侍省押班　內侍省押班政和並改簽書省事。　管幹殿中省尚舍、尚藥、尚醞、尚輦、尚衣、尚食局崇寧二年增置。　樞密副都承旨　起居郎　起居舍人　侍御史　尚書左、右司員外郎　祕閣修撰政和六年增置。　開封少尹崇寧三年升。　尚書吏部、司封、司勳、考功、戶部、度支、金部、倉部、禮部、祠部、主客、膳部、兵部、職方、庫部、駕部、刑部、都官、比部、司門、工部、屯田、虞部、水部郎中　開封府司錄事舊錄參軍事在兩赤縣令之上，崇寧三年升改。　直龍圖閣　元豐、元祐令，並不入雜壓，政和增入，餘同。　朝請、朝散、朝奉大夫　直天章閣政和六年增入。　殿中侍御史　左、右司諫　左、右正言舊在監察御史上，政和升。　符寶郎大觀元年增置。　殿中省尚食、尚藥、尚醞、尚輦、尚衣、尚舍典御崇寧三年增置。　內符寶郎大觀元年增置。　樞密副承旨元豐令，有知上州在此下，元祐以後並去。

武功、舊皇城使，自此以下，並政和六年改。　武德、舊宮苑、左右騏驥、內藏庫使。　和安、成和、成安、成全、舊翰林、尚食、軍器、儀鸞使。　武顯、舊左藏、東西作坊使。　武節、舊莊宅、六宅、文思使。　平和、舊綾錦使，初改保和，政和五年，以犯殿名，改保痊；宣和六年，又改爲平和。武略、舊內園、洛苑、如京、崇儀使。保安、舊榷易使。武經、舊西京左藏庫使。武義大夫舊西京作坊、東西染院、禮賓使。翰林良醫舊翰林醫官使。武翼大夫舊供備庫使。　尙書諸司員外郎　直寶文閣政和六年增置。開封府司六曹事崇寧三年增置。　樞密院諸房副承旨　朝請、朝散、朝奉郎　直顯謨閣政和六年增入。　少府、將作、軍器少監　諸衞將軍　太子侍讀、侍講　正侍、宣正、履正、協忠、自宣正至協忠，並政和六年增置。　中侍、中亮、中衞、翊衞、親衞、拱衞、左武、右武郎，舊橫行、副使，政和六年改。　監察御史元豐令，有知中州在此下。

殿中丞舊祕書丞下，崇寧二年升。　直徽猷閣政和六年置。　承議郎　武功至武義郎　翰林醫正　武翼郎諸司副使。　太子中舍　太子舍人　親王府翊善、贊讀、直講舊侍讀、侍講，政和改。　太常丞　大晟樂令崇寧二年增置。　太醫令　宗正、大宗正　祕書丞　直祕閣政和六年置，元豐令，知下州在此下。　奉議郎　大理正　著作郎　太史局令　直翰林醫官局　殿中省六尙奉御舊在大理正之上，政和改。　太醫丞元祐增置。　閤門宣贊舍人舊閤門通事舍人，政和六年改。　兩赤縣令　太子左右衞、司禦、清道、監門、內率府率　七寺丞　祕書郎　太常博士　陵臺令元祐中增置。　著作佐郎　殿中省主簿崇寧二年增置。　國子監丞　辟廱丞崇寧二年增置。　宗子、崇寧元年增置。　國子博士　大理司直、評事　敦武、舊內殿承制，政和六年改，下同。　通直郎　修武郎內殿崇班。　內常侍元豐令，上州通判在此下。　太史局正　少府、將作、軍器、都水監丞　開封府參軍事崇寧三年增置。　太醫局正　祕書省校書郎、正字　親王府記室元豐、元祐令，有「參軍」字，政和三年除去。太史局五官正　御史臺檢法官、主簿元豐令在監丞上，元祐令在監丞下。九寺、大晟府崇寧三年增置。主簿　閤門祗候　樞密院逐房副承旨元豐令，中下州通判在此下。　供奉官舊內東頭供奉官，政和六年改，下同。　從義郎東頭供奉官。　左侍禁內西頭供奉官。　秉義郎西頭供奉官。　太子諸率府副率　幹當左、右廂公事崇寧中增入。　右侍禁　左班殿直殿頭高品。　忠訓、忠翊、左、右侍禁。宣教郎舊宣德郎，政和四年改。　太學、辟雍、崇寧元年增置。　武學、律學、開封府大觀元年置。博士　太常寺奉禮郎　大晟府協律郎崇寧二年增置。　太常寺太祝、郊社、籍田令　光祿寺太官令元豐、元祐令，在太學博士上。　五監、辟雍崇寧元年增置。　主簿　宣義郎　成忠、保義、左右班殿直。　承事、承奉、承務郎　宗子、崇寧元年增置。　國子、太學、辟雍正　武學諭崇寧元年置。　律學正崇寧元年置。　太醫局丞　京府、諸州司錄事　承直郎崇寧三年，以留守節度判官改，凡選人七階，儒林至迪功。　京畿縣令　兩赤縣丞　三京赤縣令　右班殿直高班。　黃門內品　承節、承信郎舊三班奉職、借職。　京府、諸州司六曹事元豐、元祐令，並六曹參軍。　政和三年，除去「參軍」字，爲司錄事，司儀曹事，餘曹放此。　儒林、舊掌書記。　文林、從事郎　三京畿縣令　京畿縣丞　三京赤縣、畿縣丞　兩赤縣主簿、尉　諸州上、中、下縣令丞　從政郎舊司錄事參軍、縣令。　京府、諸州掾官修職郎舊知錄事參軍、知縣事。　京畿縣主簿、尉　諸州上、中、下縣主簿尉　城砦主簿　馬監

主簿　迪功郎舊巡判官、司理、司法、司戶。　諸州司士　文學　助教舊參軍事。

唐令，定流內一品至九品，有正從上下階之制。其後，升侍中、中書令爲正二品，御史大夫、散騎常侍、兩省侍郎爲正三品，御史中丞正四品。諫議大夫分左、右，改將作大匠爲監，太史局爲司天監，置大監正三品，少監正四品上，丞正六品上，寺簿正七品上，主事正八品下，五官正五品上，副正正六品，靈臺郎正七品下，保章正從七品上，挈壺正八品上，五官監候正八品下，司曆從八品上，司辰正九品上。又置國子、五經博士爲正五品上，左、右金吾衞上將軍爲從二品，左、右龍武、神武軍大將軍爲正三品，將軍爲從三品。又置內侍監爲正三品，少監從四品，改諸州府學博士爲文學，在參軍上。五代復置尙書令爲一品，升右丞爲正四品上，降諫議在給事之下。

宋初，並因其制，唯升宗正卿爲正四品，丞爲從五品。其軍器監、少監，甲弩坊署令、丞、監作、錄事，昭文館校書郎，司辰、司曆、監候，殿中諸署監事、計官，太常諸陵廟、太醫、太公廟署令丞，醫針博士、助教，按摩、呪禁博士，卜正，卜博士，宗正崇玄署令、丞，大理獄丞，鴻臚典客，太府寺平準、左右藏、常平署令丞，都水監舟檝、河渠署令丞，宮苑總副監牧監副、丞、主簿，諸園苑司幷百工等監、副監及丞，諸倉、諸冶、諸屯、溫湯監及丞，掌漕，諸軍衞錄事諸曹參軍、司階、中候、司戈、執戟、校尉、旅帥、隊正、隊副、正直長、長上、備身、左右備身，左右親、勳、翊衞府中郎將，兵曹三衞，折衝、果毅、別將、長史、兵曹參軍、校尉、旅帥、隊正、隊副，鎭軍司馬、判司，太子詹事府丞、主簿、司直，司議郎，舍人，文學，校書，正字，崇文館校書，侍醫，通事舍人，左、右春坊錄事、主事，三寺丞、主簿，諸署令、丞，典倉署園丞，廐牧典乘，內坊典內及丞、典直，率府長史、錄事諸曹參軍、司階、中候、司戈、執戟、校尉、旅帥、隊正、隊副、直長、千牛備身，親、勳、翊府中郎將，兵曹三衞，王府文學，東西閤祭酒，掾、屬、主簿、錄事諸曹參軍、行參軍、典籤，典軍、執杖執乘親事、校尉、旅帥、隊正、隊副，國令，大農尉、丞，公主邑令丞，邑司錄事，河南應天及諸次府都督都府功曹、倉、兵曹參軍，諸州司功、司倉、司兵參軍，諸縣丞，京縣錄事，諸鎭倉曹、兵曹參軍，戍主、戍副，關津令丞，幷門下省城門、符寶郎，太常寺協律郎，軍器監丞、主簿，太常寺郊社、太卜、廩犧，光祿寺太官〔四〕、珍羞、良醞、掌醢，衞尉寺武器、守宮，太僕寺乘黃、典廐、典牧、車府，鴻臚寺典客、司儀，司農寺上林、太倉、鈎盾、導官，太府寺諸市，少府監中尙、左尙、右尙、織染、掌冶，將作監左校、中校、甄官署令丞、監膳〔五〕，殿中省六局直長、食醫、侍御、醫司、醫佐、掌輦、奉乘、司廩，太子典膳、典藥、內直、典設、宮門郎幷局丞，皆存其名而罕除者，皆不錄，惟常命官者載之。諸司主事、錄事皆存，而無士人爲之。別置中書、樞密、宣徽院、三司及內庭諸司，沿舊制而損益焉。

建隆三年三月，有司上合班儀：「太師，太傅，太保，太尉，司徒，司空，東宮三太，嗣王，郡王，僕射，三少，三京牧，大都督，大都護，御史大夫，六尚書，常侍，門下、中書侍郎，太子賓客，太常、宗正卿，御史中丞，左、右諫議大夫，給事中，中書舍人，左、右丞〔六〕，諸行侍郎，祕書監，光祿、衞尉、太僕、大理、鴻臚、司農、太府卿，國子祭酒，殿中、少府、將作監，前任、見任節度使，開封、河南、太原尹，詹事，諸王傅，司天監，五府尹，國公，郡公，中都督，上都護，下都督，庶子，五大都督府長史，中都護，副都護，太常、宗正少卿，祕書少監，光祿等七少卿，司業，三少監，三少尹，少詹事，諭德，家令，率更令、僕，諸王府長史、司馬，司天少監，起居郎、舍人，侍御史，殿中侍御史，補闕，拾遺，監察御史，郎中，員外郎，太常博士，五府少尹，五大都督府司馬，通事舍人，國子、五經博士，都水使者，四赤縣令，太常、宗正、祕書丞，著作郎，殿中丞，六尚奉御，大理正，中允，贊善，中舍，洗馬，諸王友，諮議參軍，司天五官正，凡雜坐之次，以此爲準。」

詔曰：「尙書中臺，萬事之本，而班位率比兩省官；節度使出總方面，其檢校官多至師傅、三公者，而位居九寺卿監之下，甚無謂也。其給事中、諫議、舍人，宜降於六曹侍郎之下；補闕次郎中、拾遺，監察次員外郎、節度使，升於中書侍郎之下。」乾德五年正月朔，乾元殿受朝，升節度使班在龍墀內金吾將軍之上。

淳化三年八月，有司重定合班儀，詔升尚書令三師之上。四年，節度使升常侍之上，觀察使在祕書監之上，防禦、團練使在庶子之下，刺史在太子僕之下，又升諸行郎中于殿中侍御史之上。至道三年七月，令節度觀察留後在給事中之上。大中祥符元年八月，升兩省侍郎班常侍之上。

天禧三年十一月，令節度使班中書侍郎之下。其序班及視品之制：樞密使、副使、參知政事、宣徽使並班宰相後。樞密使不兼平章事者，立參知政事前，在宣徽使下。至道三年升在上。大中祥符九年九月，詔自今參知政事、樞密副使並以先後爲次。宣徽使同。資政殿大學士立文明殿學士之上。舊文明殿學士在樞密副使之上，太平興國五年移在下。資政殿學士、翰林侍讀學士在翰林學士下。建隆三年，令翰林學士班諸行侍郎下，官至丞、郎者在常侍上，至尚書者依本班。淳化五年，升丞、郎之上。樞密直學士同。龍圖閣學士在樞密直學士上，龍圖直學士在其下，仍少退。待制在知制誥之下。景德元年，初置待制，赴內朝，其五日起居，止叙本班。大中祥符二年，升侍知制誥（七），仍在其下。權三司使立知制誥上。帶學士職者從本班。三司副使立少卿、監上。官高者從本班，並爲內品職。宮觀副使立學士班。在翰林學士上，其學士爲者，止本班。判官立三司副使之下。知制誥以上爲者，從本班。給、諫權御史中丞者，令正衙立中丞塼位。餘就本班。凡起復，皆如初授，在本官之末，亦有特旨令敍舊班者。內客省使視七寺大卿，景福殿使、客省使視將作監，引進使視庶子。宣慶使、四方館使視少卿，宣政、昭宣、閤門使視少監。客省等副使視員外郎。皇城使以下諸司使視郎中，副使視太常博士。內殿承制視殿中丞，崇班及閤門祗候視贊善大夫。供奉官視諸衞率，侍禁視副率。殿直視著作佐郎，奉職、借職在諸州幕官上。樞密都承旨在閤門使下，副承旨、諸房副承旨在諸司使下，逐房副承旨在洗馬下。金吾衞、左右衞上將軍並在節度使上，六統軍、諸衞上將軍在常侍下，乾德二年，令上將軍在中書侍郎之下。淳化四年，升金吾、左右衞在尙書之下，仍於節度使之上敍。大將軍在大監下，將軍在少監下。仍在閤門使之下。金吾立本班上。謂中郎將。諸衞率、副率在洗馬下。凡內職，視朝官者在其下，視京官者在其上。

皇親之制：開寶六年，詔：「晉王位望俱崇，親賢莫二，宜位在宰相之上。」太平興國八年，楚王、廣平郡王出閤，令宰相立親王之上。天禧四年七月先天節，羣臣上壽，宰相闕，命涇王元儼攝太尉。景德中，皇姪武信軍節度惟吉加同平章事。時駙馬都尉石保吉先爲使相，史館引唐制，宗室在同品官上，遂升惟吉焉。大中祥符元年正月，有司上都亭驛酺宴位圖，皇從姪孫內殿崇班守節與從姪右衞將軍惟叙等同一班。上曰：「族子諸父，安可同列？」乃命重行設位。九年正月，興州團練使〔二〇〕德文言：「男侍禁承顯赴起居，請在惟忠子從恪之上。」時從恪雖姪行，而拜職在前，遂詔宗正寺定宗室班圖以聞。宗正言：「按公式令：朝參行立，職事同者先爵，爵又同者先齒。今請宗子官同而兄叔次弟姪者，並虛一位而立。」天禧四年五月，左正言、知制誥張師德言：「奉詔知潁州，緣皇弟德雍見任本州防禦使，其署銜望降規式。」中書門下言：「據御史臺稱，每大朝會立班，皇親防禦、團練、刺史次節度使下，稍退序立。」詔師德序署位德雍之下。其外官制置、發運、轉運使副使，不限官品，著位並在提點刑獄之上。舊止從官，大中祥符七年，詔定其制。朝官知令、錄在判官之上，京官在判官之下、推官之上。長史、司馬、別駕在幕府官下、錄事參軍上，見長史庭參。監當朝官殿直以下，在通判、都監之下，判官之上。其通判與都監並依官次。京官奉職、借職監當者，依知令、錄列在判官之下。元豐制行，參以寄祿官品高下，更革既多，別為班序。其後元祐、崇寧、大觀、政和，復有增益更革者，別附於其下云。

至道二年，祠部員外郎主判都省郎官事王炳上言曰：

尚書省，國家藏載籍、典治教之府，所以周知天下地理廣袤、風土所宜、民俗利害之事。當成周之世，治定制禮，首建六官，漢、唐因之。自唐末亂雜，急於經營，不遑治教，故金穀之政主於三司，曹名雖存，而其實亡矣。謹按：吏部四司，天官之職，掌文官選舉，周知天下吏功過能否，考定陞降之類；戶部四司，司徒之職，掌邦五教，周知天下戶口之數；禮部四司，宗伯之職，掌國五禮，辨儀式制度，周知天下祠典祠祀之類；兵部四司，司馬之職，掌武人選舉，周知天下兵馬器械之數；刑部四司，司寇之職，掌國法令，周知天下獄訟刑名徒隸之數；工部四司，司空之職，掌國百工，周知天下封疆、城圻、山澤、草木、川瀆、津渡、橋船、陂池之數。凡此二十四司所掌事務，各封圖書，具載名數，藏之本曹，謂之載籍；所以周知天下事，由中制外，如指諸掌。

今職司久廢，載籍散亡，惟吏部四司官曹小具，祠部有諸州僧道文帳，職方有諸州閏年圖經，刑部有詳覆諸州已決大辟案牘及勾禁奏狀〔一九〕，此外多無舊式。欲望令諸州，每年造戶口稅租實行簿帳，寫以長卷者，別寫一本送尚書省，藏於戶部。以此推之，其餘天下官吏、民口、廢置、祠廟、甲兵、徒隸、百工、疆畎、封洫之類，亦可以籍其名數，送尚書省，分配諸司，俾之緘掌；候期歲之後，文籍大備，然後可以振舉官守，興崇治教。望選大僚數人博通治體者，參取古今禮典及諸令式，與三司所受金穀、器械、簿帳之類，仍詳定諸州供送二十四司載籍之式。如此，則尚書省備藏天下事物名數之籍，如祕閣藏圖書，太學藏經典，三館藏史傳，皆其職也。

太宗覽奏嘉之，詔尚書丞、郎及五品以上集議。

吏部尚書宋琪等上奏曰：「王者六官，法天地四時之柄，百官之本，典教所出。望委崇文院檢討六曹所掌圖籍，自何年不繫都省，詳其廢置之始，究其損益之源，以期恢復。」既而其議亦寢。

大中祥符九年，眞宗與宰相語及尚書省制，言事者屢請復二十四司之制。楊礪嘗言：「行之不難，但以郎官、諸司使同領一職，則漸可改作。」王旦曰：「唐設內諸司使，悉擬尚書省：如京，倉部也；莊宅，屯田也；皇城，司門也；禮賓，主客也。雖名品可效，而事任不同。唐朝諸司所領，惟京邑內外耳，諸道兵賦各歸藩鎭，非南宮一郎中、員外所能制也。朝廷所得三分之一，名曰上供，其他留州、留使之名，皆藩臣所有。今之三司卽尚書省，故事盡在，但一毫所賦皆歸於縣官而仰給焉，故蠲放則澤及下，予賜則恩歸上，此聖朝不易之制也。」

咸平四年，左司諫、知制誥楊億上疏曰：

國家遵舊制，並建羣司，然徒有其名，不舉其職。只如尚書會府，上法文昌，治本是資，政典攸出，條目皆具，可舉而行。今之存者，但吏部銓擬，秩曹詳覆。自餘租庸筦榷，由別使以總領；尺籍伍符，非本司所校定。職守雖在，或事有所分；綱領雖存，或政非自出。丞轄之名空設而無違可糾，端揆之任雖重而無務可親。周之六官，於是廢矣。且如寺、監素司於掌執，臺、閣咸著於規程，昭然軌儀，布在方册。國家慮銓擬之不允，故置審官之司；憂議讞之或濫，故設審刑之署；恐命令之或失，故建封駁之局。臣以爲在於紀綱植立，不在於琴瑟更張。若辨論官材歸於相府，卽審官之司可廢矣；詳評刑辟屬於司寇，卽審刑之署可去矣；出納詔命關於給事中，卽封駁之局可罷矣。至於尙書二十四司各揚其職，寺、監、臺、閣悉復其舊，按六典之法度，振百官之遺墜，在我而已，夫豈爲難。如此則朝廷益尊，堂陛益嚴，品流益淸，端拱而天下治者，由茲道也。

又以唐、虞之時，建官惟百，夏、商官倍，秦、漢益繁。施及有唐，六策咸在，自三公之極貴，九品之至微，著於令文，皆有員數。傳云：「官不必備，惟其人。」蓋闕之，斯可矣。若乃員外加置，苟非其材，故「竈下」、「羊頭」，形於嘲詠，「斗量車載」，播厥風謠，國體所先，尤須愼重。竊覩班簿，員外郎及三百餘人，郎中亦及百數，自餘太常國子博士、殿中丞、舍人、洗馬，俱不下數百人，率爲常參，皆著引籍，不知職業之所守，多由恩澤而序遷。欲乞按唐制，應九品以上官並定員數。

又念昔者秦之開郡置守，漢以天下爲十三部，命刺史以領之。自後因郡爲州，以太守爲刺史，降及唐氏，亦嘗變更，曾未數年，又仍舊貫。今多命省署之職出爲知州，又設通判之官以爲副貳，此權宜之制耳，豈可爲經久之訓哉？臣欲乞諸州並置刺史，以戶口多少置其奉祿，分下、中、上、緊、望、雄之等級，品秩之制率如舊章，與常參官比視階資，出入更踐，省去通判之目，但置從事之員，建廉察之府以統臨，按輿地之圖而區處。昔者興國初，詔廢支郡，出於一時；十國爲連，周法斯在，一道署使，唐制可尋。至若號令之行，風敎之出，先及於府，府以及州，州以及縣，縣及鄉里。自上而下，由近及遠，譬如身之使臂，臂之使指，提綱而衆目張，振領而羣毛理。由是言之，支郡之不可廢也明矣。臣欲乞復置支郡，隸於大府，量地里而分割，如漕運之統臨，名分有倫，官業自舉。

又覩唐制內外官奉錢之外，有祿米、職田，又給防閤、庶僕、親事、帳內、執衣、白直、門夫，各以官品差定其數，歲收其課以資於家。本司又有公廨田、食本錢，以給公用。自唐末離亂，國用不充，百官奉錢並減其半，自餘別給一切權停。今羣官〔二〇〕於半奉之中已是除陌，又於半奉三分之內，其二以他物給之，鬻於市廛十裁得其一二，曾餬口之不及，豈代耕之足云？昔漢宣帝下詔云：「吏能勤事而奉祿薄，欲其無侵漁百姓難矣。」遂加吏奉，著於策書。竊見今之結髮登朝，陳力就列，其奉也不能致九人之飽，不及周之上農；其祿也未嘗有百石之入，不及漢之小吏。若乃左、右僕射，百僚之師長，位莫崇焉，月奉所入，不及軍中千夫之帥，豈稽古之意哉？欲乞今後百官奉祿雜給，並循舊制，既豐其稍入，可責以廉隅。官且限以常員，理當減於舊費，乃唐、虞之制也。

凡預品官，各設資考，課其殿最，歸于有司，或歷階以升，或越次而補。國朝多以郊祀覃慶而稍遷官，考功之黜陟不行，士流之淸濁無辨。陛下深鑒其弊，始務惟新。昨有事於明禋，但偏加於階爵；雖矯前失，未振舊規。並乞依舊內外官各立考限，復令考功修舉其職，每歲置使考校，以表盡公，資秩改遷，賞罰懲勸，一遵典故，以振滯淹。

又西漢以來，用秦武功之爵，惟列侯啓封，或踰萬戶，至關內侯，或有食邑，不過數百家。自是因循，以至唐室，但食邑者率爲虛設，言實封者歲入有差。迨及聖朝，並無所給，至於除拜之際，猶名數未移，空有食采之稱，眞同畫餅之妄。欲乞依元和中所定實封條貫支給，削去虛邑，但行實食，以寵勳臣。又國家每屬嚴禋，即覃大慶，叙封追贈，罔限彝章。乃至太醫之微，司曆之賤，率荷蓼蕭之澤，亦疏石窌之封，恩雖出於殊常，職不循於經制。

又官勳之設，名品實繁，今朝散、銀青，猶闕命服，護軍、柱國，全是虛名。欲乞自今常參官，勳、散俱至五品者許封贈〔三〕，官、勳俱至三品者許立戟。又五等之爵，施于賢才，雖有啓封之稱，曾無胙土之實。苴茅建社，固不可以遽行，翼子詒孫，亦足稽於舊典。內外官封至伯、子、男者，許廕子；至公、侯者，許蔭孫；封國公者許嫡子、嫡孫一人襲封〔三二〕。

又當今功臣之稱，始於德宗，扈蹕將士並加「奉天定難功臣」之號，因一時之賞典，爲萬世之通規。近代以來，將相大臣有加至十餘字者，尤非經據〔三三〕，不可遵行，所宜削除，以明憲度。昔者講求典禮，晉國以清，考覈名實，漢朝稱治。當文化誕敷之際，是舊章咸秩之時，跂見太平，正在今日矣。

論者嘉之。然以因襲既久，難於驟革。

既而言者繼請復二十四司之制。神宗即位，始命館閣校唐六典，以摹本賜羣臣，而置局詳定之。於是凡省、臺、寺、監領空名者，一切易之以階。元豐三年〔三四〕，詳定所上寄祿格，會明堂禮成，即用新制，遷近臣秩。初，新階尚少，而轉行者得以易。及元祐初，朝議大夫六階以上始分左、右，紹聖中，罷之。崇寧初，自承直至將仕郎，凡換選人七階，又增宣奉至奉直大夫四階。政和末，自從政至迪功郎，又改選人三階，文階始備；而武階亦易正使爲大夫，副使爲郎。其橫班十二階使、副亦然。繼又增置宣正、履正大夫、郎，凡十階，通爲橫班。其後，復更開封守臣爲尹牧，而內侍省悉倣機廷之號，六尚局之修，三衞郎之建，及左輔、右弼、太宰、少宰之稱，員既濫冗，名益紊雜，由是官有視秩，元豐之制，至此大壞。及宣和末，王黼復請修官制格目，而邊事起，訖不果成。

初，太平興國八年五月，太宗作戒諭百官辭二通，以付閤門。一戒京朝官受任於外者，一戒幕職、州縣官，朝辭對別日，令舍人宣示之，各繕寫歸所治，奉以爲訓焉。大中祥符元年，眞宗以祥符降錫，述大中淸淨爲治之道，申誡百官，又作誡諭辭二道，易舊辭，賜出使京朝官及幕職、州縣官。其後，又作文、武七條。文，賜京朝官任轉運使、提點刑獄、知州府軍監、通判、知縣者：一曰淸心，謂平心待物，不爲喜怒愛憎之所遷，則庶事自正。二曰奉公，謂公直潔己，則民自畏服。三曰修德，謂以德化人，不必專尙威猛。四曰責實，勿競虛譽。五曰明察，謂勤察民情，勿使賦役不均，刑罰不中。六曰勸課，謂勸諭下民，勤於孝悌之行，農桑之務。七曰革弊，謂求民疾苦而釐革之。武條，賜牧伯洎諸司使而下任部署、鈐轄、知州軍縣、都監、監押、駐泊巡檢者：一曰修身，謂修飭其身，使士卒有所法則。二曰守職，謂不越其職，侵撓州縣民政。三曰公平，謂均撫士卒，無有偏黨。四曰訓習，謂訓教士卒，勤習武藝。五曰簡閱，謂察視士卒，識其勤惰勇怯。六曰存恤，謂安撫士卒，甘苦皆同，當使齊心，無令失所。七曰威嚴，謂制馭士卒，無使越禁。仍許所在刊石或書廳壁，奉以爲法。又以禮記儒行篇賜親民釐務文臣，其幕職、州縣官使臣賜敕戒礪。令崇文院刻板模印，送閤門，辭日分給之。

淳化元年，國子祭酒孔維上言：「中外文、武官稱呼假借，踰越班制，伏請一切禁斷。」太宗命翰林學士宋白等議之。白等請：「自今文武臺省官及卿、監、郎中、員外並呼本官，太常博士、大理評事並不得呼『郎中』，諸司使、諸衞將軍未領刺史者、及諸司副使不得呼『太保』，供奉官以下不得呼『司徒』，校書郎以下令、錄事不得呼『員外郎』，判、司、簿、尉不得呼『侍御』，待詔、醫官不得呼『奉御』，其文武職事州縣官，如有檢校、兼、試、同正官者，稱之。」

太宗時，郊祀行慶，羣官率多進改。眞宗初，右司諫孫何上言曰：「伏見國家撫有多方，並建衆職。外則郡將、通守，朝士代行；關征、榷酤，使者兼掌；下至幕府職掾之微，或自朝廷選補而授。用人既廣，推擇難精。貢部上名，動踰千計；門資入仕，亦及百人。稍著職勞，卽升京秩；將命而出，冗長尤多。每躬祀圓丘，誕敷霈澤，無賢不肖，並許敍遷。至使評事、寺丞，纔數載而通閨籍；贊善、洗馬，不十年而登臺郎。竊計今之班簿，臺、省、宮、寺凡八百員，玉石混淆，名品猥濫。異夫虞書考績、周官計治之法也。有唐舊制，郊禋慶宥，但進階、勳而已，今若十年之內，肆赦相仍，必恐京僚過於胥徒，朝臣多於州縣，豈惟連車平斗之刺，亦有敗財假器之失。況祿廪所賦，皆自地征所來，須從民力，何必空竭公藏，附益私人。已授者朘削既難，未遷者防閑宜峻，古人所謂『損無用之費，罷不急之官』，正在此也。伏願特降詔書，自今郊祀，羣官一例不得遷陟，必若績用有聞、才名夙著，自可待之不次，豈俟歷階而升。至於省併吏員，上繫與奪。」時左司諫耿望亦以爲然，故咸平二年親郊，止加階、勳，命有司考其殿最而黜陟之。然三年差遣受代，率皆考課引對，多獲進改，罕有退黜，而官籍浸增矣。

紹興以後合班之制

諸太師、太傅、太保　左丞相、右丞相　少師、少傅、少保　王　樞密使　開府儀同三司　知樞密院事　參知政事　同知樞密院事　樞密副使　簽書樞密院事　太子太師、太傅、太保　特進　觀文殿大學士　太尉　太子少師、少傅、少保　冀、兗、青、徐、揚、荆、豫、梁、雍州牧　御史大夫　觀文殿學士　資政、保和殿大學士　吏部、戶部、禮部、兵部、刑部、工部尚書　金紫、銀青光祿大夫　光祿大夫　左、右金吾衞上將軍　左、右衞上將軍　殿前都指揮使　節度使　翰林學士承旨　翰林學士　資政、保和、端明殿學士　龍圖、天章、寶文、顯謨、徽猷、敷文閣學士　左、右散騎常侍　權六曹尚書　御史中丞　開封

尹　尙書列曹侍郎　樞密直學士　龍圖、天章、寶文、顯謨、徽猷、敷文閣直學士　宣奉、正奉、正議、通奉大夫　左、右驍衞、武衞〔三五〕、屯衞、領軍衞、監門衞、千牛衞上將軍　太子賓客、詹事　給事中　承宣使　中書舍人　通議大夫　殿前副都指揮使　左、右諫議大夫

保和殿待制　龍圖、天章、寶文、顯謨、徽猷、敷文閣待制　權六曹侍郎　太中大夫　觀察使　太常卿　宗正卿　祕書監　馬軍都指揮使　步軍都指揮使　馬、步副都指揮使　中大夫　光祿、衞尉、太僕、大理、鴻臚、司農、太府卿　中奉、中散大夫　內客省使　通侍大夫　樞密都承旨　國子祭酒　太常少卿　宗正少卿　祕書少監　正侍、宣正、履正、協忠大夫　中侍、中亮大夫　太子左、右庶子　中衞、翊衞、親衞大夫　知閤門事　殿前都虞候　馬軍都虞候　步軍都虞候　防禦使　捧日、天武四廂都指揮使　龍、神衞四廂都指揮使　團練使　諸州刺史　左、右金吾以下諸衞大將軍　駙馬都尉

集英殿修撰　七寺少卿　朝議、奉直大夫　中書門下省檢正諸房公事　尙書左、右司郎中

右文殿修撰　國子司業　少府、將作、軍器監　都水使者　入內內侍省、內侍省都知　宣政使　拱衞大夫　太子少詹事、左右諭德　入內內侍省、內侍省副都知　昭宣使　左武大夫　同知閤門事　右武大夫　入內內侍省押班　樞密承旨〔三六〕　樞密副都承旨　起居郎　起居舍人　侍御史　帶御器械　尙書左、右司員外郎　樞密院檢詳諸房文字　祕閣修撰

開封少尹

太子侍讀、侍講　尙書吏部、司封、司勳、考功、戶部、度支、金部、倉部、禮部、祠部、主客、膳部、兵部、職方、駕部、庫部、刑部、都官、比部、司門、工部、屯田、虞部、水部郎中　開封府判官、推官　直龍圖閣　朝請、朝散、朝奉大夫　直天章閣　殿中侍御史　左、右司諫　左、右正言　符寶郎　內符寶郎　樞密副承旨　武功、武德、和安、春官、成和、夏官、成安、中官、成全、秋官、武顯、武節、平和、冬官、武略、保安、武經、武義、武翼大夫〔三七〕　尙書諸司員外郎　直寶文閣　開封府司錄參軍事　樞密院諸房副承旨　朝請、朝散、朝奉郎　直顯謨閣　少府、將作、軍器少監　諸衞將軍　正侍、宣正、履正、協忠、中侍、中亮、中衞、翊衞、親衞、拱衞、左武、右武郎　監察御史　直徽猷、敷文閣　承議郎　中郎將　翰林良醫　武功、武德、和安、成和、成安、成全、武顯、武節、平和、武略、保安、武經、武義、武翼郎　太子中舍人　太子舍人　親王府翊善、贊讀、直講　太常丞　判太醫局　宗正、大宗正　祕書丞　直祕閣　左右郎將　奉議郎　大理正　著作郎　閤門舍人　宣贊舍人　翰林醫官　翰林醫效　翰林醫痊　兩赤縣令　太子左右衞、司禦、淸道、監門、內率府率　七寺丞　祕書郎　太常博士　樞密院計議、編修官　敕令所删定官　陵臺令　著作佐郎　國子監丞　諸王宮大小學教授　國子博士　大理司直、評事　訓武、通直、修武郎　內常侍　少府、將作、軍器、都水監丞　監尙書六部門　開封府功曹倉曹戶曹兵曹法曹士曹參軍事、左右軍巡使、判官　主管太醫局　祕書省校書郎〔三八〕、正字　親王府記室　太史局五官正　御史臺檢法官、主簿　九寺主簿　閤門祗候　樞密院逐房副承旨　從義、秉義郎　太子諸率府副率　幹辦左、右廂公事　忠訓、忠翊、宣教郎　太學、武學、律學博士　太常寺奉禮郎、太祝、郊社令、籍田令　光祿寺太官令　五監主簿　宣義、成忠、保義、承事、承奉、承務郎　國子、太學正　武學諭　國子、太學錄　律學正　太醫局丞　京府判官　京府司錄參軍　承直郎　京畿縣令　兩赤縣丞　三京赤縣令　承節、承信郎　節度、觀察判官　節度掌書記　觀察支使　防禦、團練判官　京府、節度、觀察推官　軍事判官　防禦、團練、軍事推官　軍、監判官　節鎮錄事參軍　京府諸曹參軍事　軍巡判官　儒林、文林、從事郎　京畿縣丞〔三九〕　三京赤縣丞　上、中、下州錄事參軍事　三京畿縣丞　兩赤縣主簿、尉　諸州上中下縣令、丞　從政郎　諸府司理、諸曹參軍事　節鎮、上中下州司理、司戶、司法參軍　修職郎　京畿縣主簿、尉　三京赤縣、畿縣主簿、尉　諸州上中下縣簿、尉　城砦主簿　馬監主簿　迪功郎　諸州司士、文學、助教

——爲官職雜壓之序。

官品　紹興、乾道、慶元，先後修定，間有官、勳已從罷省，而令仍不廢，今具載焉。

諸太師，太傅，太保，左、右丞相，少師，少傅，少保，王，爲正一品。

諸樞密使，開府儀同三司，特進，太子太師、太傅、太保，嗣王，郡王，國公，爲從一品。

諸金紫光祿大夫，知樞密院事，參知政事，同知樞密院事，太尉，開國郡公，上柱國，爲正二品。

諸銀青光祿大夫，簽書樞密院事，觀文殿大學士，太子少師、少傅、少保，御史大夫，吏部、戶部、禮部、兵部、刑部、工部尚書，左右金吾衞、左右衞上將軍，冀、兗、青、徐、揚、荆、豫、梁、雍州牧，殿前都指揮使，節度使，開國縣公，柱國，爲從二品。

諸宣奉、正奉大夫，觀文殿學士，資政、保和殿大學士〔三〇〕，翰林學士承旨，翰林學士，資政、保和、端明殿學士，龍圖、天章、寶文、顯謨、徽猷、敷文閣學士，樞密直學士，左、右散騎常侍，權六曹尚書，上護軍，爲正三品。

諸正議、通奉大夫，龍圖、天章、寶文、顯謨、徽猷、敷文閣直學士，御史中丞，開封尹，尚書列曹侍郎，諸衞上將軍，太子賓客、詹事，開國侯，護軍，爲從三品。

諸通議大夫，給事中，中書舍人，太常卿，宗正卿，祕書監，諸衞大將軍，殿前副都指揮使，承宣使，開國伯，上輕車都尉，爲正四品。

諸太中大夫，保和殿、龍圖、天章、寶文、顯謨、徽猷、敷文閣待制，左、右諫議大夫，權六曹侍郎，七寺卿，國子祭酒，少府、將作監，諸衞將軍，輕車都尉，爲從四品。

諸中大夫，馬、步軍都指揮使，副都指揮使，觀察使，通侍、正侍、宣正、履正、協忠、中侍大夫，開國子，上騎都尉，爲正五品。

諸中奉、中散大夫，太常、宗正少卿，祕書少監，內客省使，延福宮使，景福殿使，太子左、右庶子，樞密都承旨，中亮、中衞、翊衞、親衞大夫，殿前馬、步軍都虞候，防禦使，捧日、天武、龍神衞四廂都指揮使，團練使，諸州刺史，駙馬都尉，開國男，騎都尉，爲從五品。

諸朝議、奉直大夫，集英殿修撰，七寺少卿，中書門下省檢正諸房公事，尙書左、右司郎中，國子司業，軍器監，都水使者，太子少詹事、左右諭德，入內內侍省、內侍省都知副都知，宣慶、宣政〔三〕、昭宣使，拱衞、左武、右武大夫，入內內侍省、內侍省押班，樞密承旨、副承旨，驍騎尉，爲正六品。

諸朝請、朝散、朝奉大夫，起居郎，起居舍人，侍御史，尙書省左、右司員外郎，樞密院檢詳諸房文字，右文殿、祕閣修撰，開封少尹，尙書諸司郎中，開封府判官、推官，少府、將作、軍器少監，和安、成和、成安大夫，陵臺令，飛騎尉，爲從六品。

諸朝請、朝散、朝奉郎，殿中侍御史，左、右司諫，尙書諸司員外郎，侍講，直龍圖、天章、寶文閣，開封府司錄參軍事，樞密副承旨，樞密院諸房副承旨，武功至武翼大夫，成全、平和、保安大夫，翰林良醫，太子侍讀、侍講，兩赤縣令，雲騎尉，爲正七品。

諸承議郎，左、右正言，符寶郎，監察御史，直顯謨、徽猷、敷文閣，太常、宗正、祕書丞，大理正，著作郎，崇政殿說書，內符寶郎，正侍至右武郎，武功至武翼郎，和安至保安郎，翰林醫官，閤門宣贊舍人，太子中舍人、舍人、諸率府率，親王府翊善、贊讀、直講，判太醫局令〔三〕，翰林醫効、醫痊，武騎尉，爲從七品。

諸奉議、通直郎，七寺丞，祕書郎，太常博士，樞密院計議官、編修官，敕令所删定官，直祕閣，著作佐郎，國子監丞，諸王宮大小學教授，國子博士，大理司直、評事，訓武、修武郎，內常侍，開封府諸曹參軍事、軍巡使、判官，京府判官，京畿縣令，兩赤縣丞，三京赤縣、畿縣令，太史局五官正，中書、門下省錄事，尙書省都事，爲正八品。

諸宣教、宣議郎，御史臺檢法官、主簿，少府、將作、軍器、都水監丞，寺、監主簿，祕書省校書郎、正字，太常寺奉禮郎、太祝，太學、武學、律學博士，主管太醫局，閤門祗候，樞密院逐房副承旨，東、西頭供奉官，從義、秉義郎，太子諸率府副率，親王府記室，節度、觀察、防禦、團練、軍事、監判官，節度掌書記，觀察支使，京府、節度、觀察、防禦、團練、軍事推官，諸州簽判，節鎭、上中下州錄事參軍，京府諸曹參軍事、軍巡判官，承直、儒林、文林、從事、從政、修職郎，京畿縣丞，三京赤縣、畿縣丞，諸州上中下縣令、丞，兩赤縣主簿、尉，諸府諸曹，節鎮、上州諸司參軍事，節度副使、行軍司馬，防禦、團練副使，太史局丞、直長、靈臺郎、保章正，翰林醫愈、醫證、醫診、醫候，三省樞密院主事、守闕主事、令史、書令史，爲從八品。

諸承事、承奉郎，理親民資序者，從八品，承務郎準此。殿頭高品，郊社、籍田、太官令，國子太學正、錄，武學諭，律學正，太醫局丞，忠訓、忠翊、成忠、保義郎，挈壺正，京畿縣主簿、尉，三京赤縣主簿、尉，諸州別駕、長史、司馬，樞密院守闕書令史，爲正九品。

諸承務郎，高班，黃門內品，承節、承信、迪功郎，中、下州諸司參軍，諸州上中下縣主簿、尉，城砦、馬監主簿，諸州司士、文學、助教，翰林醫學，爲從九品。

校勘記

〔一〕保大　原作「保泰」，按宋無保泰軍。本書卷八七地理志載：鄜州，保大軍節度，職官分紀卷四〇同。志文因「泰」、「大」義通而誤，據改。

〔二〕康國　按本書地理志、職官分紀卷四〇諸路節鎮無康國軍，而本表排列「康國」在兩浙路諸鎮之後，此鎮似應是明州奉國軍節度，州見本書卷八八地理志。該軍建立於宋初，本表不應失載，疑「康」是「奉」字之誤。

〔三〕寧海　按上文已有「寧海」，此處二字重出，疑有誤。

〔四〕密州靜海　按本書卷四八八交阯傳，開寶八年，以權交州節度使丁璉以檢校太師充靜海軍節度使、安南都護；職官分紀卷四〇化外承襲節鎮條，有「靜海軍安南都護」。疑此卽「靜海軍節度」，「密州」爲「交州」之誤。

〔五〕應州彰國　「彰」原作「彭」，據本書卷九〇地理志、職官分紀卷四〇改。

〔六〕威城　按宋代無此節度軍額，據本表排列順序，此當爲一「化外節鎮」，職官分紀卷四〇所載「化外」節度使以「威」字爲名的，有「威塞軍新州」，九域志卷一〇同；今本表別無威塞軍，疑此或卽「威塞」之誤。

〔七〕昌化　按宋代無此節度軍額，據本表排列順序，此當爲一「化外節鎮」，職官分紀卷四〇所載「化外」節度使以「化」字爲名的，有「昭化軍愼州」，宋會要方域五之八也稱「化外州」愼州爲昭化軍節度；疑「昌化」或卽「昭化」之誤。

〔八〕景福殿使　「福」原作「德」，據下文「官品」條、宋會要儀制三之一七改。

〔九〕龍　按本書卷八九地理志載，龍州爲軍事州，無升防禦州之記載；職官分紀卷四〇、九域志卷三有隴州，爲防禦州，今本表別無隴州，疑此或爲「隴」字之誤。

〔一〇〕陸　按通考卷三二三輿地考「陸州」條下說：「宋無此州。」本書卷九〇地理志廣南西路也未載，疑此有誤。

〔一一〕舒　按本書卷八八地理志，舒州本團練州，建隆元年升防禦。今上文已將舒州列入「防禦使」條，此處不應列爲諸州刺史，疑有誤。

〔一二〕象　按本書卷九〇地理志，象州於景德四年升防禦，今本表上文已將象州列入「防禦使」條，此處卽不當重見。志文當有誤。

〔一三〕保和學士　據上下文義、本條正文和宋會要職官七之一〇保和殿學士條，疑「保和」下脫「殿大學士」四字。

〔一四〕太官　原作「太常」，據新唐書卷四八百官志、通典卷二六職官改。

〔一五〕監膳　唐代將作監無此官，新唐書卷四八百官志左右校署、甄官署丞下有監作，中校署有監事；舊唐書卷四四職官志同。「膳」字疑爲「作」字之誤。

〔一六〕左右丞　「丞」字原脫，據宋會要儀制三之一補。上文建隆以後合班之制「諸行侍郎」前亦作「左右丞」。

〔一七〕升侍知制誥　據長編卷七一、宋會要職官七之一四，此處「升侍」疑爲「升覗」之誤。

〔一八〕興州團練使　「興」下原衍「利」字，據宋會要儀制三之一〇、長編卷八六刪。

〔一九〕刑部有詳覆諸州已決大辟案牘及勾禁奏狀　「有」字原脫，「勾」原作「旬」，據上文文義和長編卷三九補改。

〔一〇〕羣官　原作「郡官」，據文義和楊億武夷新集卷一六次對奏狀改。

〔一一〕勳散俱至五品者許封贈　「贈」字原脫，據同上書同卷同篇補。

〔一二〕嫡子嫡孫一人襲封　「嫡子」二字原脫，「嫡孫」上原衍「蔭」字，據同上書同卷同篇删補。

〔一三〕尤非經據　「經據」原作「輕遽」，據同上書同卷同篇改。

〔一四〕元豐三年　「三」原作「九」。按本書卷一六一職官志序，元豐三年「九月，詳定所上寄祿格」。長編卷三〇八所載同，據改。

〔一五〕武衛　原脫，據上文建隆、元豐以後合班之制及合璧事類後集卷六一補。

〔一六〕樞密承旨　「密」下原衍「都」字，按上文已有樞密都承旨，此處不當重出；上文建隆以後合班之制「樞密副都承旨」上有「樞密承旨」，和合璧事類後集卷六一所載南宋官職雜壓之制相合，據删。

〔一七〕武經武義武翼大夫　「武經」原置「武義」下，據本書卷一六九職官志、通考卷六四職官考武階次序移正。

〔一八〕祕書省校書郎　「省」字原脫，據上文建隆、元豐以後合班之制及合璧事類後集卷六一補。

〔一九〕京畿縣丞　此上原衍「三」字，和下文「三京畿縣丞」重複；合璧事類後集卷六一官職雜壓條此處作「京畿縣丞」，而其上又衍「三京赤縣令」五字，和上文重出。按合璧事類同卷官品條，此處亦作「京畿縣丞」。蓋以官品言之，三京赤縣令爲正八品，故與京畿縣令、兩赤縣丞同列；京畿縣丞爲從八品，故與三京赤縣、畿縣丞同列。因刪「三」字。

〔三〇〕資政保和殿大學士　此上原衍「翰林」二字。按宋無翰林大學士官稱，而下文又另有翰林學士，據上文建隆、元豐以後合班之制及合璧事類後集卷六一刪。

〔三一〕宣政　原作「宣正」，按本書卷一六六職官志「入內內侍省」條、卷一六九同志「內臣遷轉」條都作「宣政使」，據改。

〔三二〕判太醫局令　按合璧事類後集卷六一官品條作「判太醫局、太史局令」，疑此有脫文。

宋史卷一百六十九

志第一百二十二

職官九 敍遷之制

羣臣敍遷　流內銓　流外出官　文散官　武散官　爵　勳

功臣　檢校官　兼官　試秩　紹興以後階官

文臣京官至三師敍遷之制

諸寺、監主簿，祕書省校書郎，祕書省正字有出身轉大理評事，無出身轉太常寺奉禮郎。內帶館職同有出身，后族、兩府之家轉太祝。

太常寺太祝，奉禮郎有出身轉諸寺、監丞，無出身轉大理評事。內帶館職同有出身。

大理評事有出身轉大理寺丞，第一人及第轉著作佐郎；無出身轉諸寺、監丞。內帶館職同有出身。后族、兩府之家，審刑院詳議，刑部詳覆、詳斷、檢法、法直官，轉光祿寺丞。

諸寺、監丞有出身轉著作佐郎，無出身轉大理寺丞。內帶館職同有出身。

大理寺丞有出身轉殿中丞，無出身轉太子中舍。內帶館職同有出身，或轉太子中允。后族、兩府之家，審刑院詳議，刑部詳覆、詳斷，中書堂後官，轉太子右贊善大夫。

著作佐郎有出身轉祕書丞，內第一人及第太常丞；無出身轉太子左贊善大夫。內帶館職同有出身。特旨轉祕書郎、著作郎、宗正丞。

太子左右贊善大夫、中舍、洗馬轉殿中丞。內帶館職轉太常丞。

太子中允轉太常丞，特旨轉祕書郎、著作郎、宗正丞。

太常、宗正、祕書丞，著作郎，祕書郎轉太常博士，特旨轉左、右正言，監察御史。宗正丞，無出身轉國子博士。

殿中丞有出身轉太常博士，無出身轉國子監博士。內帶館職同有出身。

太常、國子博士轉後行員外郎，特旨轉左、右司諫，殿中侍御史。

左、右正言轉左、右司諫，帶待制已上職轉起居舍人。

監察御史轉殿中侍御史。

後行員外郎轉中行員外郎，特旨轉起居舍人、侍御史。

左、右司諫轉起居郎、起居舍人，帶待制已上職轉吏部員外郎。
殿中侍御史轉侍御史。
中行員外郎轉前行員外郎。
起居郎，起居舍人轉兵部員外郎，帶待制已上職轉禮部郎中。
侍御史轉司封員外郎。
前行員外郎轉後行郎中。
後行郎中轉中行郎中。
中行郎中轉前行郎中。
右常調轉員外郎者，轉右曹。內有出身自屯田，無出身自虞部，贓罪敍復人自水部轉。水部　司門　庫部　虞部　比部　駕部　屯田　都官　職方
任發運、轉運使副，三司、開封府判官，侍讀，侍講，天章閣侍講，崇政殿說書，開封府推官、府界提點，三司子司主判官，大理少卿，提點刑獄，提點鑄錢監，諸王府翊善、侍講、記室，中書提點五房公事堂後官，轉左曹。內有出身自祠部，無出身自主客，堂後官自膳部轉。膳部　倉部　考功　主客　金部　司勳　祠部　度支　司封
任發運、轉運使副，三司、開封府判官，左曹轉左名曹。內無出身只轉祠部、度支、司封，有出身

合轉右名曹，準此。任三司副使，知雜，修撰，修起居注，直舍人院，轉左名曹。工部　刑部　兵部

帶待制已上職，左右曹、右名曹轉左名曹，仍隔一資超轉。中行郎中轉左、右司郎中。

戶部轉左司，刑部、度支、金部、倉部、都官、比部、司門轉右司。禮部　戶部　吏部

前行郎中有出身轉太常少卿，無出身轉司農少卿。內見任左曹衞尉少卿，帶待制已上職轉右諫議大夫。

左、右司郎中帶待制已上職轉諫議大夫。左司轉左諫議，右司轉右諫議。帶翰林學士者，轉中書舍人。

衞尉、司農少卿轉光祿少卿，帶館職轉光祿卿。

光祿少卿轉司農卿，帶館職轉光祿卿。

太常少卿轉光祿卿，任三司副使、修撰，取旨。

司農卿轉少府監，帶館職轉光祿卿。

少府監轉衞尉卿，帶館職轉光祿卿。

衞尉轉光祿卿。

光祿卿轉祕書監。

祕書監轉太子賓客。

中書舍人轉禮部侍郎。

諫議大夫轉給事中。

給事中轉工部侍郎，帶翰林學士已上職轉禮部侍郎。

太子賓客轉工部侍郎。

工部侍郎轉刑部侍郎，兩府轉戶部侍郎，宰相轉兵部侍郎。

禮部侍郎轉戶部侍郎，宰相轉吏部侍郎。

刑部侍郎轉兵部侍郎，兩府轉吏部侍郎，宰相轉禮部尚書。

戶部侍郎轉吏部侍郎，宰相轉禮部尚書。

兵部侍郎轉右丞，兩府轉左丞，宰相轉禮部尚書。

吏部侍郎轉左丞，宰相轉禮部尚書。

左、右丞轉工部尚書，兩府轉禮部尚書。

工部尚書轉禮部尚書，兩府轉刑部尚書。

禮部尚書轉刑部尚書，兩府轉戶部尚書。

刑部尚書轉戶部尚書，兩府轉兵部尚書。

戶部尚書轉兵部尚書，兩府轉吏部尚書。

兵部尚書轉吏部尚書，兩府轉太子少保，宰相轉右僕射。

吏部尚書轉太子少保，宰相轉左僕射。

太子少保轉太子少傅。

右僕射轉左僕射。

太子少傅轉太子少師。

左僕射轉司空。

司空轉司徒。

太子少師轉太子太保。

司徒轉太保。

太子太保轉太子太傅。

太子太傅轉太子太師。

太子太師轉太保。

太保轉太傅。

太傅轉太尉。

太尉轉太師。

太師太師、太傅、太保謂之三師，太尉、司徒、司空謂之三公。凡除授，則自司徒遷太保，自太傅遷太尉，檢校亦如之。

治平二年，翰林學士賈黯奏：「近者皇子封拜，並除檢校太傅。臣按官儀，自後魏以來，以太師、太傅、太保爲三師，太尉、司徒、司空爲三公，國朝因之。六典曰：『三師，訓導之官也〔一〕。』蓋天子之所師法。今皇太子以師傅名官，於義弗安，莫甚於此。蓋前世因循，失於釐正。臣愚以謂自今皇子及宗室卑者除官，並不可帶師傅之名，隨其敍遷改授三公之官。」詔：「候將來，因加改正。」自此，皇子及宗室卑行，遂不除三師官。

宋初，臺、省、寺、監官猶多涖本司，亦各有員額資考之制，各以曹署閑劇著爲月限，考滿則遷，慶恩止轉階、勳、爵、邑。建隆二年，始以右監門衞將軍魏仁滌爲右神武將軍，水部員外郎朱洞爲都官員外郎，監察御史李鑄爲殿中侍御史，以仁滌等掌麴蘗、領關征外有羨也。自是，廢歲滿敍遷之典。是後，多掌事于外，諸司互以他官領之，雖有正官，非別受詔亦不領本司之務。又官有其名而不除者甚衆，皆無定員無月限，不計資品，任官者但常食其奉而已。時議以近職爲貴，中外又以差遣別輕重焉。

武臣三班借職至節度使敍遷之制三班借職以下，亦有磨勘轉官法，緣未受眞命，今不具錄。

三班借職轉三班奉職。

三班奉職轉右班殿直。

右班殿直轉左班殿直。

左班殿直轉右侍禁。

右侍禁轉左侍禁。

左侍禁轉西頭供奉官。

西頭供奉官轉東頭供奉官。

東頭供奉官轉內殿崇班。

內殿崇班轉內殿承制。

內殿承制轉供備庫使，有戰功轉禮賓副使，特旨東西染院、西京作坊副使。有戰功，並謂曾經轉官酬獎。

供備庫使轉西京左藏庫副使，有戰功轉如京副使。

禮賓副使轉崇儀副使，有戰功轉洛苑副使。

西染院副使轉如京副使，有戰功轉內園副使。

東染院副使轉洛苑副使，有戰功轉文思副使。

西染院使轉如京使，有戰功轉內園使。

東染院使轉洛苑使，有戰功轉文思使。

西京作坊使轉內園使，有戰功轉六宅使。

西京左藏庫使轉文思使，有戰功轉莊宅使。

崇儀使轉六宅使，有戰功轉西作坊使。

如京使轉莊宅使，有戰功轉東作坊使。

洛苑使轉西作坊使，有戰功轉左藏庫使。

內園使轉東作坊使，有戰功轉內藏庫使。

文思使轉左藏庫使，有戰功轉右騏驥使。

六宅使轉內藏庫使，有戰功轉左騏驥使。

莊宅使轉右騏驥使，有戰功轉宮苑使。

西作坊使轉左騏驥使，有戰功轉宮苑使。

東作坊使轉宮苑使。

左藏、內藏、左右騏驥、宮苑使並轉皇城使。

皇城使轉遙郡刺史。凡已上使、副，除皇城係東班，餘並西班。其東班翰林以下十九司使、副，雖有見在官及遷轉法，並授伎術官。

遙郡刺史轉遙郡團練使，特旨轉正刺史。

遙郡團練使轉遙郡防禦使，特旨轉正團練使。

刺史轉團練使。

團練使，遙郡防禦使轉防禦使。
防禦使轉觀察使。
觀察使轉節度觀察留後。
節度觀察留後轉節度使。
節度使

武臣自通事舍人轉橫班例

通事舍人轉西上閤門副使。其東上閤門副使，非特恩不遷。
東、西上閤門副使轉引進副使。
引進副使轉客省副使。
客省副使轉西上閤門使。
西上閤門使轉東上閤門使。
東上閤門使轉四方館使。
四方館使轉引進使。
引進使轉客省使。

客省使

右內客省使至閤門使謂之橫班，皇城使以下二十名謂之東班，洛苑使以下二十名謂之西班，初猶有正官充者，其後但以檢校官爲之，或領觀察使、防禦使、團練使、刺史。

景祐元年詔：「副使自今改正使，於本額下五資遷之。」舊無定員，慶曆四年詔：「客省、引進、四方館使各一人，東、西上閤門使共四人，閤門、引進、客省副使共六人，閤門通事舍人八人。」治平二年，樞密院奏：「嘉祐三年詔：『非軍職當罷、橫行歲滿當遷及有戰功殊績，皆不得除正任。當遷，則改州名，或加檢校官、勳、封、食邑。』自降詔以來，正任刺史以上絕升進之望。今欲因知藩要州郡，或路分總管，如再經改州名或加檢校官、勳、封、食邑已及十年者，與遷官，至節度觀察留後止。又客省、引進、四方館舊置使三員，東、西上閤門舊置使四員，今並增爲六員。閤門、引進、客省，舊制副使六員，今並增爲八員。閤門舊通事舍人八員，今增爲十員。凡所增置，須見任官當遷及有闕乃補。其皇城使改官及七年，如曾歷邊任、有本路監司總管五人已上共薦者，欲除遙郡刺史至遙郡防禦使止。」詔：「自今皇城、宮苑副使當磨勘者，各於本班使額自下升五資改諸司使。其自左藏庫副使已上因酬獎及非次改官者，聽如舊。餘皆從樞密院之請。」初，英宗謂執政曰：「諸司副使改轉使，當從供備庫使始，今對行升五資，太優。」於是合議條奏而爲此例。

宗室自率府副率至侍中敍遷之制

太子右內率府副率轉太子右監門率府率。
太子右監門率府率轉右千牛衞將軍。
右千牛衞將軍轉右監門衞大將軍。
右監門衞大將軍轉遙郡刺史。
遙郡刺史轉遙郡團練使。繼諸王後、見封國公及特旨，即轉正刺史。
遙郡團練使轉遙郡防禦使。繼諸王後、見封國公及特旨，即轉正團練使。
刺史轉團練使。
團練使轉防禦使。
防禦使轉觀察使。
觀察使轉節度觀察留後。
節度觀察留後轉節度使，特旨轉左、右衞上將軍。
左、右衞上將軍節度使轉節度使同中書門下平章事。
節度使同中書門下平章事轉節度使兼侍中。
節度使兼侍中

內臣自皇城使特恩遷轉例合該磨勘，並臨時用例，取旨改轉。

皇城使轉昭宣使。國朝亦有外官爲昭宣使者。

昭宣使轉宣政使。

宣政使轉宣慶使。

宣慶使轉景福殿使。

景福殿使轉延福宮使。

延福宮使凡不轉昭宣已上五使者，並轉遙郡。

入內內侍省內臣敍遷之制

祗候班雖有轉官法，近年無遷轉之人，惟敍官者一級當一官，內侍省同。

北班內品轉後苑散內品。

後苑散內品轉後苑勾當事內品。

後苑勾當事內品轉後苑內品。

後苑內品轉把門內品。

把門內品轉入內內品。

入內內品轉貼祗候內品。
貼祗候內品轉祗候小內品。
祗候小內品轉祗候內品。
祗候內品轉祗候高班內品。
祗候高班內品轉祗候高品。
祗候高品轉祗候殿頭。
祗候殿頭
　右係責降及責降人保引。
內侍班轉黃門。
黃門轉高班。
高班轉高品。
高品轉殿頭。
內侍殿頭轉內西頭供奉官。
內西頭供奉官轉內東頭供奉官。
內東頭供奉官東頭供奉官已上轉官，依外官。

內侍省內臣敍遷之制

祗候班

後苑散內品轉散內品。

散內品轉北班內品。

北班內品轉後苑勾當事內品。

後苑勾當事內品轉後苑內品。

把門內品、後苑內品轉內品。

內品轉貼祗候內品。

貼祗候內品轉祗候內品。

祗候內品轉祗候高班內品。

祗候高班內品轉祗候高品。

祗候高品

右係責降及責降人保引亦有非責降由奏薦而除者。入內內侍省同。

內侍班

黃門轉高班。

高班轉高品。

高品轉殿頭。

殿頭轉內西頭供奉官。

內西頭供奉官轉內東頭供奉官。

內東頭供奉官東頭供奉官已上轉官，依外官例。

右宋初以來，內侍未嘗磨勘轉官，唯有功乃遷。至景祐中，詔：「內臣入仕三十年，累有勤勞，經十年未嘗遷者，奏聽旨。」猶無磨勘定格也。慶曆以後，其制漸隳。黃門有勞至減十五年，而入仕纔五七年有勞至高品已上者，兩省因著十年磨勘之例，而減年復在其中。嘉祐六年，樞密院始議釐革。乃詔：「內臣入仕並三十年磨勘，已磨勘者，其以勞得減年者毋得過五年。」

選人選京官之制

有出身：

判、司、簿、尉，七考除大理寺丞。不及七考，光祿寺丞。不及五考，大理評事。不及三考，奉禮郎。

初等職官，知令、錄，六考除大理寺丞。不及六考，光祿寺丞。不及三考，大理評事。

兩使職官，知令、錄，六考除著作佐郎。不及六考，大理寺丞。不及三考，光祿寺丞。

支、掌、防、團判官，六考除太子中允。不及六考，著作佐郎。

節、察判官，六考除太常丞。不及六考，太子中允。

無出身：

判、司、簿、尉，七考除衞尉寺丞。不及七考，大理評事。不及五考，奉禮郎。不及三考，守將作監主簿。

初等職官，知令、錄，六考除衞尉寺丞。不及六考，大理評事。不及三考，奉禮郎。

兩使職官，知令、錄，六考除大理寺丞。不及六考，衞尉寺丞。不及三考，大理評事。

支、掌、防、團判官，六考除著作佐郎。不及六考，大理寺丞。

節、察判官，六考除太子中允。不及六考，著作佐郎。

吏部流內銓諸色入流及循資磨勘選格入流

有出身：

進士、明經入望州判、司，次畿簿、尉。

九經入緊州判、司，望縣簿、尉。

諸科、五經、三禮、三史、三傳，今雖無此科，緣見有逐色人。明法入上州判、司，緊縣簿、尉。

學究、武舉得班行人換授，入中州判、司，上縣簿、尉。

無出身：

太廟齋郎舊室長同。入中下州判、司，中縣簿、尉。

郊社齋郎、舊掌坐〔二〕同。試銜白衣送銓注官，司士、文學、參軍、長史、司馬、助教得正官，并班行試換文資，入下州判、司〔三〕，中下縣簿、尉。

三色人：

攝官入小縣簿、尉。

進納授試銜，入下州判、司，中下縣簿、尉；授太廟齋郎，入中州判、司，中縣簿、尉。

流外入下縣簿、尉。

已上並許超折地望注授。

循資

常調：

判、司、簿、尉有出身兩任四考，無出身兩任五考，攝官出判、司三任七考，並入錄事參軍。但有舉主四人或有合使舉主二人，並許通注縣令。流外出身四任十考，入錄事參軍。內係驅使官、沿堂五院人，只注大郡判、司，大縣簿、尉。進納出身三任七考，曾省試下第二任五考，入下州令、錄，仍差監當。

酬獎：

判、司、簿、尉初任循一資入知令、錄，次任二考已上入正令、錄。

知令、錄循一資入初等職官，正令錄入兩使職官。

初等職官循一資入兩使職官，兩資入支、掌、防、團判官，三資入節、察判官。

恩例：

判、司、簿、尉用祖父五路及廣、桂知州帶安撫，并知成都府、梓州及川、廣轉運提刑等恩例陳乞，循入試銜知縣，仍差監當。

奏薦：

判、司、簿、尉。

舉職官，有出身四考、有舉主三人，移初等職官，仍差知縣。有出身四考、無出身六考注初等職官。有出身六考、無出身七考注兩使職官。

舉縣令，有出身三考、無出身四考，攝官出身六考、有舉主三人，進納出身六考、有舉主四人，流外出身三任七考、有舉主六人，並移縣令。內流外人入錄事參軍。

令、錄係舉人入，任內有京官舉主二人，循兩使職官〔四〕、知縣。

初等職官、知縣係舉人入，任內有京官職舉主二人，循兩使職官，如願知縣者聽。

磨勘：

判、司、簿、尉七考，知令、錄、職官六考，有京官舉主五人，內一員轉運使、副或提刑，並磨勘引見，轉合入京朝官。

兩使職官、知縣係舉人入，併因舉循入，任內有京官舉主二人，磨勘引見，轉合入京官。

令、錄流外出身，係舉人入，任內有班行舉主三人，磨勘引見，改換班行。

差攝：

長史、文學　兩舉進士　三舉諸科　特恩與攝官

已上，廣南東路長史、文學與舉人，中半差攝；西路長史、文學七分，舉人二分，特恩攝官一分。

試補：

正額及額外攝官並試公案，以合格名次高下差攝。內試不中及不能就試者，並在試中人之下。

解發。

入額人一任實滿四年與解發。如差監當、監稅，卽以二年爲一任，理兩攝，並解發赴銓。海北攝官差往海南，減一年。犯公罪展攝二年，監當虧少課利罰半月奉者，添攝一任，罰一月奉者添攝兩任。

流外出官法

尙書省書令史、都省二十四司、禮部貢院、吏部流內銓、官誥院七選，都省敕庫、兵部甲庫八選，諸司驅使官、都省散官十九選，貢院散官十八選：並補正名後理，或酬獎，減一等出簿、尉。

門下省白院令史七選，畫頭、書院、甲庫令史贊者八選，並補正名後理；驅使官九選，授勒留官後理：並出簿、尉。

中書省白院令史七選，甲庫令史八選，並補正名後理；驅使官九選，授勒留後理：並出簿、尉。

學士院錄事補正名後理，三年出奉職。孔目官遇大禮，從上出一名，不遇大禮七選；驅使官遇大禮，從上三人並出簿、尉，不遇恩十選：並授勒留官後理。

御史臺令史七選補正名，驅使官九選授勒留官，並出簿、尉。引贊官補正名後，遇大禮出錄事參軍。試中刑法人充主推，五年出奉職。書史五年，出借職。係諸處取到人充主推，八年出借職。書史出三班差使。

三司三部都孔目官三年出西頭供奉官；前、後行入仕三十年已上，遇大禮，從上各出二人，前行出奉職，後行出借職；子司勾覆、開拆官五年出左、右班殿直，前、後行出二人。同三部衙司都押衙三年出奉職，衙佐三年出借職；通引官行首司五年出奉職：並補正名後理。

開封府孔目官補正名後理，五年出右班殿直。左知客押衙六年、通引官左番行首七年出奉職，並補正名後理。支計官、勾覆官、開拆官、接押官出奉職，諸司行首前行出借職，並遇大禮，以入仕及三十年已上者三人出職。

殿前司孔目官五年出右侍禁，通引官行首三年出奉職，並補正名後理。

馬步軍司孔目官五年出右班殿直，通引官行首三年出借職，並補正名後理。

入內、內侍兩省前、後行補正名後理，三年出奉職。

大宗正司勾押官補正名後理，三年出借職。

三班院勾押官補正名後理，五年出奉職。

審官院令史授勒留官後理，七年出簿、尉。

九寺府史，太常、大理寺七選；宗正、光祿、太府、太僕、衞尉、鴻臚、司農寺十選；驅使官十九選；宗正司楷書八選：並補正名後理，出簿、尉。

諸監都水監勾押官補正名後理，三年出奉職。少府、將作監府史十選，國子監八選，司天監禮生、曆生選〔五〕，少府、將作監驅使官十九選：並補正名後理，出簿、尉。

羣牧司都勾押官補正名後理，三年出奉職。

客省行首補正名後理三年，勾押官五年，並出奉職。承受並驅使官授勒留官後理，七選出簿、尉。

四方館書令史補正名後理，八選；表奏官、驅使官授勒留官後理，九選：並出簿、尉。

閤門行首補正名後理，三年出右侍禁。承受授勒留官後理，七選出簿、尉。

太常禮院禮直官自補副禮直官後，六經大禮，出西頭供奉官。禮生補正名後理，六選出簿、尉。

審刑院充本院書令史後理，六選出簿、尉。

祕書殿中省令史、楷書並補正名後理，八選出簿、尉。

起居院楷書八選，驅使官十九選，並補正名後理，出簿、尉。

崇文院孔目官補正名後理，遇大禮，出奉職。

三館孔目官、四庫書直官八選，楷書七選，書直、書庫、表奏官九選，守當官十選，並授勒留官後理；楷書補正名後理：並出簿、尉。

祕閣典書、楷書並補正名後理，七選出簿、尉。

軍頭引見司勾押官補正名後理，五年出右班殿直。

皇城司勾押官補正名後理，三年出奉職。

內東門司押司官補正名後理，三年出借職。

管勾往來國信所勾押官補正名後理，三年出奉職。

翰林司專知官三年界滿，大將，出奉職〔六〕。

內藏庫專知官三年界滿，出借職。

御藥院押司官補正名後理，三年出借職。

御書院待詔五年出左班殿直，書藝十年出右班殿直，御書祗候十五年出借職，並補正名後理。

進奏院進奏官補正名後理，十五年遇大禮，無過犯，從上五人出職。有過犯經洗雪，曾經決責，出借職。人數無定限。

御廚勾押官補正名後理，三年出職。

金吾街司、仗司孔目官，表奏、勾押、驅使官，並補正名後理，十九選出簿、尉。

文臣換右職之制

祕書監換防禦使。

大卿、監換團練使。

祕書少監，太常、光祿少卿換刺史。

少卿、監換皇城使、遙郡刺史。

帶職郎中換閤門使。

前行郎中換宮苑使。
中行郎中換內藏庫使。
後行郎中換莊宅使。
帶職前行員外郎
前行員外郎並換洛苑使。
帶職中行員外郎，起居舍人，侍御史，中行員外郎並換西京作坊使。
帶職後行員外郎，左、右司諫，殿中侍御史，後行員外郎並換供備庫使。已上並帶遙郡刺史。
帶職博士，左、右正言，監察御史換閤門副使。
太常博士換內藏庫副使。
國子博士換左藏庫副使。
太常丞換莊宅副使。
祕書丞換六宅副使。
殿中丞，著作郎換文思副使。
太子中允換禮賓副使。
太子左右贊善大夫、中舍、洗馬換供備庫副使。

祕書郎，著作佐郎換內殿承旨。
大理寺丞換內殿崇班。
諸司監丞，節度、觀察判官換東頭供奉官。
大理評事，節度掌書記，觀察支使換西頭供奉官。
太常寺太祝，奉禮郎換左侍禁。
初等職官，知令、錄幷兩使職官，防禦、團練判官，令、錄未及三考換左班殿直。
初等職官，知令、錄未及三考換右班殿直。
判、司、簿、尉換三班奉職。
試銜齋郎幷判、司、簿、尉未及三考換三班借職。已上京官至太常丞帶職，加一資換。
右文官換右職者，除流外、進納及犯私罪情重幷贓罪外，年四十以下並許試換右職。
三班使臣補換及三年、差使及五年，方許試換。已上並召京朝官或使臣二人委保。其文臣待制、武臣觀察使已上願換官，取旨。
紹興復修試換之令，淳熙增廣倘左、倘右、侍左、侍右換官之格，列而書之，以見新式。若中大夫而下文臣換官，仍政和舊制，則不書。
諸訓武郎至進武校尉，不曾犯贓私罪及笞刑經決而願換文資者，聽召保官二員，具家狀連保狀二本，詣登聞鼓院投進乞試。外任人候替罷就試，文資換武者聽。準此，即授小使臣後未及三年，授進武校尉後未及五年，三省、樞密院書令史以下授使臣、進武校尉；若保甲及試武藝并進納、流外出身，不用此令。諸武臣試換文資，於易、詩、周禮、禮記各專一經，仍兼論、孟；願試詩賦及依法官條試斷案、刑統大義者，聽。

換官：尙右，訓武、修武郎換宣教郎。侍左，承直郎換從義郎。文林、從政郎奏舉職官、知縣同。換忠翊郎，未滿三考成忠郎。從事、修職換成忠郎，未滿三考保義郎。迪功郎換成節郎，未滿三考承信郎。將仕郎換承信郎。侍右，從義郎換宣義郎。秉義郎換承事郎。忠訓郎換承奉郎。忠翊郎換承務郎。成忠郎換從事郎。保義郎換修職郎。承節、承信郎換迪功郎。進武校尉、進義校尉換將仕郎。蔭補換使臣。承奉郎換忠翊郎。承務郎換成忠郎。文林郎換保義郎。從事、從政、迪功、通事郎換成節郎。登仕、將仕郎換承信郎。

文散官二十九

開府儀同三司從一　特進正二　光祿大夫從二

金紫光祿大夫正三　銀靑光祿大夫從三　正奉大夫正四上階

中奉大夫正四　太中大夫從四上階　中大夫從四
中散大夫正五上　朝奉大夫正五　朝散大夫從五上
朝請大夫從五　朝奉郎正六上　承直郎正六
奉直郎從六上　通直郎從六　朝請郎正七上
宣德郎正七　朝散郎從七上　宣奉郎從七
給事郎正八上　承事郎正八　承奉郎從八上
承務郎從八　儒林郎正九上　登仕郎正九
文林郎從九上　將仕郎從九

右朝官階、勳高，遇恩加八大夫。

武散官三十一

驃騎大將軍從一　輔國大將軍正二　鎮國大將軍從二
冠軍大將軍正三上　懷化大將軍正三　雲麾將軍從三上
歸德將軍從三　忠武將軍正四上　壯武將軍正四

宣威將軍從四上　明威將軍從四　定遠將軍正五上
寧遠將軍正五　游騎將軍從五上　游擊將軍從五
昭武校尉正六上　昭武副尉正六　振威校尉從六上
振威副尉從六　致果校尉正七上　致果副尉正七
翊麾校尉從七上　翊麾副尉從七　宣節校尉正八上
宣節副尉正八　禦武校尉〔七〕從八上　禦武副尉從八
仁勇校尉正九上　仁勇副尉正九　陪戎校尉從九上
陪戎副尉從九

右文散官階上〔八〕經恩加一階，郎階上京朝官加五階，選人加一階。武散官冠軍大將軍、使相、節度使起復，改授游擊將軍。雖中書主事、諸司吏人加授，亦無累加法，餘不常授。

已上文武三品已上服紫，五品已上服緋，九品已上服綠。

元豐寄祿格以階易官，雜取唐及國朝舊制，自開府儀同三司至將仕郎，定爲二十四階。崇寧初，因刑部尚書鄧洵武請，又換選人七階。大觀初又增宣奉、正奉、中奉、奉直等階。政和末，又改從政、修職、迪功，而寄祿之格始備。自開府至迪功凡三十七階。

新官	舊官
開府儀同三司	使相謂節度使兼侍中、中書令、或同平章事。
特進	左、右僕射
金紫光祿大夫	吏部尚書
銀青光祿大夫	五曹尚書
光祿大夫	左、右丞
宣奉大夫大觀新置。	
正奉大夫大觀新置。	
正議大夫	六曹侍郎
通奉大夫大觀新置。	
通議大夫	給事中
太中大夫	左、右諫議大夫
中大夫	祕書監
中奉大夫大觀新置。	
中散大夫	光祿卿至少府監

朝議大夫
奉直大夫大觀新置。
朝請大夫
朝散大夫
朝奉大夫
朝請郎
朝散郎
朝奉郎
承議郎
奉議郎
通直郎
宣教郎元豐本「宣德」，政和避宣德門改。
宣義郎
承事郎
承奉郎

太常卿、少卿，左、右司郎中〔九〕
前行郎中
中行郎中
後行郎中
前行員外郎，侍御史
中行員外郎，起居舍人
後行員外郎，左、右司諫
左、右正言，太常、國子博士
太常、祕書、殿中丞，著作郎
太子中允、贊善大夫、洗馬
著作佐郎，大理寺丞
光祿衞尉寺、將作監丞
大理評事
太祝，奉禮郎

承務郎	校書郎，正字，將作監主簿
承直郎	留守、節察判官
儒林郎	節察掌書記、支使，防、團判官
文林郎	留守、節察推官，軍、監判官
從事郎承直至此四階，並崇寧初換。	防、團推官，監判官
從政郎崇寧通仕，政和再換。	錄事參軍，縣令
修職郎崇寧登仕，政和再換。	知錄事參軍，知縣令
迪功郎崇寧將仕，政和再換。	軍巡判官，司理，司法，司戶，主簿、尉

國朝武選，自內客省至閤門使、副為橫班，自皇城至供備庫使為諸司正使，副為諸司副使，自內殿承制至三班借職為使臣。元豐未及更，政和二年，乃詔易以新名，正使為大夫，副使為郎，橫班十二階使、副亦然。六年，及增置宣正、履正、協忠、翊衞、親衞大夫郎，凡十階，通為橫班。自太尉至下班祗應，凡五十二階〔10〕。

新官	舊官
太尉政和新置，以太尉本秦之主兵官，遂定為武階之首。	

通侍大夫
正侍大夫
宣正大夫
履正大夫
協忠大夫並政和新置。
中侍大夫
中亮大夫
中衞大夫
翊衞大夫
親衞大夫
拱衞大夫並政和增置〔一〕。
左武大夫
右武大夫
正侍郎
宣正郎

內客省使
延福宮使
景福殿使
客省使
引進使
東上閤門使
西上閤門使

履正郎
協忠郎
中侍郎並政和增置。
中亮郎
中衞郎
翊衞郎
拱衞郎〔三〕並政和增置。
左武郎
右武郎
武功大夫
武德大夫
武顯大夫
武節大夫
武略大夫
武經大夫

客省副使
引進副使
東上閤門副使
西上閤門副使
皇城使
宮苑、左右騏驥、內藏庫使
左藏庫、東西作坊使
莊宅、六宅、文思使
內園〔三〕、洛苑、如京、崇儀使
西京左藏庫使

武義大夫
武翼大夫
武功郎
武德郎
武顯郎
武節郎
武略郎
武經郎
武義郎
武翼郎
敦武郎
修武郎
從義郎
秉義郎
忠訓郎

西京作坊、東西染院、禮賓使〔一四〕
供備庫使
皇城副使
宮苑、左右騏驥、內藏庫副使
左藏庫、東西作坊副使
莊宅、六宅、文思副使
內園、洛苑、如京、崇儀副使
西京左藏庫副使
西京作坊、東西染院、禮賓副使
供備庫副使
內殿承制
內殿崇班
東頭供奉官
西頭供奉官
左侍禁

忠翊郎	右侍禁
成忠郎	左班殿直
保義郎	右班殿直
承節郎	三班奉職
承信郎	三班借職
下班祗應	殿侍

元豐官制定，有請併易內侍官名者。神宗曰：「祖宗爲此名，有深意，豈可輕議？」政和二年，始遂改焉。凡十有二階。

新官	舊官
供奉官	內東頭供奉官
左侍禁	內西頭供奉官
右侍禁	殿頭
左班殿直	高品
右班殿直	高班

黃門	黃門
祗候侍禁	祗候殿頭
祗候殿直	祗候高品
祗候黃門	祗候高班內品
內品	
祗候內品	
貼祗候內品已上三名仍舊不改。	

政和初，既易武階，遂改醫官之名，凡十有四階。

新官	舊官
和安、成和、成安、成全大夫〔一五〕	軍器庫使
保和大夫	西綾錦使
保安大夫	榷易使
翰林良醫	翰林醫官使
和安、成和、成安、成全郎	軍器庫副使

保和郎　　西綾錦副使
保安郎　　榷易副使
翰林醫正　　翰林醫官副使

凡除職事官，以寄祿官品之高下爲準：高一品已上爲行，下一品爲守，下二品已下爲試，品同者否。紹聖三年，戶部侍郎吳居厚言：「神宗官制，凡臺、省、寺、監之制，有行、守、試三等之別。元祐中，裁減冗費，而職事官帶行者第存虛名而已。請付有司講復舊制。」從之。四年，翰林學士蔣之奇言：「所謂試，則非正官也。今尙書、侍郎皆正官，而謂之試，失之矣。如以其階卑，則謂之守可也。臣請凡爲正官者皆改試爲守。」崇寧中，吏部授選人差遣，亦用資序高下分行、守、試三等。政和三年，詔選人在京職事官〔一六〕，依品序帶行、守、試，其外任則否。宣和以後，官高而仍舊職者謂之領，官卑而職高者謂之視，故有庶官視從官，從官視執政〔一七〕，執政視宰相。凡道官亦視文階云。

爵一十二

王　　嗣王　　郡王　　國公　　郡公　　開國公

開國郡公　開國縣公　　開國侯　　開國伯　　開國子　　開國男

右封爵，皇子、兄弟封國，謂之親王。親王之子承嫡者爲嗣王。宗室近親承襲，特旨者封郡王。遇恩及宗室祖宗後承襲及特旨者封國公。餘宗室近親並封郡公。其開國公、侯、伯、子、男皆隨食邑：二千戶已上封公，一千戶已上封侯，七百戶已上封伯，五百戶已上封子，三百戶已上封男。見任、前任宰相食邑、實封共萬戶。嗣王、開國郡公、縣公後不封。

勳一十二

上柱國　　柱國　　上護軍　　護軍　　上輕車都尉　　輕車都尉　　上騎都尉

騎都尉　　驍騎尉　　飛騎尉　　雲騎尉　　武騎尉

右騎都尉已上，兩府幷武臣正任已上經恩加兩轉，文武朝官加一轉。武騎尉已上，京官加一轉，朝官雖未至驍騎尉，經恩亦便加騎都尉。

功臣

推忠　佐理　協謀　同德　守正　亮節

翊戴　贊治　崇仁　保運　經邦

右賜中書、樞密臣僚。宰相初加六字，餘官初加四字，其次並加兩字，舊有功臣者改賜。

推忠〔一八〕　保德　翊戴　守正　亮節　同德

佐運　崇仁　協恭　贊治　宣德　純誠

保節　保順　忠亮　竭誠　奉化　效順

順化

右賜皇子、皇親、文武臣僚、外臣。初加四字，次加兩字。

拱衞　翊衞　衞聖　保順　忠勇　拱極

護聖　奉慶　果毅　肅衞

右賜諸班直將士禁軍。初加二字，再加亦如之。

檢校官一十九

太師　太尉　太傅　太保　司徒
司空　左僕射　右僕射　吏部尚書　兵部尚書
戶部尚書　刑部尚書　禮部尚書　工部尚書　左散騎常侍
右散騎常侍　太子賓客　國子祭酒　水部員外郎

右皇子初授官加太尉，初授樞密使、使相及曾任宰相、樞密使除節度使加太傅，初除宣徽、節度加太保。宗室初除使相加尚書左僕射，特除幷換授諸司使已上加工部尚書，諸司副使加右散騎常侍。除通事舍人、內殿崇班已上，初授加太子賓客；副率已上幷三班及吏職、蕃官軍員，該恩加國子祭酒。四廂都指揮使止於司徒，諸軍都指揮使、忠佐馬步都軍頭止於司空，軍班都虞候、忠佐副都軍頭已上止於左、右僕射，諸軍指揮使止於吏部尚書。其官止，遇恩則或加階、爵、功臣。

兼官四〔一九〕

御史大夫　侍御史　殿中侍御史　監察御史

右通事舍人、內殿崇班已上，初除加兼御史大夫。宗室副率已上，初授軍頭等，經恩加兼監察御史，餘經恩以次遷入。

試秩

大理司直　大理評事　祕書省校書郎　正字　寺、監主簿　助教

右幕職初授則試祕書省校書郎，再任至兩使推官，則試大理評事。掌書記、支使、防禦、團練判官則試大理司直、評事，又加則兼監察御史。亦有解褐試大理評事、校書郎、正字、寺監主簿、助教者，謂之試銜。有選集，同出身例。

紹興以後階官

元豐新制以階易官，定爲二十四階。崇寧、大觀、政和相繼潤色之。紹興舉行元祐之法，分置左右：文臣爲左，餘人爲右。淳熙初，因宗室善俊建言，階官並去「左」、「右」字，今任子、雜流，惟紐轉通直郎、奉直中散二大夫如故，若帶貼職，則超資。自開府至迪功，序次于后。

文階

開府儀同三司

特進

金紫光祿大夫

銀青光祿大夫

光祿大夫

宣奉大夫大觀新置。

正奉大夫

正議大夫

通奉大夫大觀新置。

通議大夫

太中大夫以上舊爲侍從官。

中大夫

中奉大夫大觀新置。

中散大夫

朝議大夫以上係卿、監。

奉直大夫大觀新置。

朝請大夫

朝散大夫

朝奉大夫以上係正郎。

朝請郎

朝散郎

朝奉郎以上係員外郎[三〇]。

承議郎

奉議郎

通直郎〔三〕　　宣教郎
宣義郎　　承事郎
承奉郎　　承務郎以上係京官。

右四年一轉，無出身人逐資轉，有出身人超資轉，至奉議並逐資轉，至朝議大夫有止法，仍七年一轉。內奉直、中散二大夫有出身人不轉。

承直郎　　儒林郎
文林郎　　從事郎以上崇寧新置。
從政郎　　修職郎
迪功郎以上政和更定，並係選人用舉狀及功賞改官。　　通仕郎
登仕郎　　將仕郎以上係奏補未出身官人。

武階

武階舊有橫行正使、橫行副使，有諸司正使、諸司副使，有使臣。政和易以新名，正使爲大夫，副使爲郎，橫行正、副亦然，於是有郎居大夫之上。至紹興，始釐正其序。

太尉

通侍大夫

正侍大夫

宣正大夫政和新置。

履正大夫政和新置。

協忠大夫政和新置。

中侍大夫

中亮大夫

中衛大夫

翊衛大夫

親衛大夫

拱衛大夫自翊衛至此，並政和新置。

左武大夫

右武大夫以上爲横行十三階。

右並政和新置。內通侍大夫舊爲內客省使，國朝未嘗除人，自易武階，不遷通侍，沿初意也。轉至中侍，無磨勘，特旨除。

武功大夫

武德大夫

武顯大夫

武節大夫

武略大夫

武經大夫

武義大夫

武翼大夫以上，係舊諸司正使，八階。

正侍郎

宣正郎

履正郎

協忠郎

中侍郎自正侍至此，並政和新置。　中亮郎

中衞郎　翊衞郎

親衞郎　拱衞郎自翊衞至此，並政和新置。

左武郎　右武郎以上，舊爲橫行副使，政和更新，增益共十二階

右自正侍至右武，舊在右武大夫之下，武功大夫之上，今從紹興釐正書。

武功郎　武德郎

武顯郎　武節郎

武略郎　武經郎

武義郎　武翼郎以上舊諸司副使，八階。

訓武郎　修武郎以上爲大使臣。

從義郎　秉節郎

忠訓郎　忠翊郎

成忠郎　保義郎

承節郎　承信郎以上爲小使臣。

右並五年一轉，至武功大夫，有止法。

進武校尉　進義校尉

下班祗應　進武副尉

進義副尉　守闕進義副尉〔二二〕

進勇副尉　守闕進勇副尉〔二三〕以上無品，二校尉參吏部，下班參兵部，以下並參刑部。

內侍官十二階，並政和舊制。

醫官　政和既易武階，而醫官亦更定焉。紹興因之，特損其額。舊額和安大夫至良醫二十員，紹興置五員；和安郎至醫官三十員，置四員；醫效十員，置二員；醫痊十員，置一員；醫愈至祗候、大方脈一百五十員，置十五員。

和安、成和、成安、成全大夫

保和大夫　保安大夫

翰林良醫　和安、成和、成安、成全郎

保和郎　保安郎

翰林醫正　翰林醫官

翰林醫效　翰林醫痊

翰林醫愈　翰林醫證
翰林醫診　翰林醫候
翰林醫學

右醫正而止，十四階，並政和制，餘續增焉。

校勘記

〔一〕三師訓導之官也　「三師」下原重出「三師」二字，據唐六典卷一、長編卷二〇五刪。

〔二〕掌坐　原作「長坐」，據宋會要職官一三之一、二二之二〇改。參考本書卷一六三職官志校勘記〔四〕。

〔三〕入下州判司　「司」原作「官」，按本書卷一五八選舉志：「郊社齋郎、試銜無出身人入下州判、司，中下縣簿、尉。」據改。

〔四〕兩使職官　原脫「官」字，合璧事類後集卷六二：「崇寧新制，留守節察推官、軍事推官爲文林郎，謂之兩使職官。」據補。

〔五〕司天監禮生曆生選　「曆生」下脫所理選限數。

〔六〕大將出奉職　文義不明，疑有衍誤。

〔七〕禦武校尉　按新唐書卷四六百官志、職官分紀卷四九都作「禦侮校尉」，「武」字當爲「侮」字之誤。下文「禦武副尉」同。

〔八〕右文散官階上　「散」原作「朝」。按本卷首子目和本條標題都作「文散官」，「文朝官」當爲「文散官」之誤，據改。

〔九〕太常卿少卿左右司郎中　按合璧事類後集卷六二：「朝議大夫，舊爲太常少卿、左右司郎中、光祿少卿。」通考卷六四職官考：「宋元豐更官制，以朝議大夫換左右司郎中、太常少卿、光祿少卿。」此處疑有誤。

〔一〇〕凡五十二階　通考卷六四職官考作「凡五十三階」，是。

〔一一〕並政和增置　據上文，政和增置横班十階，有親衞大夫無拱衞大夫；據宋會要職官五六之三六、長編紀事本末卷一二五，拱衞大夫乃舊官四方館使之改稱。此注當移置於親衞大夫之下。

〔一二〕拱衞郎　案政和增置横班十階，有親衞郎；此條前當有親衞郎一階。

〔一三〕內園　原作「內苑」，據下文及職官分紀卷四四、合璧事類後集卷六二改。

〔一四〕禮賓使　「禮賓」二字原脫，據本書卷一六八職官志、宋大詔令集卷一六三改武選官名詔補。

〔一五〕和安成和成安成全大夫　「成和」原置「成全」下，據同上書同卷同篇改。

〔一六〕職事官　原作「執事官」。據本段內容和上文「凡除職事官，以寄祿官之高下爲準」、「而職事官帶行者第存虛名而已」等語，此處「執」字顯爲「職」字之誤，通考卷六四職官考正作「職事官」，據改。

〔一七〕庶官視從官從官視執政　原刊脫「從官」二字，據文義和通考卷六四職官考補。

〔一八〕推忠　按本書卷一七〇職官志說：「中書、樞密則『推忠』、『協謀』，親王則『崇仁』、『佐運』，餘官則『推誠』、『保德』、『翊戴』。」職官分紀卷四九所載略同。此係賜給皇子皇親及臣僚的功臣號，但有「推忠」而無「推誠」，疑「忠」字當爲「誠」字之誤。

〔一九〕兼官四　「兼」原作「憲」，與卷首子目不符，據本書卷一七〇引三朝志「兼官」條、職官分紀卷四九改。

〔二〇〕員外郎　「外」字原脫，據通考卷六四職官考補。

〔二一〕通直郎　據通考卷六四職官考和本條文例，此下當有「以上係陞朝官」六字注文。

〔二二〕守闕進義副尉　「尉」原作「使」，據宋會要職官五六之三七、宋大詔令集卷一六三改武選官名詔改。

〔二三〕守闕進勇副尉　「尉」原作「使」，據通考卷六四職官考改。宋會要兵一九之二：「白身人與補守闕進勇副尉。」

宋史卷一百七十

志第一百二十三

職官十 雜制

贊引　導從　賜　食邑　實封　使職　宮觀　贈官　敍封　致仕　蔭補

贊引

舊中書門下、翰林學士、御史中丞並緋衣雙引，仍傳呼。開寶中，學士止令一吏前導，亦罷傳呼，惟謝恩初上日，雙引傳呼云。使相、僕射、兩省五品已上，一吏前引。樞密使兼相者，二吏，不贊引。大中祥符五年，止令於本廳贊引。不帶相及副使，止令本院紫衣吏前贊引之。

淳化四年，令東宮三少、尚書、丞、郎入朝以緋衣吏前導，並通官呵止。二品已上用朝堂驅使官，餘用本司驅使官，宰臣、親王仍令紫衣一吏引馬。

導從

中書、樞密、宣徽院、御史臺、開封府、金吾司皆有常從。景德三年詔：「諸行尚書、文明殿學士、資政殿大學士，給從七人；學士、丞郎〔一〕，六人；給事、諫議、舍人，五人；諸司三品，四人。於開封府、金吾司差借，每季代之。」中書先差金吾從人，自今亦令參用開封府散從官。宰臣、參知政事、僕射、御史大夫、中丞、知雜，皆通官呵止行人。淳化四年，令東宮三少、尚書、丞、郎，並通官呵止。

大中祥符五年，以羣官導從不合品式，命翰林學士李宗諤、龍圖直學士陳彭年與禮官詳定。宗諤等請：自今除中書、樞密、宣徽使、御史中丞、知雜御史、金吾并攝事淸道如舊制呵導外，僕射已上及三司使、知開封府，止四節；尚書、文明殿學士、資政殿大學士，三節；丞郎已上、三司副使，兩節；大兩省、卿、監，一節；小兩制〔二〕、御史、郎中、員外、諸司四品，三司、開封府判官推官，二人前行引，不得過五步。合於金吾借從人者，以諸軍剩員代之。又外任節鎭知州、都監〔三〕，從軍士七十人；通判，十五人；防、團、軍事知州都監〔四〕，五十人；通判，十人；河北、河東、陝西駐泊兵處，節鎭知州、都監百人，防、團、軍事知州都監七十人。轉運使，三十人；咸平二年，詔節度、觀察、防、團、刺史，或別鎭、他鎭，其給使者，止令本使給之。景德六年，令牧守以州兵隨行者以一年爲限。副使，二十五人；提點刑獄官，亦給軍士；副留守、節度行軍副使、留守兩使判官，給散從官十五人；小尹、掌書記、支使、防禦、團練副使、兩使推官，十人；兩浙推官、防團軍事判官推官、軍監判官，七人；錄事諸曹，給承符人；縣令、簿、尉、手力、弓手，其代還者，給人護送有差。

賜六

劍履上殿　詔書不名　贊拜不名　入朝不趨　紫金魚袋　緋魚袋

右升朝官該恩，著綠二十周年賜緋魚袋，着緋及二十周年賜紫金魚袋。特旨者，係臨時指揮。

食邑

一萬戶　八千戶　七千戶　六千戶　五千戶　四千戶　三千戶　二千戶　一千戶　七百戶　五百戶　四百戶　三百戶　二百戶

右宰相、親王、樞密使經恩加一千戶，兩府、使相、節度使七百戶。宣徽、三司使，觀文殿大學士以下至直學士，文臣侍郎、武臣觀察使、宗室正任以上、皇子上將軍、駙馬都尉加五百戶。宗室大將軍以上加四百戶。知制誥、待制并文臣少卿監、武臣諸司副使、宗室副率已上，并承制、崇班、軍員等，初該恩加三百戶；承制、崇班、軍員再該恩二百戶。二千戶以上雖有加例，緣無定法。親王、重臣特加有至萬戶者。

食實封

一千戶　八百戶　五百戶　四百戶　三百戶　二百戶　一百戶

右宰臣、親王、樞密使經恩加四百戶。兩府、使相、節度、宣徽使、皇子上將軍、并宗室駙馬都尉任觀察使已上加三百戶。觀文殿學士并宗室正任已上、騎都尉加二百戶。武臣崇班、宗室副率已上加一百戶。五百戶已上雖有加例，緣無定法。親王、重臣有特加至數千戶者。

三朝志云：檢校、兼、試官之制，檢校則三師、三公、僕射、尚書、散騎常侍、賓客、祭酒、卿、監、諸行郎中、員外郎之類，兼官則御史大夫、中丞，侍御、殿中、監察御史，試秩則大理司直、評事、祕書省校書郎。凡武官內職、軍職及刺史已上，皆有檢校官、兼官。內殿崇班初授檢校祭酒兼御史大夫。三班及吏職、蕃官、諸軍副都頭加恩，初授檢校太子賓客兼監察御史，自此累加焉。廂軍都指揮使止於司徒，軍都指揮使、忠佐馬步都頭止於司空，親軍都虞候、忠佐副都頭以上止於僕射，諸軍指揮使止於吏部尚書。其官止，若遇恩例，則或加階、爵、功臣。幕職初授則試校書郎，再任如至兩使推官，則試大理評事。掌書記、支使、防禦團練判官以上試大理司直、評事，又加則兼監察御史，亦有至檢校員外郎已上者。行軍副使皆檢校員外已上。朝官階、勳高，遇恩亦有加檢校官，郎中則卿、監、少監，員外郎則郎中，太常博士以下則員外郎，並無兼官。其解褐評事、校書郎、正字、寺監主簿、助教者，謂之試銜。有選集，同出身例。

使職

兼領者：親祀南郊，則有大禮、禮儀、儀仗、鹵簿、橋道頓遞五使，藉田、泰山封禪、汾陰奉祀、恭上寶册、南郊恭謝皆如之。自餘行禮，或止有大禮、禮儀使。建隆中，南郊置儀仗都部署、副都署。經始大禮，則有經度制置使、副。巡幸，有行宮都部署，行宮有三司使、副使、判官、行宮使、都監。舊，南郊止有御營使，咸平中，置行宮使。又有車駕前後、行宮四面、闌前收後、郊壇巡檢巡闌儀仗勾當，編排鹵簿。其百司皆有行在之名。舊巡幸，百司皆稱隨駕。大中祥符初，並同行在某司。京師居留，則有大內都部署、皇城都點檢、巡檢及增新舊巡檢。大閱亦置。征行，則有招討使、招安使，或云捉賊、招安、安撫使名者。排陣使、都監，前軍、先鋒、大陣、行營、壕砦、頭車、洞子、招收部署、鈐轄、都監，策應之名。又有拐子馬、無地名馬，選武幹者別領之。親征，則冠以駕前之號。廉訪民瘼，則有巡撫大使、副大使，安撫使、副使、都監，採訪使、副使。或官卑者止云巡撫、安撫，無使字。加禮外國，則有國信、接伴、送伴使副；弔祭，大帥若是；又有翻譯經潤文使。宰相爲使，以翰林學士爲潤文官。伸達寃濫，則有理檢使。勸課農桑，則有勸農使。講修馬政，則有羣牧制置使。最後明堂祫饗，置五使，如南郊。其一時特置者，則各具志傳。或臨事更制者，事畢即停。內外名務繁細者，猶不具載。

敍階之法　開府儀同三司至將仕郎爲文散官，驃騎大將軍至陪戎副尉爲武散官。太平興國元年，改正議大夫爲正奉，通議大夫爲朝奉，朝議郎爲朝奉，承議郎爲承直，奉議郎爲奉直，宣義郎爲通直。京朝官、幕職自將仕郎至朝奉郎，每加五階；至朝散大夫已上，每加一階。朝散、銀青者須已服緋紫者。入令錄、判司簿尉，每加一階；幷幕職計考當服緋紫者，皆奏加朝散、銀青階。諸司使已上，如使額高者加金紫階。內殿崇班初授則銀青階。三班軍職、使職遇恩檢校、兼官，並除銀青階。丁憂者起復，使相則授雲麾將軍。使相仍加金吾上將軍，同正節度使，大將軍同正留後，以下無之。其胥吏掌事而至衣緋者，則授游擊將軍。千牛備身則授陪戎副尉以上。

改賜功臣勳官，自上柱國至武騎尉。五代以來，初敍勳官，即授柱國。淳化元年詔：「自今京官、幕職州縣官始武騎尉，朝官始騎都尉，三班及軍員、吏職經恩並授武騎尉。」又詔：「古之勳爵，悉有職奉之蔭贖，宜以今之所授與散官等，不得用以蔭勳。」封爵之差，唐制：王，食邑五千戶；郡王、國公，三千戶；開國郡公，二千戶；縣公，千五百戶；縣侯，千戶；伯，七百戶；子，五百戶；男，三百戶。又有食實封者，戶給縑帛，每賜爵，遞加一級。唐末及五代始有加邑特戶，而罷去實封之給，又去縣公之名，封侯以郡。宋初沿其制，文臣少監、少卿以上，武臣副率以上，內職崇班以上，有封爵；丞、郎、學士、刺史、大將軍、諸司使以上，有實封。但以增戶數爲差，不係爵級。邑過其爵，則并進爵焉，止於郡公。每加食邑，自千戶至二百戶，實封自六百戶至百戶。親王、重臣或特加，有踰千戶者。郡公食邑有累加至萬餘，實封至數千戶者。皇屬特封郡公、縣公或贈侯者，無「開國」字。侯亦在開國郡公之上。又宋秦制賜爵曰「公士」。端拱二年，賜諸州高年一百二十七人爵公士。景德中，福建民有擒獲強盜者，當授鎮將，以遠俗非所樂，並賜公士，自後率爲例。

功臣者，唐開元間賜號「開元功臣」，代宗時有「寶應功臣」，德宗時有「奉天定難元從功臣」之號，僖宗將相多加功臣美名。五代寖增其制。宋初因之，凡宣制而授者，多賜焉。參知政事、樞密副使、刺史以上階、勳高者，亦賜之。中書、樞密則「推忠」、「協謀」，親王則「崇仁」、「佐運」，餘官則「推誠」、「保德」、「翊戴」，掌兵則「忠果」、「雄勇」、「宣力」，外臣則「純誠」、「順化」。宰相初加即六字，餘並四字，其累加則二字。中書、樞密所賜，若罷免或出鎮，則改之。其諸班直將士禁軍，則賜「拱衞」、「翊衞」等號，遇恩累加，但改其名，不過兩字。

宮觀　宋制，設祠祿之官，以佚老優賢。先時員數絕少，熙寧以後乃增置焉。在京宮觀，舊制以宰相、執政充使，或丞、郎、學士以上充副使，兩省或五品以上爲判官，內侍官或諸司使、副政和改武臣官制，以使爲大夫，以副使爲郎。爲都監，又有提舉、提點、主管。其戚里、近屬及前宰執留京師者，多除宮觀，以示優禮。時朝廷方經理時政，患疲老不任事者廢職，欲悉罷之，乃使任宮觀，以食其祿。王安石亦欲以此處異議者，遂詔：「宮觀毋限員，並差知州資序人，以三十月爲任。」又詔：「杭州洞霄宮、亳州明道宮、華州雲臺觀、建州武夷觀、台州崇道觀、成都玉局觀、建昌軍仙都觀、江州太平觀、洪州玉隆觀、五嶽廟自今並依嵩山崇福宮、舒州靈仙觀置管幹或提舉、提點官。」「奉給，大兩省、卿、監及職司資序人視小郡知州，知州資序人視小郡通判，武臣倣此。」四年，詔：「宮觀、嶽廟留官一員，餘聽如分司、致仕例，從便居住。」六年，詔：「卿、監、職司以上提舉，餘官管幹。」又有以京官爲幹當者。又詔：「年六十以上者乃聽差，毋過兩任。」又詔：「兼用執政恩例者，通不得過三任。」

元豐中，王安石以左僕射、觀文殿大學士爲集禧觀使，呂公著、韓維以資政殿學士兼侍讀，仍提舉中太一宮兼集禧觀公事。元祐間，馮京以觀文殿學士、梁燾以資政殿學士爲中太一宮、醴泉觀使。范鎭落致仕，以端明殿學士提舉中太一宮兼集禧觀公事。三年，詔：「橫行使、副無兼領者，許兼宮觀一處。」六年，詔：「橫行狄諮、宋球既領皇城司，罷提點醴泉觀。」元符元年，高遵固年八十一，乞再任宮觀，高遵禮年七十六，乞再任亳州太清宮，又從其再任之請，以待遇宣仁親屬故也。大觀元年，趙挺之以觀文殿大學士爲佑神觀使。政和六年詔：「措置宮觀，如萬壽、醴泉近百員，更不立額。」靖康元年，詔內外官見帶提舉、主管神霄玉淸萬壽宮並罷。大抵祠館之設，均爲佚老優賢，而有內外之別。京祠以前宰相、見任使相充使，次充提舉；餘則爲提點，爲主管，皆隨官之高下，處以外祠。選人爲監嶽廟，非自陳而朝廷特差者，如黜降之例。

紹興以來，士大夫多流離，困厄之餘，未有闕以處之。於是許以承務郞以上權差宮觀一次，續又有選人在部無闕可入與破格嶽廟者，亦有以宰執恩例陳乞而與之者，月破供給，非責降官並月破供給，依資序降二等支。理爲資任，意至厚也。然初將以撫安不調之人，末乃重僥求泛與之弊。於是臣僚交章，欲罷供給以絕干請，變理任以抑僥倖，嚴按格以去泛濫。上並從之。自是以後，稍復祖宗條法之舊。又有年及七十，耄昏不堪牧養而不肯自陳宮觀者，復申明舊法，著爲定令以律之。舊制，六十以上知州資序人，本部長官體量精神不致昏昧堪釐務者，許差一任，兼用執政官陳乞者加一任。紹興三十二年，臣僚言：「郡守之職，其任至重，昨朝廷以年及七十，令吏部與自陳宮觀，乞將前項指揮永爲著令。」從之。蓋不當請而請，則冗瑣者流競竊優閑廩稍；或當請而不請，則知進而不知退，識者羞焉。一祠館之與奪，不可不謹如是。故重內祠，專使職，所以崇大臣之體貌，一次以定法，再任以示恩，紹熙五年慶壽赦，應文武臣宮觀、嶽廟已滿不應再陳者，該今來慶壽恩，年八十以上，特許更陳一次。京官以上二年，選人三年，凡待庶僚者，皆於優厚之中寓閑制之意焉。

贈官

建隆已來，凡有恩例，文武朝官、諸司使副、禁軍及藩方馬步都指揮使以上，父亡皆贈官。親王贈三官，可贈者贈二官，追加大國。皇屬近親如之，追加封爵。服疎及諸親之服近者贈一官。宰相、樞密使贈二官。使相、參知政事、樞密副使、尙書已上、三司使、節度使、留後、觀察使、統軍上將軍、內臣任都知副都知者，贈一官。此皇族及臣僚薨卒贈官之法也。其官秩未至，而因勳舊褒錄或沒王事，雖卑秩皆贈官加等者，並係臨時取旨。至於母后、后族、臣僚，錄其先世，各有等差。太皇太后、皇太后、皇后並贈三世，婕妤二世，貴人止贈其父而已。宰相、三師、三公、王、尙書令、中書令、侍中、樞密使副、知院、同知院事、參知政事、宣徽使、簽書同簽書樞密院事、觀文殿大學士、節度使，並贈三世。東宮三師、僕射、留守、節度使、三司使、觀文殿學士、資政殿大學士，並贈二世。餘官或見任，或致仕，並贈一世。有兄弟同贈者，贈官加一等，父在止一資。文臣有出身，贈至祕書監，無出身，至光祿卿。武臣至金吾衞上將軍止。

凡贈官至三世者，初贈東宮三少，次東宮三太，次三公，次中書令，次尙書令，次封小國，自小國升次國，自次國升大國，已大國者移國名而已。亦有不移者。若父、祖舊官已高者，自從舊官加贈。凡追封，不得至王爵。兩省官及待制、大卿監、諸衞上將軍、觀察使、正任防禦使、遙郡觀察使、景福殿使、客省使，若子見任或父曾任此官，並贈至三公止。父子官俱不至者，文臣贈至諸行尚書止，武臣贈至節度使、諸衞上將軍止。即父曾任中書、樞密使、使相、節度使並一品官者，無止限。待制已上持服經恩，服闋亦許封贈。

尙藥奉御至醫官使曾任文資，許換南班官。司天監官贈不得過大卿、監，仍不許換南班官。凡贈至正郎，許以所贈官換朝散大夫階，大卿、監以上許換銀靑階，贈至二世者即除朝散大夫階，三世則金紫階。咸平四年，詔舍人院詳定。知制誥李宗諤等請：「追贈三世如舊。其東宮一品以下雖曾任宰相，止從本品。文武羣臣功隆位極者，特恩追封王爵亦如舊。若因子孫封贈，雖任將相，並不許封王，仍須歷品而贈，勿得超越。」從之。宰相初拜，有即贈三世者。其後簽書樞密以上皆即時贈，他官須經恩，學士及刺史以上，內侍都知、押班皆中書奉行，餘則有司奏請。

敍封

唐制，視本官階爵。建隆三年，詔定文武羣臣母妻封號：太皇太后皇太后皇后曾祖母、祖母、母並封國太夫人；諸妃曾祖母、祖母、母並封郡太夫人；婕妤祖母、母並封郡太君；貴人母封縣太君。宰相、使相、三師、三公、王、侍中、中書令，舊有尙書令。曾祖母、祖母、母封國太夫人；妻，國夫人。樞密使副、知院、同知、參知政事、宣徽節度使，曾祖母、祖母、母封郡太夫人；妻，郡夫人。簽書樞密院事曾祖母、祖母、母封郡太君；妻，郡君。同知樞密院以上至樞密使、參知政事再經恩及再除者，曾祖母、祖母、母加國太夫人。三司使祖母、母封郡太君；妻，郡君。東宮三太、文武二品、御史大夫、六尚書、兩省侍郎、太常卿、留守、節度使、諸衞上將軍、嗣王、郡王、國公、郡公、縣公，母，郡太夫人；妻，郡夫人。常侍、賓客、中丞、左右丞、侍郎、翰林學士至龍圖閣直學士、給事中、諫議大夫、中書舍人、卿、監、祭酒、詹事、諸王傅、大將軍、都督、中都護、副都護、觀察留後、觀察使、防禦使、團練使，並母郡太君；妻，郡君。庶子、少卿監、司業、郎中、京府少尹、赤縣令、少詹事、諭德、將軍、刺史、下都督、下都護、家令、率更令、僕，母封縣太君；妻，縣君。其餘升朝官已上遇恩，並母封縣太君；妻，縣君。雜五品官至三任與敍封，官當敍封者不復論階爵。致仕同見任。亡母及亡祖母當封者並如之。父亡無嫡、繼母，聽封所生母。伎術官不得敍封。自宰相至簽書樞密院敍封與三世同，他官惟品至者卽時擬封，餘皆俟恩乃封。咸平四年，從舍人院詳定羣臣母妻所封郡縣，依本姓望封。天禧元年，令文武升朝官無嫡母者聽封生母〔五〕，曾任升朝而致仕，卽許敍封。令給諫、舍人母並封郡太君，妻，郡君〔六〕。四年，又令翰林學士至龍圖閣直學士如給、舍例。

封贈之典，舊制有三代、二代、一代之等，因其官之高下而次第焉。凡初除及每遇大禮封贈三代者，太師、太傅、太保、左右丞相、少師、少傅、少保、樞密使、開府儀同三司、知樞密院事、參知政事、同知樞密院事、樞密副使、簽書樞密院事。凡遇大禮封贈三代者，節度使。三代初封，曾祖，朝奉郎；祖，朝散郎；父，朝請郎。簽書樞密院事降一等，謂如父與朝散郎之類。凡封父、祖係武臣者，視文武臣封贈對換格，封贈一代亦如之。初贈，曾祖，太子少保；祖，太子少傅；父，太子少師。封贈曾祖母、祖母、母、妻國夫人。執政官、簽書樞密院事，郡夫人。凡遇大禮封贈二代者，太子太師、太子太傅、太子太保、特進、觀文殿大學士、太子少師、太子少傅、太子少保、御史大夫、觀文殿學士、資政保和殿大學士、金紫光祿大夫、銀青光祿大夫、光祿大夫、左右金吾衞上將軍、左右衞上將軍。二代初封，祖，通直郎；父，奉議郎。初贈，祖，朝奉郎；父，朝散郎。封贈祖母、母、妻郡夫人。觀文殿學士、資政、保和殿大學士，並淑人。凡遇大禮封贈一代者，文臣通直郎以上，武臣修武郎以上。一代初封贈父，文臣承事郎，武臣、內侍、伎術官、將校並忠訓郎，母、妻孺人。

凡文臣贈官

通直郎以上，寺、監官以上未升朝者，雜壓在通直郎之上同。每贈兩官，至奉直大夫一官。有出身不贈奉直大夫、中散大夫。太子太師、太子太傅、太子太保、特進、觀文殿大學士、太子少師、太子少傅、太子少保、御史大夫、觀文殿學士、資政保和殿大學士、六曹尚書、金紫光祿大夫、銀青光祿大夫、光祿大夫、翰林學士承旨、翰林學士、資政保和端明殿學士、龍圖、天章、寶文、顯謨徽猷敷文閣學士、左右散騎常侍、權六曹尙書、御史中丞、開封尹、六曹侍郎、樞密直學士、龍圖天章寶文顯謨徽猷敷文閣直學士，每贈三官，至奉直大夫二官，至通議大夫一官。有出身人不贈奉直、中散二大夫。

凡文武臣封贈對換諸文武臣封贈對換，以所加官準格對換，並聽從高。

承事郎換忠訓郎，宣義郎換從義、秉義郎，宣教郎換訓武、修武郎，通直郎換武義、武翼郎，奉議郎換武節、武略、武經郎，承議郎換武功、武德、武顯郎。朝奉郎換武義、武翼大夫，朝散郎換武節、武略、武經大夫，朝請郎換武功、武德、武顯大夫。朝奉大夫換遙郡刺史，朝散大夫換遙郡團練使，朝請大夫換遙郡防禦使。奉直、朝議大夫換刺史，中散、中奉大夫換團練使，中大夫換防禦使，太中大夫、通議、通奉大夫換觀察使，正議、正奉、宣奉大夫換承宣使，光祿大夫、銀青、金紫光祿大夫換節度使。

凡文武官父任承直郎以下贈官

承直郎，留守、節察判官——留守府判官、節度判官，承議郎。儒林郎，支、掌、防、團判官——節度掌書記、觀察支使、防禦判官、團練判官，奉議郎。文林郎、從事郎、從政郎，兩使初等職官、令、錄——留守推官、觀察推官、軍事判官、軍事推官、司錄參軍、錄事參軍，團練推官、軍監判官、防禦判官，縣令，通直郎。修職郎，知令、錄——知司錄參軍、知錄事參軍、縣丞，宣教郎。迪功郎，判、司、簿、尉——軍巡判官、司理參軍、司法參軍、司戶參軍、主簿、縣尉，宣義郎。

致仕

凡文武朝官、內職引年辭疾者，多增秩從其請，或加恩其子孫。乾德元年，太子太師致仕侯益來預郊祀，太祖優待之，因詔曰：「羣官列位，自有通規，舊德來朝，所宜加禮，且表優賢之意，用敦尚齒之風。自今一品致仕官曾帶平章事者，每遇朝會，宜綴中書門下班。」二年，令藩鎭帶平章事求休致者亦如之。

咸平五年，詔文武官年七十以上求退者〔七〕，許致仕，因疾及有贓犯者聽從便。牧伯、內職、三班皆換環衞、幕職、州縣外官。景德元年三月，詔三班使臣七十以上視聽未衰者與釐務，其老昧不任及年七十五以上者，借職授支郡上佐，奉職、殿直授節鎭上佐，不願者聽歸鄉里。凡升朝官遇慶恩，父在者授致仕官，其不在者，文官始大理評事，武官始副率，再經恩累加焉。祖在而求回授者亦聽。皆不給奉，亦有子居要近加賜章服者。

天聖、明道間，員外郎已上致仕者，錄其子試祕書省校書郎。三丞已上爲太廟齋郎。無子，聽降等官其嫡孫若弟姪一。景祐三年詔曰：「致仕官舊皆給半奉，而未嘗爲顯官者或貧不能自給，豈所以遇高年養廉恥也？其大兩省、大卿監、正刺史、閤門使以上致仕者，自今給奉並如分司官例，仍歲時賜羊酒、米麪，令所在長吏常加存問。」其後，又許致仕官子孫免選除近官。四年，臣僚有請致仕，未及錄其子孫而遽亡者，命既出，輔臣皆謂法當追收，仁宗憫之，竟官其後。侍御史知雜事司馬池言：「文武官年七十以上不自請致仕者，許御史臺糾劾以聞。」慶曆中，權御史中丞賈昌朝又言：「臣僚年七十而筋力衰者，並優與改官致仕；雖七十而未衰及別有功狀、朝廷固留任使者，勿拘此令。在京若尚書工部侍郎俞獻卿、少府監畢世長、太常少卿李孝若、尚書駕部郎中李士良，在外若給事中盛京、光祿卿王盤、太常少卿張傚、尚書兵部郎中張億，皆耄昏不可任事，並請除致仕。」詔：「在京者令中書體量，在外者下諸處曉諭之。」

皇祐中，知諫院包拯、吳奎亦言：「願令御史臺檢察年七十已上，移文趣其請老不即自陳者，直除致仕。」朝廷未行。奎復言：「國家謹禮法以維君子，明威罰以御小人。君子所顧者，禮法也；小人所畏者，威罰也。緜文武二選爲士大夫，是皆君子之地也，儻不以禮法待之，則是廢名器而輕爵祿。七十致仕，學者所知，而臣下引年自陳，分之常也。人君好賢樂善而留之，仁之至也。自三代以來，用此以塞貪墨，聳廉隅，近者句希仲、陸軫等，皆以年高特與分司，初欲風動羣臣，而在位殊未有引去者，是臣言未效也。請詳前奏施行。」於是詔：「少卿監以下年七十不任釐務者，外任令監司、在京委御史臺及所屬以狀聞。嘗任館閣、臺諫官及提點刑獄者，令中書裁處。待制已上能自引年，則優加恩禮。」

然是時言事之人，競欲擊劾大臣，有高年者俱不自安。仁宗手詔曰：「老臣，朕之所眷禮也，進退體貌，恩意豈不有異哉！凡嘗預政事之臣，自今毋或遽求引去，臺諫官勿以爲言。」其風動勸勵之方又如此。至於因事責降分司，或老病不任官職之事，或居官犯法，或以不治爲所部劾奏，銜替而求致仕者，子孫更不推恩，雖或推恩，其除官例皆降等。若耆老舊臣，體貌優異，賞或延于子孫，奉或全給半給，歲時問勞，皆有禮意。

治平四年，神宗卽位，龍圖閣直學士兼侍讀李柬之〔八〕、李受相繼致仕。舊制，閤門無謝辭例，帝特召柬之對延和殿，命坐賜茶；以受先朝藩府舊僚，升其子一任差遣，幷錄其孫。皆宴餞資善堂，命講讀官賦詩，御製詩序以寵其行，示異數也。是歲，又以果州團練使何誠用、惠州防禦使馮承用、嘉州團練使劉保吉、昭州刺史鄧保壽皆年七十以上至八十餘，並特令致仕，以樞密院言，致仕雖有著令，臣僚鮮能自陳故也。熙寧元年，以定國軍節度使李端愿爲太子少保致仕。故事，多除上將軍，帝令討閱唐制，優加是命。二年，以觀文殿學士、吏部尙書趙槩爲太子少師致仕。故事，再請則許；槩三乞始從，優耆舊也。三年，編修中書條例所言：

人臣非有罪惡，致仕而去，人君遇之如在位時，禮也。近世致仕並與轉官，蓋以昧利者多，知退者少，欲加優恩，以示勸奬。推行既久，姑從舊例。若兩省正言以上官，三班使臣、大使臣、橫行、正任等，並不除爲致仕官。致仕帶職者，皆落職而後優遷其官。看詳別無義理，但致仕恩例不均。如諫議大夫不可改給事中，並轉工部侍郎，乃是超轉兩資；工部尙書並除太子少保，乃是超轉六資。若知制誥、待制官卑者除卿監，緣知制誥、待制待遇非與卿監比，今他官致仕皆得遷官，此獨因致仕更見退抑。供奉官、侍禁八品，除率府副率，蓋六品。諸司副使、承制、崇班七品，除將軍，乃三品。至於節度使除上將軍，防禦、團練、刺史並除大將軍，緣諸衞名額不一，至有刺史除官高於防禦使者。今若令文武官帶職致仕人許仍舊職，止轉一官，及文臣正言、武臣借職以上皆得除爲致仕官，則無輕重不等之患。

若選人令、錄以上並除朝官，經恩皆得封贈，蔭及數世，旁支例得贖罪、免役。又京官致仕亦止遷一官，若光祿寺丞致仕，有出身除祕書省著作佐郎，無出身除大理寺丞，而令、錄職官乃除太子中允或中舍，殊未爲當。若進納出身人例除京官，至有經覃恩遷至升朝官者，類多兼并有力之家，皆免州縣色役及封贈父母。如京官七品，除銜前外，亦免餘色役，尤爲僥倖。條例繁雜，無所適從。如錄事參軍或除衞尉寺丞，或除大理評事，或除奉禮郎，恩例不同，可以因緣生弊。

今定：凡文臣京朝官以上各轉一官，帶職仍舊不轉官，乞親屬恩澤者依舊條。選人依本資序轉合入京朝官；進納及流外人判、司、簿、尉除司馬，令、錄除別駕。在京諸司勒留官依簿、尉以上，親賢勞舊合別推恩者取旨。歷任有入己贓，不得乞親戚恩澤，仍不遷官。其致仕官除中書、樞密院外，並在見任官之上。致仕及三年之上，元非因過犯，年未及七十，不曾經敍封及陳乞親戚恩澤，却願仕宦，並許進狀敍述。若有薦舉者，各依元資序授官。其才行爲衆所知，朝廷特任使者，不拘此法。

從之。自此宰相以下並帶職致仕。

四年，以端明殿學士、尙書右丞王素爲工部尙書、端明殿學士致仕，觀文殿學士、兵部尙書歐陽脩爲太子少師、觀文殿學士致仕。帶職致仕，自素始也。五年，守司空兼侍中曾公亮遷守太傅致仕，特許入謝。以公亮逮事三朝，既加優禮，仍給見任支賜。十月，詔兩省以上致仕官毋得因大禮用子升朝敍封遷官。先是，王安石言，李端愿、李東之敍封，中書失檢舊例，法當改正。帝曰：「如此，則獨不被恩。」安石曰：「敍封初無義理，今既未能遽革，庸可承誤爲例？如三師、三公官，因子孫郊恩敍授，尤非宜也。」帝從之。

元豐三年，詔：「自今致仕官遇誕節及大禮，許綴舊班。」以禮部侍郎范鎮居都城外，遇同天節，乞隨散官班上壽，帝令鎮班見任翰林學士上，故有是詔。又詔：「致仕官朝失儀，勿劾，並著爲令。」又詔：「自今致仕官領職事者，許帶致仕，該遷轉者轉寄祿官，若止係寄祿官，即以本官致仕。其見任致仕官，除三師、三公、東宮三師三少外，餘並易之。」六年，以守太尉、開府儀同三司、知河南府文彥博爲河東、永興節度使、守太師致仕。彥博辭兩鎮，止以河東舊鎮貼麻行下。彥博又言：「前辭闕下之日，嘗奏得致仕後，當親辭天陛，今既得請，欲赴闕廷。」降詔從之。七年，詔文臣中大夫、武臣諸司使以下致仕，更不加恩。

元祐元年，樞密院奏：「諸軍年七十，若以疾假滿百日不堪醫治差使者，諸廂都指揮使除諸衞大將軍致仕，諸軍都指揮使、諸班直都虞候帶遙郡除諸衞將軍致仕，諸班直上四軍除屯衞，拱聖以下除領軍衞，並有功勞者爲左，無則爲右。」從之。四年，詔：「應乞致仕而不願轉官者，受敕後，所屬保明以聞，當與推恩。中大夫至朝奉郎及諸司使，本宗有服親一人蔭補恩澤。橫行、諸司副使見有身自蔭補人，及內殿承制、崇班、閤門祇候見理親民，并承議、奉議郎，許陳乞有服親一人恩例。中大夫、中散大夫、諸司使帶遙郡者，蔭補外準此。即朝奉郎以上及諸司使，雖未授敕而身亡，在外者以乞致仕狀到門下省日，在京以得旨日，亦許陳乞有服親一人恩例。」六年，監察御史徐君平言：「文臣致仕以年七十爲斷，而使臣年七十猶與近地監當，至八十乃致仕，願許其致仕之年如文臣法，而給其奉。」從之。三省言：「張方平元係宣徽南院使、檢校太傅、太子少師致仕，元豐官制行，廢宣徽使，元祐三年復置，儀品恩數如舊制，方平依舊帶宣徽南院使致仕。」紹聖三年詔：「文武官該轉官致仕，依舊出告外，其餘守本官致仕者，並降敕，更不給告。內因致仕合該乞恩澤人更不具鈔，令尚書省通書三司入熟狀，仍不候印畫。」又詔：「應臣僚丁憂中不許陳乞致仕。」

建中靖國元年，尚書省言：「臣僚在憂制中不得陳乞致仕，其間有官序合得致仕恩澤之人，合行立法。」詔：「臣僚丁憂中遇疾病危篤，其官序合該致仕恩澤者，聽以前官經所屬自陳。」大觀二年，詔致仕官年八十以上應給奉者，以緡錢充。政和六年，提舉廣東學事孫璘言：「諸州致仕官居鄉者，乞許令赴貢士宴，擇其年彌高者而惇事之，使長幼有序，獻酬有禮，人知里選之法，孝悌之義。」從之。宣和四年，詔六曹尚書致仕遺表恩澤，共與四人，其餘侍從官三人，立爲定制。

建炎間，嘗詔：「文武官陳乞致仕，朝廷不從，致有身亡之人，許依條陳乞致仕恩澤。及陳乞致仕而道路不通，不曾被受敕命，亦許州、軍保明推恩。」時強行父博學清修，不緣事故疾病，慨然請老，葉份言之，許令再仕。王次翁年未六十，浩然休退，呂祉言之，落致仕，特令再仕。凡類此者，蓋因其材而挽留之也。直祕閣致仕鄭南掛冠已久，年德俱高，大臣言之，詔除祕閣修撰，仍舊致仕。優其恩不奪其志也。呂頤浩以少保乞除一寄祿官致仕，詔除少傅，依前鎭南軍節度使、成國公致仕；韓世忠以太傅、鎭南武安寧國軍節度使充醴泉觀使、咸安郡王乞身，詔除太師致仕。因將相之知止而優其歸也。楊惟忠、邢煥皆以節度致仕。臣僚言：「祖宗時，節將、臣僚得謝，不以文武，並納節除一官，以今日不復納節換官爲非。」詔今後依祖宗典故。蓋不以私恩勝公法也。昭慶軍節度使、開府儀同三司、充萬壽觀使韋淵乞守本官致仕，詔免赴朝參，仍依兩府例，合破請給人從。優親之恩而異之也。

隆興以後，因臣僚言年七十不陳乞致仕者，除合得致仕或遺表恩澤外，並不許遇郊奏薦。已而復詔，郊祀在近，未致仕人更許陳乞奏薦一次。可以不予而予之，示厚恩也。執政在謫籍者陳乞致仕，雖許敍復而寢罷合得恩澤，只據見存階官蔭補。淳熙十六年，寧武軍承宣使、提舉佑神觀王友直復奉國軍節度使致仕，臣僚論列，仍守本官職致仕。可以予而不予，嚴公法也。抑揚輕重間，可以見優老恤賢之意，可以識制情抑倖之術，故備錄于篇。

文臣蔭補

太師至開府儀同三司：子，承事郎；孫及期親，承奉郎；大功以下及異姓親，登仕郎；門客，登仕郎。不理選限。

知樞密院事至同知樞密院事：子，承奉郎；孫及期親，承務郎；大功以下及異姓親，登仕郎；門客，登仕郎。不理選限。

太子太師至保和殿大學士：子，承奉郎；孫及期親，承務郎；大功以下，登仕郎；異姓親，將仕郎。

太子少師至通奉大夫：子孫及期親，承務郎；大功親，登仕郎；異姓親，登仕郎；小功以下親，將仕郎。

御史中丞至侍御史：子，承務郎；孫及期親，登仕郎；大功，將仕郎；小功以下及異姓親，將仕郎。

中大夫至中散大夫：子，通仕郎；孫及期親，登仕郎；大功，將仕郎；小功以下，將仕郎。

太常卿至奉直大夫：子，登仕郎；孫及期親，將仕郎；大功小功親，將仕郎。

國子祭酒至開封少尹：子孫及小功以上，將仕郎。

朝請大夫、帶職朝奉郎以上：理職司資序及不帶職致仕者同。子，將仕郎；小功以上親，將仕郎；緦麻，上州文學。注權官一任，回注正官，謂帶職朝奉郎以上亡歿應蔭補者。廣南東、西路轉運副使：子，登仕郎；孫及期親，將仕郎。提點刑獄：子，將仕郎；孫及期親，將仕郎。

武臣蔭補

樞密使、開府儀同三司：子，秉義郎；孫及期親，忠翊郎；大功以下親，承節郎；異姓親，承信郎。

知樞密院事、同知樞密院事、樞密副使、太尉、節度使：子，忠訓郎；孫及期親，成忠郎；大功，承節郎；小功以下及異姓親，承信郎。

諸衞上將軍、承宣使、觀察使、通侍大夫：子，成忠郎；孫及期親，保義郎；大功以下，承信郎；及異姓親，承信郎。

樞密都承旨、正侍大夫至右武大夫、防禦使、團練使、延福宮使至昭宣使〔九〕任入內內侍省都知以上：子，保義郎；孫及期親，承節郎；大功以下親，內各奏異姓親者同。承信郎。

刺史：子，承節郎；孫及期親，承信郎；大功以下，進武校尉。

諸衞大將軍、武功至武翼大夫、樞密承旨至諸房副承旨：子，承節郎；孫及期親，承信郎；大功以下，進武校尉。

諸衞將軍、正侍至右武郎、武功至武翼郎：子，承信郎；孫，進武校尉；期親，進義校尉。

樞密院逐房副承旨：子，承信郎。

訓武、修武郎及閤門祗候：子，進義校尉。

忠佐帶遙郡者，每兩遇大禮蔭補，子：刺史，進武校尉；團練使、防禦使，承信郎。

臣僚大禮蔭補

宰相、執政官：本宗、異姓、門客、醫人各一人。東宮三師、三少至諫議大夫：權六曹侍郎、侍御史同。本宗一人。

寺長貳、監長貳、祕書少監、國子司業、起居郎舍人、中書門下省檢正、尙書省左右司郎官、樞密院檢詳、若六曹郎中、殿中侍御史、左右司諫、開封少尹：子或孫一人。

致仕蔭補

曾任宰相及見任三少、使相：三人。曾任三少、使相、執政官、見任節度使：二人。太中大夫及曾任尚書侍郎及右武大夫以上，幷曾任諫議大夫以上及侍御史：一人。

遺表蔭補

曾任宰相及見任三少、使相：五人。曾任執政官、見任節度使：四人。太中大夫以上：一人。諸衛上將軍、承宣使：四人。觀察使：三人。

校勘記

〔一〕丞郎　原作「承節」，據長編卷六二、宋會要儀制四之一三改。

〔二〕小兩制　按宋會要儀制五之八作「小兩省」。合璧事類後集卷六一：「國朝沿唐制，起居郎隸門下，起居舍人隸中書，號小兩省」。疑「制」爲「省」字之誤。

〔三〕又外任節鎮知州都監　「節鎮」原作「節制」，據宋會要儀制四之一三改。

〔四〕防團軍事知州都監　「軍」字原脫。按長編卷四五：「詔定節鎮防團軍事州都監通判常從軍士人數有差。」宋會要儀制四之一三：「詔諸路節鎮知州都監給供身當直軍士各七十人，通判十五人，防團軍使（「使」，當爲「事」之誤）知州都監各五十人。」此處當有「軍」字，據補。

〔五〕令文武升朝官無嫡母者聽封生母　按上文：「父亡無嫡、繼母，聽封所生母。」又宋會要儀制一〇之八、長編卷九〇敍此事「嫡母」下都有「繼母」二字，此處「嫡」下當脫「繼」字。

〔六〕令給諫舍人母並封郡太君妻郡君　按長編卷九四、宋會要儀制一〇之八此事俱繫于天禧三年十一月，此上當有「三年」二字。

〔七〕詔文武官年七十以上求退者　「七十」下原衍「一」字，據長編卷五二、宋會要職官七七之三二刪。

〔八〕李東之　原作「李東之」，據宋會要職官七七之五四、東都事略卷五一李東之傳改。參考本書卷三一〇本傳校勘記。下文同。

〔九〕昭宣使　原作「招宣使」，據本書卷一六八職官志、宋會要職官三四之二五及二九改。

宋史卷一百七十一

志第一百二十四

職官十一 奉祿制上

奉祿疋帛　職錢　祿粟　傔人衣粮　厨料　薪炭諸物

奉祿自宰臣而下至岳瀆廟令，凡四十一等。

宰相，樞密使，月三百千。春、冬服各綾二十疋，絹三十疋，冬綿百兩。樞密使帶使相，侍中樞密使，春、冬衣同宰相。節度使同中書門下平章事已上及帶宣徽使，幷前兩府除節度使及節度使移鎭，樞密使、副、知院帶節度使，四百千。

參知政事，樞密副使，知樞密院事，同知樞密院事，及宣徽使不帶節度使，或檢校太保簽書樞密院事，三司使，二百千。春、冬各綾十疋，春絹十疋，冬二十疋，綿五十兩。自宰相而下，春各加羅一疋。

檢校太保簽書者，春、冬絹二十匹，綿五十兩。節度觀察留後知樞密院事及充樞密副使、同知樞密院事，幷帶宣徽使簽書樞密院事，三百千。綾、絹、羅、綿同參知政事。觀文殿大學士，料錢、衣賜隨本官。資政殿大學士，料錢、衣賜隨本官。翰林學士承旨、學士，龍圖、天章閣直學士，知制誥，龍圖、天章閣學士，綾各五匹，絹十七匹，自承旨而下加羅一匹，綿五十兩。已上奉隨本官，衣賜如本官例，大卽依本官例，小卽依逐等。三師，三公，百二十千。綾各十匹，絹三十匹。東宮三師〔一〕，僕射，九十千。綾各五匹，絹二十匹。東宮三少，御史大夫，尚書，六十千。門下、中書侍郎，太常、宗正卿，左、右丞，諸行侍郎，御史中丞，五十五千〔二〕。春、冬各綾五匹，絹十七匹，惟中丞綾七匹，絹二十匹。權御史中丞者給本官奉。太子賓客，四十五千。綾、絹同中丞。左、右散騎常侍，六十千。給事中，中書舍人，大卿、監，國子祭酒，太子詹事，四十五千。諫議，四十千。春、冬綾各三匹，絹十五匹。舊志：太常宗正卿、左右丞、侍郎充翰林承旨及侍讀、侍講，各綾七匹，絹二十匹；中書舍人若充翰林學士，綾五匹，絹十七匹；他官充龍圖閣學士、樞密直學士，並準此。龍圖閣學士知制誥，同諫議之數。權三司使，幷權發遣使公事，料錢、衣賜並同本官。副使，五十千。春綾三匹，冬綾五匹，春、冬絹各十五匹。自三師以下，春各加羅一匹，冬綿五十兩，權者同。判官幷權及發遣，以至子司主判，河渠勾當公事，同管勾河渠公事，料錢、衣賜並同本官數。

左、右諭德，少卿、監，司業，郎中，三十五千。左、右庶子，起居郎、舍人，侍御史，知雜事同。如正郎知雜，即支本官奉料。左、右司諫，殿中侍御史，員外郎，赤令，三十千；丞，十五千。如京朝官願請本官衣奉者，仍支米麥。少詹事，二十九千。春、冬絹各十三匹，惟赤縣令衣賜隨本官。左、右正言，監察御史，太常博士，通事舍人，國子五經博士，太常、宗正、祕書、殿中丞，著作郎，大理正，二十千。太子率更令、中允、贊善、中舍、洗馬，殿中省六尚奉御〔三〕，十八千。太常博士以上春、冬絹各十匹，諭德以下春加羅一匹，冬綿三十兩，餘各絹七匹。太常博士、著作、洗馬舊各有增減。

司天五官正〔四〕，十三千。春、冬絹各五匹，冬綿十五兩。祕書郎，著作佐郎，十七千〔五〕。春、冬絹各六匹，冬綿各二十兩。五官正以下春羅各一匹。祕書郎〔六〕舊無奉，兼三館職事者給八十千〔七〕；至道二年，令同著作佐郎給之〔八〕。大理寺丞，十四千。諸寺、監丞，十二千。春、冬絹各五匹。大理評事，十千。春、冬各絹三匹。自大理寺丞以下冬綿各加十五兩。諸寺、監丞，大理評事，舊有增損不同。太祝，奉禮，八千。司天監丞，五千。春、冬絹各五匹。主簿，五千。春、冬絹各三匹，丞、簿各綿十五兩。靈臺郎，三千。保章正，二千。春、冬絹各三匹，惟靈臺郎冬隨衣錢三千。

節度使，四百千。管軍同。如皇子充節度使兼侍中、帶諸王，皇族節度使同中書門下平章事，并散節度使及帶王爵，奉同節度使。惟春、冬加絹各百匹，大綾各二十匹，小綾各三十匹，羅各十匹，綿各五百兩。節度觀察留後，官制行，改承宣使。三百千。管軍同。兩省都知押班、諸司使遙領者準此。如皇族充留後及帶郡王同，惟春加絹二十匹，冬三十匹，大小綾各十匹，春羅一匹，冬綿百兩。觀察使，二百千。管軍同。兩省都知押班、諸司使并橫行遙領者，奉準此。春、冬加絹各十匹，綿五十兩。如皇族充觀察者，即三百千，仍春、冬加絹各十五匹，綾十匹，春羅一匹，冬綿五十兩。防禦使，三百千〔九〕。管軍、皇族同。其皇族及兩省都知押班、諸司使并橫行、諸衞大將軍將軍遙領者，百五十千。皇族春、冬加絹各十五匹，綾十匹，春羅一匹，綿五十兩。兩省都知押班并橫行，諸衞大將軍領者，春、冬絹各十匹，綿五十兩。團練使，百五十千。管軍及皇族并軍班除充者同。其皇族及兩省都知押班、諸司使并橫行、諸衞大將軍遙領者，百千。皇族春、冬加絹各十五匹，綾十匹，春羅一匹，綿五十兩。兩省都知押班并橫行、諸衞大將軍將軍領者，春、冬絹各十匹，冬綿五十兩。

六軍統軍，百千。諸衞上將軍，六十千。春、冬綾各五匹，絹十匹，綿五十兩。如皇子充諸衞上將軍，二百千，春、冬綾各十匹，春絹十匹，羅一匹，冬絹二十匹，綿五十兩。左、右金吾衞大將軍，三十五千。諸衞大將軍，二十五千。春、冬綾各三匹，絹七匹，冬綿三十兩。將軍，二十千；春、冬綾各二匹，絹五匹，綿二十兩。率府率、副，中郎將，十三千。春、冬絹各五匹，冬綿十五兩。自諸衞上將軍以下，春衣羅一匹。

內客省使，六十千。客省使，三十七千。延福宮、景福殿、宣慶、引進、四方館、宣政、昭宣、閤門使，二十七千。皇城以下諸司使，二十五千。春絹各十匹，冬十匹，綿三十兩。惟客省使春、冬絹各一十匹。

客省及皇城以下諸司副使，二十千。內殿承制，十七千。崇班，十四千。春絹各五匹，冬十匹，綿三十兩。帶閤門祗候並同。供奉官，十千。帶閤門祗候者，十二千。春絹四匹，冬五匹，綿二十兩。侍禁，七千。帶閤門祗候者，一十千。殿直，五千。帶閤門祗候者，九千。並春、冬絹各四匹，冬綿十五兩。三班奉職、借職，四千。春、冬絹各三匹，錢二千。下茶酒班殿侍，一千。春、冬絹七匹，冬綿十五兩。下班殿侍，七百。春、冬絹各五匹，二項並審官幷土人補充者。

皇親任諸衞大將軍領刺史，八千〔一〇〕；將軍刺史，六十千。春、冬綾七匹，春絹十二匹，冬十三匹，綿五十兩。舊志：春、冬綾十匹，絹十五匹，各加羅一匹。將軍，三十千。春、冬綾二匹，絹五匹，羅一匹，冬綿四十兩。率府率，二十千；副率，十五千。春、冬綾各二匹，絹五匹，羅一匹，綿四十兩。

舊志：諸衞將軍有五十千、四十千、三十千三等。一等春、冬各綾五匹，絹十匹；一等綾二匹，絹五匹。春並加羅一匹，冬並綿二十兩。諸司使有四十千、三十千二等。副使以下與異姓同〔一一〕，並給實錢。自諸司使至殿直，春、冬各羅一匹，綾二匹，絹各五匹，冬綿各四十兩。

入內內侍省都知、副都知、押班，不帶遙郡諸司使充者，二十五千。春絹七匹，冬十匹，綿三十兩。副使充者，二十千。春絹五匹，冬七匹，綿二十兩。入內內侍省供奉官，十二千。春絹五匹，冬七匹，綿三十兩。殿頭，七千。高品，高班，五千。春絹各五匹，冬六匹，綿二十兩。黃門，三千。春、冬絹各五匹，綿十五兩。祗候殿頭，祗候高品，祗候高班內品，祗候內品，祗候小內品，貼祗候內品，入內內品，後苑內品，後苑散內品，七百。春、冬絹各五匹，綿十五兩。雲韶部內品，七百。春、冬絹各四匹，綿十五兩。入內內品管勾，二千。奉輦祗應，一千五百。打牧祗應，一千。春、冬絹各五匹，綿各十五兩。

內侍省內常侍，供奉官，十千。春、冬絹各五匹，內常侍春加羅一匹，冬綿十五兩。供奉官冬止加綿二十兩。殿頭，五千。高品，高班，三千。春、冬絹各四匹，冬綿各二十兩。黃門，二千。春、冬絹各四匹，冬綿十五兩。殿頭內侍，入內高品，二千。春、冬絹各三匹，錢二千。高班內品，一千五百。衣糧帶舊。黃門內品在京人事，一千。春、冬各碧羅、碧綾半匹，黃絹、生白絹各一匹，綿八兩。寄班小底，二千。春、冬絹各十匹。入內小黃門，前殿祗候內品，北班內品，外處揀來并城北班、後苑、把門內品，掃洒院子及西京內品依北班內品，依舊在西京收管，七百。西京內品，五百。春、冬絹各五匹，綿各十五兩。惟入內小黃門、前殿祗候內品，春、冬絹各四匹。郢、唐、復州內品，三百。春、冬絹各二匹，布半匹，錢一千。舊志載內官不詳，奉料皆減少。

樞密都承旨，四十千。副都承旨，副承旨，樞密院諸房副承旨，逐房副承旨，已上如帶南班官同。中書堂後官提點五房公事，三十千。都承旨以下春、冬絹各十五匹，春羅一匹，逐房副承旨絹各十三匹。都承旨、承旨春加綾三匹，冬五匹，綿五十兩。副都承旨以下，綿各三十兩。中書堂後官，二十千；特支五千。已上如帶京朝官同。中書、樞密主事，二十千。錄事、令史，十千。春、冬絹各十匹，春羅一匹，主事已上，冬綿五十兩，錄事、令史三十兩。主書，七千。守當官，書令史，五千。春、冬絹各二匹。主書、書令史春錢三千，冬綿十二兩，錢一千，守當官春錢一千。

自中書、樞密幷曾任兩府，雖不帶職，曾任兩府而致仕同。宣徽，三司，觀文、資政、翰林、端明、翰林侍讀侍講，龍圖、天章學士，樞密、龍圖、天章直學士，知制誥，中書舍人，待制，御史臺，開封府，節度使至刺史，三館，祕閣，審刑院，刑部，大理寺，諸王府記室、翊善以下至諸王宮教授，知審官院，勾當三班院，糾察刑獄，判吏部銓、南曹，登聞檢院、鼓院，司農寺及國子監直講、丞、簿，河北、河東、陝西轉運使，皇子親王，諸衞大將軍至率府副率，兩省都知、押班，不帶遙郡諸司使、副，兩府供奉官以下至內品，惟內品特給一分見錢。及樞密都承旨以下，並給見錢。餘官幷防禦使以下諸衞將軍、橫行、諸司使遙領者，悉一分見錢，二分他物。其兩省都知、副都知遙領刺史以上者，即給一半見錢。

三司檢法官，十千。春、冬絹各五匹，冬綿十五兩。願請前任請受者聽。若轉京朝官，隨本官料錢、衣賜。權知開封府幷判官、推官，料錢、衣賜並隨本官。舊志云：判官三十千，推官二十千，並給見錢。司錄，二十千。如差員外郎已上充，隨本官料錢、衣賜。功曹，法曹，十二千。倉、戶、士、兵四曹，十千。差京朝官充，隨本官料錢、衣賜。刑部檢法官、法直官，大理寺法直官、副法直官，十千。春、冬絹各五匹，冬綿十五兩。如轉京朝官，隨本官料錢、衣賜。西京軍巡判官，十五千。內開封府轉至京官，支本官衣奉。西京、南京、北京留守判官，河南、應天、大名府判官，三十千。春、冬絹各十二匹，冬綿二十兩。節度、觀察判官，二十五千。春、冬絹各六匹，冬綿十二兩半。節度副使，三十千。行軍司馬，二十五千。如簽書本州公事，衣奉依節、察判官。若監當即給一半折支，衣賜、廚料不給。節度掌書記，觀察支使，二十千。綿、絹如推官。留守推官，府推官，節度、觀察推官，十五千。春、冬絹各五匹，冬綿十兩。防禦、團練副使，二十千。如監當即給一半折支。防禦、團練判官，十五千。兩朝志云：奉給依本州錄事參軍，如無，依倚郭縣令。防禦、團練軍事推官，軍、監判官，七千。軍事判官如本州錄事參軍之數。

京府司錄參軍，二十千。諸曹參軍，十千。以京官知者奉從多給。景德三年，詔司錄、六曹悉給春、冬衣。五萬戶已上州三京同。錄事參軍，二十千；司理，司法，十二千；司戶，十千。三萬戶已上州錄事，十八千；司理，司法，十二千；司戶，九千。一萬戶已上州錄事，十五千；司理，司法，十千；司戶，八千。五千戶已上州錄事，十二千；司理，司法，十千；司戶，七千。不滿五千戶州錄事，司理，司法，十千；司戶，七千。別駕，長史〔三〕，司馬，司士參軍，如授士曹，依司士。文學參軍，七千。

東京畿縣七千戶已上知縣，朝官二十二千，京官二十千；五千戶已上知縣，朝官二十千，京官十八千；三千戶已上知縣，朝官十八千，京官十五千；三千戶已下知縣，止命京官，十二千。已上衣賜並隨本官。主簿，尉，十二千至七千，有四等。並給見錢。

河南府河南、洛陽縣令，三十千。諸路州軍萬戶已上縣令，二十千；簿，尉，十二千。

七千戶已上令，十八千；簿，尉，十千。五千戶已上令，十五千；簿，尉，八千。三千戶已上令，十二千；簿，尉，七千。不滿三千戶令，十千；簿，尉，六千。京朝官及三班知縣者，亦許給縣令奉。本官奉多者，以從多給。兼監兵者，止請本奉添給。嶽瀆廟令，十千。丞，主簿，七千。全折。

幕職、州縣料錢，諸路支一半見錢，一半折支。縣尉全給見錢。廣東、川峽並給見錢。

元豐制行：宰相，三百千。衣賜綾、絹、綿皆如舊制。然以左、右僕射爲宰相。政和中，以三公爲眞相。靖康依舊制。樞密使帶使相，侍中，樞密使，節度使同中書門下平章事以上及帶宣徽使，幷前兩府除節度使移鎭〔一三〕，樞密使、副知院帶節度使，四百千。自治平末至元豐四年，如文彥博、呂公弼、馮京、吳充先後爲使、副，是年十一月，始詔樞密院置知院、同知院，餘並罷。至是，旣罷使、副，只置知院、同知院，直至靖康不改。

知樞密院，門下、中書侍郎，尚書左、右丞，同知樞密院事，二百千。衣賜如舊。元祐中，復置簽書樞密院事，紹聖中罷。

太師，太傅，太保，少師，少傅，少保，四百千。春服羅三疋，小綾三十疋，絹四十疋，冬服小綾三十疋，絹四十疋，綿二百兩。舊制，奉錢百二十千，春服小綾十疋，絹三十疋，羅一疋，冬服小綾十疋，絹三十疋，綿五十兩。大觀間增改。

開府儀同三司，百二十千。春、冬各小綾十匹，絹三十匹，春羅一匹，冬綿五十兩。大觀二年，以無特任者，遂删去。特進，九十千。春、冬各小綾十匹，絹二十五匹，春羅一匹，冬綿五十兩。

金紫光祿大夫，銀青光祿大夫，光祿大夫，六十千。春、冬各小綾七匹，絹二十匹，春羅一匹，綿五十兩。宣奉、正奉、正議、通奉大夫，五十五千。春、冬各小綾五匹，絹十七匹，春羅一匹，冬綿五十兩。通議、太中大夫，五十千。元豐令，太中大夫以上丁憂解官，給舊官料錢。中大夫，中奉、中散大夫，四十五千。春、冬各小綾三匹，絹十五匹，春羅一匹，冬綿五十兩。朝議、奉直、朝請、朝散、朝奉大夫，三十五千。春、冬絹各十三匹，春羅一匹，冬綿三十兩。

朝請、朝散、朝奉郎，三十千。春、冬服同正郎。承議、奉議、通直郎，二十千。承議春、冬絹各十匹，春羅一匹，冬綿三十兩。奉議、通直，春、冬各絹七匹。宣教郎，十七千。春、冬絹各六匹，春羅一匹，冬綿二十兩。元豐格有出身十七千，無出身十四千。六年，敕不以資考有無出身，並十五千，衣無羅。宣義郎，十二千。春、冬各絹五匹，冬綿十五兩。承事郎，十千。春、冬絹各三匹，冬綿十五兩。承奉郎，八千。承務郎，七千。元豐以來，釐務止支驛料。大觀二年，定支。

承直郎，二十五千。春、冬絹各六匹，綿十二兩半。元豐，留守判官、府判官，奉錢三十千，春、冬絹各十二匹，綿二十兩；節度、觀察判官，奉錢二十五千，春、冬絹各六匹，綿十二兩半，凡二等。崇寧二年，改從一等。儒林郎，二十千。春、冬絹各五匹，綿十兩。元豐，節度掌書記、觀察支使，奉錢衣賜如上；防、團軍事判官考任合入令錄者，奉錢十五千，凡二等。崇寧改從一等。文林郎，十五千。春、冬服同儒林。從事、從政、修職郎，十五千。從事郎，元豐舊制，考第合入令錄者，視令錄支，未合入令錄者，視判、司、簿、尉支。從政郎，元豐，三京、州、府、軍、監司錄、錄事參軍，五萬戶以上二十千，三萬戶以上十八千，一萬戶以上十五千，五千戶以上十二千，不滿五千戶十千。縣令，一萬戶以上二十千，七千戶以上十八千，五千戶以上十五千，三千戶以上十二千，不滿三千戶十千，凡二等。崇寧改從一等。迪功郎，十二千。元豐，四京軍巡判官，十五千。三京、州、府、軍、監司法參軍，五萬、三萬戶以上十二千，一萬戶及不滿五千戶七千。三京、州、府、軍、監司戶參軍，及五萬戶以上十千，三萬戶以上九千，一萬戶以上八千，不滿五千戶七千，凡三等。崇寧改。初，熙寧四年，中書門下言：「天下選人奉薄而多少不均，不足以勸廉吏。今欲月增料錢：縣令、錄事參軍三百六十七員，舊請十千、十二千者，增至十五千；司理、司法、司戶參軍，主簿、縣尉二千一百五十三員，舊請七千、八千、十千者，增至十二千；防、團軍事推官，軍、監判官一百七十二員，舊請七千者，增至十二千。月通增奉錢一萬二千餘貫，米麥亦有增數。」從之。

太尉，一百千。春、冬各小綾十匹，春羅一匹，絹十匹，冬絹二十匹，綿五十兩。帶節度使依本格。

節度使，四百千。曾任執政以上除、及移鎮、初除、及管軍，並同舊制。承宣使，三百千。即節度觀察留後。觀察使，防禦使，二百千。團練使，百五十千。刺史，一百千。自節度使以下至諸衞中郎將，並如舊制。

通侍大夫，三十七千。正侍、宣正、協忠、中侍、中亮、中衞、翊衞、親衞、拱衞、左武、右武大夫，二十七千。武功、武德、武顯、武節、武略、武經、武義、武翼大夫，二十五千。春、冬絹各十匹，綿二十兩。惟通侍大夫，十二匹。

正侍、宣正、履正、協忠、中侍、中亮、中衞、翊衞、親衞、拱衞、左武、右武、武功、武德、武顯、武節、武略、武經、武義、武翼郎，二十千。敦武郎，十七千。修武郎，十四千。春絹五匹，冬七匹，綿二十兩。帶閤門祗候並同。從義、秉義郎，十千。帶閤門祗候十二千。成忠、保義郎，五千。帶閤門祗候者九千，並春、冬絹各四匹，冬綿十五兩。承節、承信郎，四千。春、冬絹各三匹，錢二千。

進武校尉，三千。進義校尉，二千。春、冬絹各三匹。進武副尉，三千。守闕進武副尉、進義副尉、守闕進義副尉，一千。

凡文武官料錢，並支一分見錢，二分折支。曾任兩府雖不帶職，料錢亦支見錢。

職錢

御史大夫，六曹尚書，行，六十千。守，五十五千；試，五十千。翰林學士承旨，翰林學士，五十千。衣賜，本官例。官小，春、冬服小綾各三匹，絹各十五匹，綿五十兩。左、右散騎常侍，御史中丞，開封尹，行，一百千。守，九十千；試，八十千。崇寧四年重定。六曹侍郎，元祐中，置權六曹尚書，奉給依守侍郎，紹聖中，罷。行，五十五千。守，五十千；試，四十五千。太子賓客、詹事，行，五十千。守，四十七千；試，四十五千。給事中，中書舍人，行，五十千。守，四十五千；試，四十千。左、右諫議大夫，元祐中，置權六曹侍郎，奉給依諫議大夫，紹聖中，罷。行，四十五千。守，四十千；試，三十七千。太常、宗正卿，行，三十八千。守，三十五千；試，三十二千。祕書監，行，四十二千。守，三十八千；試，三十五千。七寺卿，國子祭酒，太常、宗正少卿，祕書少監，行，三十五千。守，三十二千；試，三十千。太子左、右庶子，行，四十千。守，三十七千；試，三十五千。七寺少卿，行，三十二千。守，三十千；試，二十八千。中書、門下省檢正諸房公事，尚書左、右司郎中，行，四十千。守，三十七千；試，三十四千。國子司業，少府、將作、軍器監，行，三十二千。守，三十千；試，二十八千。太子少詹事，行，三十五千。守，三十二千；試，三十千。太子左、右諭德，行，三十二千。守，三十千；試，二十九千。起居郎，起居舍人，侍御史，左、右司員外郎，樞密院檢詳諸房文字，尚書六曹郎中，行，三十七千。守，三十五千；試，三十二千。殿中侍御史，左、右司諫，行，三十五千。守，三十二千；試，三十千。左、右正言，行，三十二千。守，三十千；試，二十七千。諸司員外郎，行，三十五千。守，三十二千；試，三十千。少府、將作、軍器少監，行，三十千。守，二十八千；試，二十五千。太子侍讀、侍講，行，二十五千。守，二十二千；試，二十千。監察御史，行，三十二千。守，三十千；試，二十七千。太子中舍，太子舍人，行，二十二千。守，二十千；試，十八千。太常、宗正、知大宗正，祕書丞，大理正，著作郎，太醫令，行，二十五千。守，二十二千；試，二十千。七寺丞，行，二十二千。守，二十千；試，十八千。祕書郎，行，二十二千。守，二十千；試，十八千。太常博士，著作佐郎，行、守，二十千。試，十八千。國子監丞，行，二十二千。守，二十千。大理司直、評事，行，二十二千。守，二十千；試，十八千。少府、將作、軍器、都水監丞，行，二十千。守，十八千。祕書省校書郎，行，十八千。守，十六千；試，十四千。祕書省正字，行，十六千。守，十五千；試，十四千。御史檢法官，主簿，行，二十千。守，十八千。宗學、太學、武學博士，行，二十千。守，十八千；試，十六千。律學博士，行，十八千。守，十七千；試，十六千。太常寺奉禮郎，行，十六千。太常寺太祝、郊社令，行，十八千。守，十六千。太學正、錄，武學諭，行，十八千。守，十七千；試，十六千。律學正，行，十六千。守，十五千；試，十四千。

凡職事官職錢，不言「行」、「守」、「試」者，準「行」給，衣隨寄祿官例支；及無立定例者，並隨寄祿官給料錢，米麥計實數給；應兩給者，謂職錢、米麥。從多給。承直郎以下充職事官，謂大理司直、評事，祕書省正字，太學博士、正、錄，武學博士、諭，律學博士、正。聽支階官請給。衣及廚料、米麥不支。

唐貞元四年，定百官月俸。僖、昭亂離，國用窘闕，至天祐中，止給其半。梁開平三年，始令全給。後唐同光初，租庸使以軍儲不充，百官奉錢雖多，而折支非實，請減半數而支實錢。是後所支半奉，復從虛折。周顯德三年，復給實錢。

宋初之制，大凡約後唐所定之數。乾德四年七月，詔曰：「州縣官奉皆給他物，頗聞貨鬻不充其直，責以廉隅，斯亦難矣。至有賦於廛肆，重增煩擾，且復抵冒公憲，自罹刑辟，甚無謂也。漢乾祐中，置州縣官奉戶，除二稅外，蠲其他役；周顯德始革其制。自今宜逐處置回易料錢戶，每本官所受物，凡一千，分納兩戶，恣其貿易，戶輸錢五百，蠲役之令，悉如漢詔；所賦官物，令諸州計度充一歲所給之數，與蠶鹽同時併給之。其萬戶縣令、五萬戶州錄事、兩京司錄，舊月奉錢二萬者，給四十戶，率是爲差；簿、尉及戶、法掾，舊月奉六千者，增一千，如其所增之數，給與奉戶。」是歲，令西川官全給實錢。開寶三年，令西川州縣官常奉外別給鐵錢五千。四年十二月，詔：「節、察、防、團副使權知州事，節度掌書記自朝廷除授及判別廳公事者，亦給之；副使非知州、掌書記奏授而不釐務者，悉如故，給以折色。」

太平興國元年詔曰：「耕織之家，農桑爲本，奉戶月輸緡錢，蠹茲細民，不易營置，罷天下奉戶。其本官奉錢，並給以官物，令貨鬻及七分，仍依顯德五年十二月詔，增給米麥。」二年二月，詔：「諸道所給幕職、州縣官奉，頗聞官估價高，不能充七分之數。宜令三分給一分見錢，二分折色，令通判面估定官物，不得虧損其價。」四月，令西川諸州幕職官奉外，更增給錢五千。雍熙三年，文武官折支奉錢，舊以二分者，自今並給以實價。端拱元年六月，詔曰：「州郡從事之職，皆參贊郡畫，助宣條教；而州縣之任，並飭躬蒞政，以綏吾民。廩祿之制，宜從優異，庶幾豐泰，責之廉隅。除川峽、嶺南已給見錢外，其諸州府幕職、州縣官料錢，舊三分之二給以他物，自今半給緡錢，半給他物。」淳化元年五月，詔：「致仕官有曾歷外職任者給半奉，以他物充。」三年十一月，令京東西、河北、河東、陝西幕職州縣官料錢，當給以他物者，每千給錢七百。初，川峽、廣南、福建幕職州縣，並許預借奉錢。大中祥符間，又詔江、浙、荆湖遠地，麟、府等州，河北、河東緣邊州軍，自今許預借兩月，近地一月奉錢。至道二年詔：先是，京官滿三十月罷給，自今續給之。

眞宗卽位，以三司估百官奉給折支直，率增數倍，詔有司重定，率優其數。咸平元年六月，詔：「文武羣臣有分奉他所而身沒，未聞訃已給者，例追索，可憫。自今川峽、廣南、福建一季，餘處兩月，悉蠲之。」大中祥符七年詔：「三班使臣自今父母亡，勿住奉。」三年九月，詔羣臣月奉折支物，無收其算。五年七月，增川峽路朝官使臣等月給添支。景德四年九月，上以承平既久，賦斂至薄，軍國用度之外，未嘗廣費自奉，且以庶官食貧勸事，遂詔：「自今掌事文武官月奉給折支，京師每一千給實錢六百，在外四百，願給他物者聽。」大中祥符五年，詔文武官並增奉。三師、三公、東宮三師、僕射各增二十千。三司、御史大夫、六尚書中丞、郎、兩省侍郎、太常宗正卿、內客省使、上將軍各增十千。橫班諸司各增五千。朝官五品正、中郎將已上、諸司使、副各增三千。京官、內殿承制、崇班、閤門祇候各增二千。供奉官各增一千五百。奉職、借職增一千。餘如舊。自乾興以後，更革爲多。至嘉祐始著祿令。

元豐一新官制，職事官職錢以寄祿官高下分行、守、試三等。大率官以祿令爲準，而在京官司供給之數，皆併爲職錢。如大夫爲郎官，既請大夫奉，又給郎官職錢，視嘉祐爲優矣。至崇寧間，蔡京秉政，吳居厚、張康國輩，於奉錢、職錢外，復增供給食料等錢。如京，僕射奉外，又請司空奉，其餘傔從錢米並支本色，餘執政皆然，視元豐制祿復倍增矣。

武臣奉給

殿前司，自宣武都指揮使三十千，差降至歸明神武、開封府馬步軍都指揮使十五千，凡二等。殿前左、右班虞候三十千，至天武、剩員都虞候十九千，凡四等。殿前班指揮使二十千，至捧中、剩員僚直、廣德指揮使十千，凡三等。殿前班都知十三千，至招箭班都知四千，凡七等。殿前班副都知十千，至招箭班副都知三千，凡五等。殿前押班七千，至招箭押班二千，凡五等。散指揮都頭復有押班之名者，如押班給焉。兵士內員僚直復有副指揮使、行首、副行首，招箭班亦有行，七千至三千，凡三等。御龍直副指揮使、都頭、副都頭、十將、虞候十千至三千，凡五等。殿前指揮使五千，至殿侍一千，凡五等。捧日、天武指揮使十千，至捧中、廣德指揮使四千，凡四等。捧日、天武副指揮使七千，至擒戎副指揮使三千，凡五等。捧日軍使、天武都頭五千，至擒戎軍使千五百，凡五等。捧日副兵馬使三千，至擒戎副兵馬使一千，凡四等。天武副都頭二千，至廣德副都頭千五百，凡二等。捧日軍將二千，至龍猛、驍騎、帶甲剩員軍頭、十將三百，凡八等。天武將虞候而下五百，至飛猛、驍雄將虞候已下三百，凡六等。此奉錢之差也。

其外，月給粟：自殿前班都頭、虞候十五石，至廣建副都頭、吐渾十將二石五斗，凡六等。殿前指揮使五石，鞭箭、清朔二石，凡五等。殿前班都虞候已下至軍士，歲給春、冬服三十四至油絹六匹，而加綿布錢有差，復月給傔糧自十人以至一人。諸班、諸直至捧日、天武、拱聖、龍猛、驍騎、吐渾、歸明渤海、契丹歸明神武、契丹直、寧朔、飛猛、宣武、虎翼、神騎、驍雄、威虎、衞聖、清朔、擒戎軍士，皆給傔一人以至半分，餘軍不給焉。

侍衞馬軍、步軍司，自員僚直、龍神衞都虞候月給二十千，至有馬勁勇員七千，凡五等。指揮使自員僚直、龍神衞十千，至順化三千，凡五等。副指揮使自員僚直、龍神衞七千，至順化二千，凡七等。軍使、都頭自龍、神衞五千，至看船神衞一千，凡七等。副兵馬使、副都頭自龍、神衞三千，至順化一千，凡五等。軍頭、十將自龍、神衞千三百，至順化三百，凡五等。此外員僚直有行首、副行首、押番軍頭、都知、副都知之名，自行首五千，至副都知一千，凡六等。而高陽關有驍捷左、右廂都指揮使，月給三十千。開封府有馬步軍都虞候，月給二十千。六軍復有都虞候，月給五千。

員僚直、龍神衞而下，皆月給粟，自都虞候五石，至順化、忠勇軍士二石，凡五等。自都虞候以下至軍士，皆歲給春冬服，自絹三十四至油絹五匹，又加綿布錢有差。復有給傔糧，自十人至一人。其員僚直、龍神衞、雲騎、驍捷、橫塞、及神衞上將、虎翼、淸衞、振武、忠猛軍士，皆給傔一人至半分，他軍不給焉。宣徽院、軍頭司，自員僚至軍士，咸月給錢粟及春冬服有差。

諸道州府廂軍，自馬步軍都指揮使至牢城副都頭，凡五等，月給奉錢凡十五千至五百，凡十有二等。自河南府等五十州、府，鄧州等三十四州，萊州等一百四十四州、軍，廣濟軍等三十九軍、監，所給之數，差而減焉，咸著有司之籍。外有給司馬芻秣，歲給春、冬服加紬、綿、錢、布，亦各有差。

祿粟自宰相至入內高品十八等。

宰相，參知政事，樞密使同中書門下平章事，樞密使、副使、知院事、同知院事，及宣徽使簽書樞密院事，節度觀察留後知樞密院事及充樞密副使、同知樞密院事，并帶宣徽使簽書，檢校太保簽書，及三司使，中書、門下侍郎，尚書左、右丞，太尉，月各一百石。

樞密使帶使相，節度使同中書門下平章事已上及帶宣徽使，幷前兩府除節度使，樞密使、副、知院事帶節度使，月各給二百石。

三公、三少，一百五十石。權三司使公事，七十石。權發遣使，三十五石。內客省使，二十五石。

節度使，一百五十石。管軍同。如皇族節度使同中書門下平章事已上，幷散節度使及帶王爵者，並一百石。留後後改承宣使，觀察、防禦使，一百石。管軍幷兩省都知押班、諸衞大將軍、橫行遙領者同。惟皇族遙領防禦使七十石。團練使，七十石。管軍幷皇族及軍班除充者同。其餘正任並五十石。若皇族幷兩省都知押班、諸衞大將軍、將軍、橫行遙領者同。刺史，五十石。皇族並軍班除充者同。其餘正任幷管軍三十石。兩省都知押班、通侍大夫遙領者二十五石。諸衞大將軍、將軍遙領者十石。橫行遙領者全分二十五石，減定十石。捧日、天武左右廂都指揮使，龍衞、神衞右廂都指揮使帶遙郡團練使五十石。殿前諸班直、都虞候，龍衞、神衞及諸軍都指揮使帶遙郡刺史二十五石。凡一石給六斗，米麥各半。管軍支六分米，四分麥。

赤令，七石；丞，四石。京府司錄，五石。諸曹參軍，四石至三石，有二等。畿縣知縣六石至三石，有四等。主簿、尉米麥三石至二石，有二等。諸州錄事，五石至三石，有三等。司理、司法，四石至三石，有二等。司戶，三石、二石，有二等。諸縣令，五石至三石，有三等。惟河南洛陽縣〔四〕令隨戶口支。簿、尉，三石、二石，有二等。四京軍巡、判官，四石。軍、監判官，防、團推官，二石。司天監丞，四石。主簿，靈臺郎，保章正，二石。已上並給米麥。

入內內侍省供奉官，四石。殿頭〔三〕，高品，三石。高班，黃門，入內內品，管勾奉輦祇應，入輦祇應，二石。打牧祇應，一石五斗。已上並給粳米。祇候殿頭，祇候高品，祇候高班內品，祇候內品，祇候小內品，貼祇候內品，入內內品，後苑內品，後苑散內品，三石。雲韶部內品，一石。已上並給月糧。惟雲韶內品給細色。

內侍省供奉官，三石。殿頭，高品，高班，二石。黃門，一石五斗。已上並給粳米。黃門內品在京人事，二石五斗。北班內品，前殿祇候內品，外處揀來幷城北班、後苑、把門內品，掃灑院子及西京內品與北班內品〔一六〕，依舊在西京收管，西京內品，郢、唐、復州內品，二石。入內小黃門，一石。寄班小底，四石。已上並給月糧。惟入內小黃門給細色。殿頭內侍，入內高班，一石。米麥各半。

熙寧四年〔一七〕，中書門下言：「天下選人奉薄，多少不一，不足以勸廉吏。欲月增米麥、料錢：縣令、錄事參軍三百七十六員，舊請米麥三石者，並增至四石。司理、司法、司戶、主簿、縣尉二千五百一十三員，舊請米麥兩石者，並增至三石。防、團軍事推官，軍、監判官一百七十二員，舊請米麥二石者，並增至三石。每月通增米麥三千七十餘石。」從之。

元隨傔人衣糧任宰相執政者有隨身，任使相至正任刺史已上者有隨身，餘止傔人。

宰相，并文臣充樞密使同中書門下平章事，及樞密使，七十人。宰相舊五十人衣糧，二十人日食，後加。

樞密使帶使相，侍中樞密使，節度使同中書門下平章事已上及帶宣徽使，并前兩府除節度使及節度使移鎮，樞密使、副、知院事帶節度使，一百人。

參知政事，文臣充樞密副使、知院事、同知院事，及宣徽使不帶節度使簽書樞密院事，節度觀察留後知樞密院事并充樞密副使、同知樞密院事，并帶宣徽使簽書樞密院事，三司使，門下侍郎，中書侍郎，尚書左、右丞，五十人。檢校太保簽書樞密院事，三十五人。權三司使，三十人。權發遣公事，十五人。副使、判官、判子司，五人。副使、判官權并權發遣同。

觀文殿大學士，二十人。觀文殿學士，資政殿大學士，十人。資政、端明、翰林侍讀侍講、龍圖、天章學士，樞密直學士，保和、宣和、延康殿學士，寶文、顯謨、徽猷閣學士，七人。舊止給日食，政和月糧二石。

玉淸昭應宮、景靈宮、會靈觀三副使，十人；判官，五人。

節度使，留後改承宣使，觀察使，五十人。管軍同。如皇族節度使同中書門下平章事已上，并散節度使帶王爵，及節度觀察留後帶郡王，並五十人。觀察使，二十人。兩省都知、押班帶諸司使領節度觀察留後，五十人。兩省都知、押班幷橫行領觀察使，十五人。防禦使，三十人。管軍同。皇族幷遙領，並二十人。兩省都知、押班帶諸司使，幷諸衞大將軍，及橫行遙領，並十五人。團練使，三十人。管軍及軍班除充者同。其餘除授者，二十人。皇族充及帶領，十五人。兩省都知、押班帶諸司使，幷橫行遙領者，十人。刺史，二十人。軍班除充者同。其餘除授幷管軍，十人。皇族充，十五人。兩省都知、押班帶諸司使，五人。橫行遙領全分者，五人。減定者不給。內客省使，舊有景福殿使。二十人。

樞密都承旨，十人。副都承旨，副承旨，諸房副承旨，中書堂後官提點五房公事，七人。逐房副承旨，五人。中書堂後官至樞密院主事已上，各二人。錄事，令史，寄班小底，各一人。

傔人餐錢中書、樞密、宣徽、三司及正刺史已上，皆有衣糧，餘止給餐錢。

自判三館、祕書監、兩制、兩省帶修撰，五千。郎中以下帶修撰者三千。直館閣，校理，史館檢討，校勘，各三千。直龍圖閣，審刑院詳議官，國子監書庫官，五千。自修撰已上又有職錢五千，校勘已上三千。

京畿諸司庫、務、倉、場監官：朝官自二十千至五千，凡七等。京官自十五千至三千，凡八等。諸司使、副，閤門通事舍人，承制，崇班，二十千至五千，凡九等。閤門祗候及三班，十五千至三千，凡十等。內侍，十七千至三千，凡九等。寄班，八千至五千，凡三等。舊志訛舛，今並從兩朝志。

茶、酒、廚料之給

學士、權三司使以上兼祕書監，日給酒自五升至一升，有四等，法、糯酒自一升至二升，有二等。又宮觀副使，文明殿學士，即觀文。資政殿大學士，龍圖、樞密直學士，並有給茶。節度使、副以下，各給廚料米六斗〔六〕，麪一石二斗。

薪、蒿、炭、鹽諸物之給宰相舊無，後加。

宰相，樞密使，月給薪千二百束。參知政事，樞密副使，宣徽使，簽書樞密院事，三司使，三部使，權三司使，四百束。三部副使，樞密都承旨，一百五十束。樞密副都承旨，中書提點五房，一百束。開封判官，節度判官，薪二十束，蒿四十束。開封推官，掌書記，支使，留守、節度推官，防、團軍事判官，薪十五束，蒿三十束。留守判官，薪二十束，蒿三十束。防、團軍事推官，薪十束，蒿二十束。

宰相，樞密使，歲給炭自十月至正月二百秤，餘月一百秤。參知政事，樞密副使，宣徽使，簽書樞密院事，三司使，三部使，三十秤。文明殿學士，資政殿大學士，龍圖閣學士，十五秤。都承旨，二十秤。

給鹽：宰相，樞密使，七石。參知政事，樞密副使，簽書院事，宣徽使，三司使，三部使，權三司使，二石。節度使，七石。掌兵遙領，五石。留後，觀察，防禦，團練，刺史，五石。掌兵、遙領皆不給。

給馬芻粟者，自二十四至一匹，凡七等。其軍職，內侍，三班〔一九〕，伎術，中書，樞密，宣徽院，侍衞，殿前司，皇城司，內侍省，入內內侍省吏屬借官馬者，其本廐馬芻粟隨給焉。

給紙者，中書，樞密，宣徽，三司，宮觀副使，判官，諫官，皆月給焉。自給茶、酒而下，兩朝志無，三朝志雖不詳備，亦足以見一代之制云。

校勘記

〔一〕東宮三師　「師」原作「司」，據下文注和宋會要職官五七之一、職官分紀卷五○改。

〔二〕五十五千　「十」下「五」字原脫，據宋會要職官五七之一、宋大詔令集卷一七八定百官俸詔補。

〔三〕六尙奉御　「六尙」原作「五尙」。按本書卷一六四職官志，殿中省凡總局六：尙食、尙藥、尙醞、尙衣、尙舍、尙輦。宋大詔令集卷一七八定百官俸詔作「六尙」，據改。

〔四〕司天五官正　「天」下原衍「十」字，「官」原誤作「千」。按本書卷一六五職官志，司天監有春、夏、中、秋、冬五官正。下文夾注和宋會要職官五七之一、職官分紀卷五〇都作「五官正」，據改。

〔五〕祕書郞著作佐郞十七千　「十七千」原脫，據宋會要職官五七之一、職官分紀卷五〇補。

〔六〕祕書郞　「郞」字原脫，據上文正文、宋會要職官五七之一補。

〔七〕兼三館職事者給八十千　宋會要職官五七之一作「八千」，似近是。

〔八〕令同著作佐郞給之　「佐」字原脫，據上文正文和同上書同卷補。

〔九〕三百千　宋會要職官五七之三作「二百千」，防禦使比觀察使官小，俸給不應反比觀察使多；又兩官都列五品而有正、從之別，疑作「二百千」是。

〔一〇〕八千　「八」下疑脫一「十」字。宋會要職官五七之二作「八十千」，似是。下文將軍刺史已領六十千，此處大將軍反領八千，似不合。

〔一一〕副使以下與異姓同　「以」下原衍「上」字，據同上書同卷刪。

〔一二〕長史　原作「掌史」，按本條別駕、長史、司馬，都是宋代幕職官名，見本書卷一六七職官志。

「掌」當爲「長」之訛，據宋會要職官五七之四改。

〔一三〕前兩府除節度使移鎭　按上文「奉祿」條與下文「元隨傔人衣糧」條都作「前兩府除節度使及節度使移鎭」，疑此處「移鎭」上當有「及節度使」四字。

〔一四〕洛陽縣　「陽」字原脫，據上文「奉祿」條、宋會要職官五七之八補。

〔一五〕殿頭　原作「殿前」，據下文和宋會要職官五七之八改。

〔一六〕西京內品與北班內品　按上文已有「北班內品」，下文又有「西京內品」，此語疑誤，當從「奉祿」條，「與」作「依」。

〔一七〕熙寧四年　「四年」原作「二年」，據上文「廸功郎」條注、長編卷二二六、宋會要職官五七之四〇改。又此年下所記「縣令、錄事參軍三百七十六員」，「司理、司法、司戶、主簿、縣尉二千五百一十三員」，宋會要分別作「五百七十六員」，「二千五百一十三員」，都與「廸功郎」條注異。

〔一八〕各給廚料米六斗　「米」字原脫，據宋會要職官五七之一六補。

〔一九〕三班　宋會要職官五七之一七作「寄班」，又職官分紀卷二六內侍省條說：「熙寧中，定寄班祗候以一十五人爲額。」疑作「寄班」是。

宋史卷一百七十二

志第一百二十五

職官十二 奉祿制下

增給　公用錢　給券　職田

增給〔一〕

權三司使，知開封府，百千。權發遣三司使，五十千。玉清昭應宮、景靈宮、會靈觀三副使，觀文殿大學士，三十千。觀文殿學士，資政殿大學士，元豐添保和殿大學士。宮觀、三司判官，判子司，權及權發遣同。開封府判官，提舉諸司庫務，管轄三司軍大將，提點內弓箭庫，二十千。宮觀都監、勾當官，十七千。任都知、押班者，二十千。資政、端明、翰林侍讀、元祐復置翰林侍讀、侍講學士，紹聖中，罷。龍圖、天章學士，元豐添保和、延康、寶文、顯謨、徽猷學士。樞密直、後改述古殿。

龍圖、天章直學士，元豐添寶文、顯謨、徽猷直學士，保和、龍圖、天章、寶文、顯謨、徽猷待制。十五千。春、冬綾各五匹，絹十七匹，羅一匹，綿五十兩。已上大學士至待制，牽隨本官，衣賜如本官例，大郎依本官例，小郎依逐等。大觀二年，戶部尙書左睿言：「見編修祿格，學士添支比正任料錢相去遼邈，如觀文殿大學士、節度使從二品，大學士添支三十千而已，節度使料錢乃四百千，傔從、粟帛等稱是。或謂大學士有寄祿官料錢，故添支數少。今以銀青光祿大夫任觀文殿大學士較之，則通料錢不及節度使之半，其厚薄不均明矣。自餘學士視諸正任，率皆不等。欲將職錢改作貼職錢以別之。正任料錢、公使爲率，參酌立定。自學士至直閣以上貼職錢，不以內外，並給。觀文殿大學士，百千。觀文學士，資政大學士，八十千。端明後改延康殿學士，五十千。前執政加二十千。龍圖、天章、寶文、顯謨、徽猷學士，樞密直改述古學士，四十千。龍圖、天章、寶文、顯謨、徽猷直學士，三十千。待制，二十千。集賢改集英殿修撰，十五千。直龍圖閣至直祕閣，十千。」詔從之。宣和三年，戶部尙書沈積中、侍郞王蕃言：「元豐法，帶職人依嘉祐祿令，該載觀文殿大學士以下至直學士，添支錢三等，自二十千至十五千。大觀中，因敕令所啓請，改作貼職錢，觀文大學士至直祕閣，自百千至十千，凡九等。兼增添在京供職米麥，觀文殿大學士至待制，自五十石至二十五石四等，比舊法增多數倍。」又奏：「學士提舉在京官，除本身請給外，更請貼職，幷差遣添支，比六曹尙書、翰林學士承旨幾及一倍以上，非稱事制祿之意。」詔並依元豐法，御史中丞二十千，察案御史十千，籍田令七千；並依元豐三年詔，司農寺丞十五千，主簿京朝官十二千，選人十千。熙寧三年，詔廣親、睦親宅記室、講書十五千，教授十二千，軍巡使十七千，權使及判官七千。已上並元豐制，已下惟增散官而已。

羣牧使、副使，開封推官，三司河渠勾當公事、同管勾河渠案公事，十五千。羣牧都監，十三千。銀臺司，審官院，三班院，吏部銓，登聞檢院、鼓院，太常禮院主判官，糾察在京刑獄，羣牧判官，監察使，十千。判司農寺，七千。

其知判諸路州、軍、府，有六十千至七千，凡八等。有以官者：三師，三公，六十千。僕射，東宮三師，幷曾任中書、樞密，特進，五十千。尚書幷左、右丞，東宮三少，金紫光祿大夫至光祿大夫，學士，給事中，諫議，舍人，待制已上，幷橫班使、副，三十千。橫班有二十千者。待制已上充益、梓、利、夔州路知州，給鐵錢二百千。橫班副使知夔州，一百五十千，知諸州、軍者，八十千。大卿監，諸司使、副至供奉官，中大夫至中散大夫，武功郎至秉義郎，閤門祗候已上，十五千。十五千已上有從州、府地望給者。不係大卿，充益、梓、利、夔知州，給鐵錢一百五十千。諸司副使至供奉官、閤門祗候已上知四州同。若知諸州、軍，八十千。惟諸司使一百千。朝官忠翊郎，侍禁，閤門祗候，十千。朝官權知軍、州、府者同。若知四路諸州、府，給鐵錢八十千，知軍六十千。侍禁、閤門祗候、知諸軍、州同。保義郎，殿直，閤門祗候，八千。若知四路諸州、軍者，給鐵錢五十千。京官十千至七千，有二等。知四路州、府，給鐵錢六十千；知軍，五十千。試銜及州縣官，職官兼知春州，七千。有以州望者：河南、大名、荆南、永興、江寧，杭、揚、潭、幷、代州，三十千。應天、眞定、鳳翔、陝府，秦、靑、洪州，二十千。河中，鄆、許、襄、孟、滑、鄭、滄、邢、澶、貝、相、華、晉、潞、廬、壽、宿、泗、楚、蘇、越、潤、常州，十五千。廣州知州，歲七百千，逐月均給。舊月給百千，大中祥符六年，令歲取五百千，餘充添給。益州給鐵錢三百千，梓州二百千，夔州百五十千，餘州約銅錢數而給之。

有都總管、經略安撫等使者：河北四路，真定、瀛州、定州、大名。陝西逐路，永興、秦州、渭州、慶州、延州。河東路，太原。前任兩府，並五十千；諫議、舍人、待制、太中大夫已上，三十千。並特添二十千。知大名府帶河北路安撫使同。知并州帶學士即五十千，而無特給。三路管勾機宜文字，朝官十千，京官七千。知桂州充廣南西路都鈐轄、經略安撫使，自諫議、舍人、待制及大卿監、太中大夫、中散大夫已上，三十千。朝臣充廣西路兵馬都鈐轄兼本路安撫管勾經略司公事，即二十千。河北沿邊安撫副使、都監以橫行使充者，三十千。自橫行副使并諸司使、副至崇班、武功大夫、敦武郎以上充者，二十千。供奉官、秉義郎、閤門祗候充都監，十五千。同管勾河東緣邊安撫司公事，以橫行副使至內殿崇班、敦武郎以上，二十千。

通判，大藩有二十千至十五千者。餘州、軍，朝官有十千至七千者，京官七千。朝官通判益州，給鐵錢八十千，京官六十千。朝官通判益、梓、利、夔路州、軍、府，給鐵錢七十千，京官五十千。簽判，朝官十千，京官七千。朝官簽判益、梓州，給鐵錢七十千，京官五十千。

三路轉運使，淮南、江浙、荆湖制置茶鹽等税都大發運使，諫議、待制、大卿監以下，太中、中散以上，三十千。朝官充發運使、副，二十千。武功大夫至武翼郎、諸司使副充發運使副、都監，同朝官；充判官，十千。三門、白波發運使，朝官二十千；朝官充判官，十千，京官七千。諸路轉運使、副，朝官宣德郎以下，二十千，任四路者，給鐵錢一百五十千。判官十千。任福建、廣南東西路，十五千。任益、梓、利、夔四路，給鐵錢八十千。諸路提點刑獄，勸農使、副，開封府界提點諸縣鎮公事，二十千。忠翊郎、侍禁、閤門祗候以下任諸路提點刑獄、勸農使副并府界同提點，敦武郎、內殿崇班已上者，十五千。朝官并秉義郎、供奉官、閤門祗候已上任四路提點刑獄，給鐵錢一百五十千。忠翊郎、侍禁、閤門祗候以下，一百千。

諸路副都總管，權總管，都鈐轄，路分鈐轄，州鈐轄，路分都監，有五十千至八千，凡六等。任四路，給鐵錢有二百千至一百千，凡三等。府界及諸路州、府、軍、監、縣、鎮都監，巡檢，砦主、監押，自諸司使以下至三班借職，武功大夫至承信郎已上，十五千至五千，凡六等。任四路，給鐵錢有一百千至五十千，凡四等。陝西、河東沿邊諸族蕃官巡檢，自十五千至四千，凡六等。諸路走馬承受公事，自從義郎至保義郎，供奉官至殿直，并兩省自供奉官至黃門，自十千至五千，凡四等。任四路，給鐵錢自六十千至四十千，凡三等。府界并諸路州、府、軍、監、縣、鎮監當，朝官七千，京官五千至四千，凡二等。武功大夫以下至進義校尉，諸司使以下至三班使臣〔三〕，自十千至三千，凡七等。朝官任川峽州、府、軍、監，給鐵錢五十千，京官三十千至二十五千，凡二等。三班使臣任四路者，自六十千至二十五千，凡五等。

朝官充陝西及江、浙、荆湖、福建、廣南提舉、提點鑄錢等公事，自二十千至十五千，凡二等。朝官充都大提舉河渠司，勾當及提舉宮觀，并催遣輦運、催綱，諸州監物務等，自十五千至七千，凡三等。任四路，給鐵錢七十千。京官充催促輦運、催裝斛斗綱船，幷諸州監物務等，自七千至五千，凡二等。任四路，給鉄錢五十千。都大提舉修護黃河堤埽岸，諸處巡檢，幷監北京大內軍器庫，幷蔡河撥發催綱等，並以兩省供奉官以下至內品充，自十千至三千，凡七等。舊志有諸路都部署、鈐轄，有五十千至十五千，凡四等。駐泊都監、兵馬都監，有二十千至十五千，凡六等。諸州監場務，朝官供奉以上七千，京官殿直五千，奉職內品三千，內課頤大者，京朝官與京官同，使臣與兵馬監押同。

大中祥符二年，詔外任官不得挈家屬赴任者，許分添給錢贍本家。添給羊，凡外任給羊有二十口至二口，凡六等。給米，有二十石至二石，凡七等。給麪，有三十石至二石，凡七等。傔從，有二十人至二人，凡七等。馬，有十四至一匹，凡六等。舊志數不同，今從四朝志。

建炎南渡以後，奉祿之制，參用嘉祐、元豐、政和之舊，少所增損。惟兵興之始，宰執請受權支三分之一，或支三分之二，或支賜一半，隆興及開禧自陳損半支給，皆權宜也。其後，內外官有添支料錢，職事官有職錢、廚食錢，職纂修者有折食錢，在京釐務官有添支錢、添支米，選人、使臣職田不及者有茶湯錢，其餘祿粟、傔人，悉還疇昔。今合新舊制而參記之。

元豐定制，以官寄祿。南渡重加修定：開府儀同三司，料錢一百貫。特進，九十貫。春、冬衣絹各二十五匹，小綾一十匹，春羅一匹，冬綿五十兩。金紫光祿大夫，銀青光祿大夫。料錢各六十貫，春、冬絹各二十匹，小綾七匹，春羅一匹，冬綿五十兩。宣奉大夫，正奉大夫，正議大夫，通奉大夫。料錢各五十貫，春、冬絹各十七匹，小綾五匹，春羅一匹，冬綿五十兩。通議大夫，太中大夫，中大夫，中奉大夫，中散大夫。料錢各四十五貫，春、冬絹各二十五匹〔三〕，小綾三匹，春羅一匹，冬綿五十兩。朝議大夫，奉直大夫，朝請大夫，朝散大夫，朝奉大夫。以上料錢各三十五貫，春、冬絹各一十五匹，春羅一匹，冬綿三十兩。朝請郎，朝散郎，朝奉郎。以上料錢各三十貫，春、冬絹各一十三匹，春羅一匹，綿三十兩。承議郎。料錢二十貫，春、冬絹各一十匹，春羅一匹，冬綿三十兩。奉議郎。料錢二十貫，春、冬絹各十匹，春羅一匹，冬綿三十兩。通直郎。料錢十八貫，春、冬絹各七匹，春羅一匹，冬綿三十兩。宣教郎。料錢十五貫，春、冬絹五匹，冬綿十五兩。宣議郎。料錢十二貫，春、冬絹各五匹，冬綿十五兩。承事郎。料錢十貫，春、冬絹各五匹，冬綿十五兩。承奉郎。料錢八貫。承務郎。料錢七貫，元豐以來，釐務止支驛料，大觀二年定支。以上料錢，一分見錢，二分折支。每貫折錢，在京六百文，在外四百文。到任添給驛料。

承直郎。料錢二十五貫，茶湯錢一十貫，廚料米六斗，麪一石五斗，稾四十束，柴二十束，馬一匹，春、冬絹六匹，綿一十二兩。儒林郎。料錢二十貫，茶湯錢一十貫，廚料米六斗，麪一石五斗，稾三十束，柴一十五束，春、冬絹各五匹，冬綿十兩。文林郎。料錢一十五貫，茶湯錢十貫，廚料米六斗，麪一石五斗，稾二十束，柴十五束，春、冬絹各五匹，綿十兩。從事郎，從政郎，修職郎。已上料錢各一十五貫，茶湯錢一十貫，米麥各二石。迪功郎。料錢一十二貫，茶湯錢一十貫，米麥各一石五斗。以上錢折支中給一半見錢，一半折支。每貫折見錢七百文。釐務日給，滿替日住。

武臣請奉：太尉。料錢一百貫，春服羅一匹，小綾及絹各十匹，冬服小綾十匹，絹二十匹，綿五十兩。正任節度使。在光祿大夫之下，初授及帶管軍同，料錢四百貫，祿粟一百五十石。承宣使。在通議大夫之下，料錢三百貫，祿粟一百石。觀察使。在中大夫之下，料錢各二百貫，祿粟一百石，米麥十五石。防禦使。在中散大夫之下，料錢二百貫，祿粟一百石，米麥各十二石五斗。團練使。在中散大夫之下，料錢一百五十貫，祿粟七十石，米麥各九石。諸州刺史。在中散大夫之下，料錢一百貫，祿粟五十石，米麥各七石五斗。自承宣使以下，不帶階官者爲正任，帶階官者爲遙郡，遙郡各在正任之下，請奉與次任、正任一同。靖康指揮：遙郡以上奉錢、衣賜、傔人、奉馬，權支三分之二。

殿前三衙四廂、捧日、天武左右廂都指揮使遙郡團練使。料錢一百貫文，春、冬服絹各十匹。殿前諸班直都虞候，諸軍都指揮使遙郡刺史。料錢五十貫，衣同前。龍衞、神衞右廂都指揮使遙郡團練使。同捧日、天武。龍、神衞諸軍都指揮使遙郡刺史。同殿前。

左、右金吾衞上將軍，左、右衞上將軍，在光祿大夫之下。諸衞上將軍。在通奉大夫之下。以上料錢各六十貫，春、冬綾各五匹，絹各一十匹，春羅一匹，冬綿五十兩。左、右金吾衞大將軍。在中散大夫之下，料錢三十五貫，春、冬綾三匹，絹七匹，春羅一匹，綿三十兩。諸衞大將軍。在中散大夫之下，料錢二十五貫，春、冬綾三匹，絹各七匹，春羅一匹，冬綿二十兩。諸衞將軍。在朝奉郎之下，料錢二十五貫〔四〕，春、冬綾各二匹，絹各七匹，春羅一匹，冬綿十五兩。率府率，在奉議郎之下。率府副率。在通直郎之下。料錢十三貫，春、冬絹各五匹，春羅一匹，冬綿一十五兩。

通侍大夫。在中散大夫之下。料錢五十貫，祿粟二十五石，春絹七匹，冬絹十匹，綿三十兩，傔二十人，馬三匹。正侍大夫，宣正大夫，履正大夫，協忠大夫，中侍大夫。以上在中散大夫之下。料錢各三十七貫，祿粟二十五石，春絹七匹，冬絹十匹，綿三十兩，傔二十人，馬三匹。中亮大夫。在中散大夫之下。料錢三十七貫，祿粟二十五石，春絹七匹，冬絹十匹，綿三十兩，傔二十人，馬三匹。中衞大夫，翊衞大夫，親衞大夫，在中散大夫之下，防禦使之上。拱衞大夫，左武大夫，右武大夫。並在奉直大夫之下，諸司正使之上。以上料錢並二十七貫，春絹七匹，冬絹十匹，綿三十兩。武功大夫，武德大夫，武顯大夫，武節大夫，武略大夫，武經大夫，武義大夫，武翼大夫。並在朝奉大夫之下。以上各料錢二十五貫，廚料米一石，麪二石，春絹七匹，冬絹十匹，綿三十兩。

正侍郎，宣正郎，履正郎，協忠郎，中侍郎，中亮郎，中衞郎，翊衞郎，親衞郎，拱衞郎，左武郎，右武郎。以上並在朝奉郎之下。錢各二十貫，春絹五匹，冬絹七匹，綿二十兩。武功郎，武德郎，武顯郎，武節郎，武略郎，武翼郎，武義郎。並在承議郎之下。以上各料錢二十貫，廚料米、麪各一石，春絹五匹，冬絹七匹，綿二十兩。訓武郎。料錢一十七貫，春絹五匹，冬絹七匹，綿二十兩。修武郎。料錢一十七貫，春絹五匹，冬絹七匹，綿二十兩。從義郎，秉義郎。並料錢十貫，帶職錢十二貫，春絹四匹，冬絹五匹，綿一十兩。忠訓郎，忠翊郎。並料錢七貫，帶職錢十貫，春、冬絹各四匹，冬綿一十五兩。成忠郎，保義郎。並料錢五貫，帶職錢七貫，春、冬絹各四匹，綿一十五兩。承節郎，承信郎。並料錢四貫，春、冬絹各三匹，錢二貫文。進武校尉。料錢三貫，春、冬絹各三匹。進義校尉。料錢二貫，春、冬絹各三匹。下班祗應。各隨差使理年不等。自三年至十二月〔五〕，料錢七百文，糧二石五斗，春、冬絹各五匹。進武副尉。料錢三貫。進義副尉。料錢一貫。守闕進義副尉。料錢二貫。

料錢、職錢，紹興仍政和之舊：宰相，樞密使，料錢月三百貫。政和左輔、右弼爲宰相，紹興左右僕射同中書門下平章事爲宰相。舊制，春、冬服小綾各二十匹，絹各三十匹，春羅一匹，冬綿一百兩。初，建炎元年指揮，宰執請受並權支三分之二，支賜支一半。知樞密院事，參知政事，樞密副使，同知樞密院事，簽書樞密院事。料錢二百貫，春、冬服小綾各十匹，絹各二十匹，春羅一匹，冬綿五十兩。太師，太傅，太保，少師，少傅，少保。料錢三百貫，春服羅三匹，權支一匹；小綾三十匹，支二十匹；絹四十匹，支三十匹，冬服綾、絹同。綿二百兩，支一百兩。

以下職事官並支職錢：開封牧，錢一百貫。春服羅一匹，小綾、絹各十匹，冬服小綾十匹，絹二十匹，綿五十兩。太子太師，太傅，太保，職錢二百貫。春服羅一匹，小綾十匹，絹二十五匹，冬服綾、絹同，綿五十兩。少師，少傅，少保，百五十貫。春、冬服小綾各七匹，絹各二十匹，春羅一匹，冬綿五十兩。御史大夫，六部尙書。行，六十貫；守，五十五貫；試，五十貫。春服羅一匹，小綾五匹，絹十七匹，冬服綾、絹同，綿五十兩。

翰林學士承旨，翰林學士，五十貫。春服同上。左、右散騎常侍。行，五十五貫；守，五十貫；試，四十五貫。春服小綾三匹，絹十五匹，羅一匹，冬綾、絹同，綿五十兩。權六曹尚書，御史中丞，六曹侍郎並同常侍，太子賓客。行，五十貫；守，四十七貫；試，四十五貫。春服小綾七匹，絹二十匹，羅一匹，冬綾、絹同，綿三十兩。太子詹事。錢、衣同賓客，小綾各止三匹。給事中，中書舍人。行，五十貫；守，四十五貫；試，四十貫。服同詹事。左、右諫議大夫。行，四十五貫；守，四十貫；試，三十七貫。餘同舍人。權六曹侍郎。職錢四十貫，絹同上〔六〕。太常、宗正卿。行，三十八貫；守，三十五貫；試，三十二貫。春、冬衣隨官序。

秘書監。行，四十二貫；守，三十八貫；試，三十五貫。七寺卿，國子祭酒。行，三十五貫；守，三十二貫；試，三十貫。太常、宗正少卿，秘書少監。行，三十二貫；守，三十貫；試，二十八貫。中書門下省檢正諸房公事，左、右司郎中。行，四十貫；守，三十七貫；試，三十五貫。國子司業，少府、將作、軍器監。行，三十二貫；守，三十貫；試，二十八貫。太子少詹事。行，三十五貫；守，三十二貫；試，三十貫。太子左、右諭德。行，三十三貫；守，三十貫；試，二十九貫。起居郎，起居舍人，侍御史。行，三十七貫；守，三十五貫；試，三十二貫。左、右司員外郎，六曹郎中。同上。殿中侍御史，左、右司諫。行，三十五貫；守，三十二貫；試，三十貫。

左、右正言。行，三十二貫；守，三十貫；試，二十七貫。諸司員外郎。同司諫。少府、將作、軍器少監。行，三十貫；守，二十八貫；試，二十五貫。太子侍讀、侍講。行，二十五貫；守，二十二貫；試，二十貫。

監察御史。同正言。太子中舍人，太子舍人。行，二十貫；守，十九貫；試，十八貫。太常丞，太醫令，宗正丞，知大宗正丞，祕書丞，大理正，著作郎〔七〕。行，二十五貫；守，二十二貫；試，二十貫。紹興元年指揮，宣教郎任館職，寺監丞、簿、評事，臺法、主簿，寺簿、正、司直，添給職錢一十六貫，指揮每月特支米三石。七寺丞。行，二十二貫；守，二十貫。祕書郎。行，二十二貫；守，二十貫；試，一十八貫。太常博士。同七寺丞。著作佐郎。同祕書郎。國子監丞。同七寺丞。大理司直、評事。同著作郎。少府、將作、都水監丞。行，二十貫；守，十八貫。祕書省校書郎；行，十八貫；守，十六貫；試，十四貫。正字。行，十六貫；守，十五貫；試，十四貫。御史臺檢法、主簿，九寺簿，行，二十貫；守，十八貫。諸王宮大小學教授，太學、武學博士。行，二十貫；守，十八貫；試，十六貫。今諸王府翊善、贊讀、直講、記室料錢，並支見錢。律學博士。行，十八貫；守，十七貫；試，十六貫。太常寺奉禮郎。十六貫。太常寺太祝、郊社令；行，十八貫；守，十六貫。太官令。十六貫〔八〕。五監主簿。行，十八貫；守，十六貫。太學正、錄，武學諭。行，十八貫；守，十七貫；試，十六貫。律學正。行，十六貫；守，十五貫；試，十四貫。

樞密院官屬：都承旨，承旨。料錢四十貫，職錢三十貫，承旨二十五貫。春服羅一匹，小綾三匹，絹十五匹，冬服小綾五匹，絹十五匹，綿五十兩。副都承旨。料錢三十貫，職錢二十貫，副承旨、諸房副承旨十五貫，若諸房副承旨同主管承旨司公事，加五貫。春衣羅一匹，絹十五匹，冬絹同，綿三十兩。檢詳諸房文字。職錢三十五貫，廚食錢每日五百。計議、編修官。添支錢十貫，第三等折食錢二十五貫，廚食錢每日五百。

凡諸職事官職錢不言「行」、「守」、「試」者，準「行」給。職事官衣，如寄祿官例，及無立定則例者，隨寄祿官給。職料錢、米麥計實數給，兩應給者，從多給。謂職錢、米麥。諸承直以下充職事官，謂大理司直、評事，祕書省正字，太學博士、正、錄，武學博士、諭，律學博士、正。聽支階官請受、添給。諸稱請受者，謂衣糧、料錢，餘並爲添給。

舊制，觀文殿大學士，三十貫。米三石，麪五石。觀文殿學士，資政、保和殿大學士，二十貫。米三石，麪五石。資政、保和殿學士，十五貫。米三石，麪五石，同上。春、冬小綾各五匹，絹各十七匹，春羅一匹，冬綿五十兩。龍圖、天章、寶文、顯謨、徽猷、敷文閣學士、直學士，十五貫。春、冬小綾各三匹，絹各十五匹，春羅一匹，冬綿五十兩。保和殿，龍圖、天章、寶文、顯謨、徽猷、敷文閣待制同。

先是，大觀，或言添支厚薄不均，其後，自學士而下改名貼職錢：觀文殿大學士；貼職錢一百貫文，米麥各二十五石，添支米三石，麪五石，萬字茶二斤。觀文殿學士，資政、保和殿大學士；貼職錢八十貫，米麥同，添支錢十貫，添支米麪同。資政、保和殿學士；貼職錢七十貫，米麥同，添支米麪同，萬字茶二斤，春、冬綾五匹，絹一十七匹，綿五十兩，羅一匹。端明殿學士；貼職錢五十貫，米麥二十石，添支米三石，麪五石，萬字茶二斤，春、冬綾五匹，絹一十七匹，羅一匹，冬綿五十兩。龍圖、天章、寶文、顯謨、徽猷、敷文閣學士，樞密直學士；正三品，貼職錢四十貫，米麥各一十石，添支米二石，麪五石，萬字茶二斤，春、冬綾五匹，絹一十七匹，春羅一匹，冬綿五十兩。龍圖、天章、寶文、徽猷、敷文閣直學士，保和殿待制；貼職錢三十貫，米麥各一十七石五斗，春、冬綾各三匹，絹一十五匹，春羅一匹，冬綿五十兩。龍圖、天章、寶文、顯謨、徽猷、敷文閣待制；貼職錢二十貫，米麥各一十二石五斗，春、冬綾各三匹，絹一十五匹，春羅一匹，冬綿五十兩。集英殿修撰，右文殿修撰，祕閣修撰；以上貼職錢各一十五貫。直龍圖、天章、寶文閣，直顯謨、徽猷、敷文閣，直祕閣。以上貼職錢各一十貫。

宣和間，罷支貼職錢，仍舊制添支。紹興因之，令諸觀文殿大學士至保和殿大學士料錢、春冬服隨本官；資政殿學士至待制料錢隨本官，春、冬服從一多給。又諸學士添支錢，曾任執政官以上者，在京、外任並支；其餘在京支，外任不支。米、麪、茶、炭、奉馬、傔人衣糧，內外任並給。酒、添支、馬草料，外任勿給。外此，有依祖例添支，如六部尚書而下職事官，分等第支廚食錢，自十五貫至九貫，凡四等，並依宣和指揮。修書官折食錢，監修國史四十千，史館修撰、直史館、本省長貳三十七貫五百，檢討、著作三十五貫，並依自來體例。有特旨添支。如紹興元年指揮：館職，寺監丞、簿，評事，臺法、主簿，寺正、司直，博士，添職錢一十貫。六年指揮：五寺、三監，祕書、大宗正丞，太常博士，著作，祕書、校書郎，著作佐郎，正字，大理寺正、司直、評事，臺簿，刪定官，檢、鼓、奏告院，特支米三石，計議、編修官二石〔九〕。

祿粟及隨身、傔人：宰相，一百石，紹興，三公，侍中，中書，尚書令，左、右僕射同平章事，並爲宰相。隨身七十人。知樞密院事，參知政事，樞密副使，同知樞密院事，一百石，隨身五十人。太師，太傅，太保，少師，少傅，少保，一百石，舊制百五十石。隨身一百人。太尉，一百石，隨身五十人。節度使，祿粟已具奉祿類。元隨五十人。承宣使，元隨五十人。觀察使，防禦使，元隨三十人。團練使，已上並具奉祿類。元隨三十人。諸州刺史，同上。元隨二十人。通侍大夫，正侍大夫，宣正大夫，履正、協忠、中侍、中亮大夫，祿粟、傔人並具奉祿類。捧日、天武左右廂都指揮使遙郡團練使，五十石，傔十人。龍、神衞右廂都指揮使帶遙郡團練使同〔10〕。殿前諸班直都虞候，諸軍都指揮使遙郡刺史，二十五石，傔五人。龍、神衞諸軍都指揮使帶遙郡刺史同。

諸學士添支米已附于前，今載：觀文殿大學士，傔二十人。觀文殿學士，資政、保和殿大學士，傔十人。資政、保和殿學士，龍圖、天章、寶文、顯謨、徽猷、敷文閣學士，傔七人。樞密都承旨，傔十人；副都承旨、諸房副承旨，七人。其餘京畿守令、幕職曹官，自十石、七石、五石至于二石各有等。中書堂後官提點五房公事，逐房副承旨，自七人、五人至于一人各有數。因仍前制，舊史已書。凡任宰相、執政有隨身，太尉至刺史有元隨，餘止傔人。

紹興折色：凡祿粟每石細色六斗。米麥中支。管軍給米六分，麥四分。隨身、元隨、傔人糧，每斗折錢三十文，衣紬絹每匹一貫，布每匹三百五十文，綿每兩四十文。

公用錢

自節度使兼使相，有給二萬貫者。其次，萬貫至七千貫，凡四等。節度使，萬貫至三千貫，凡四等。節度觀察留後，五千貫至二千貫，凡四等。觀察使，三千貫至二千五百貫，凡二等。防禦使，三千貫至千五百貫，凡四等。團練使，二千貫至千貫，凡三等。刺史，千五百貫至五百貫，凡三等。亦有不給者。觀察使以下在禁軍校者，皆不給。京守在邊要或加錢給者，罷者如故，皆隨月給受，如祿奉焉。咸平五年，令河北、河東、陝西諸州，皆逐季給。

京師月給者：玉淸昭應宮使，百千。景靈宮使，崇文院，七十千。會靈觀使，六十千。祥源觀都大管勾，五十千。御史臺，三百千。大理寺，二百五十三千。刑部，九十六千。舍人院，二十千。太常寺，二十五千。祕閣，二十千。宗正寺，十五千。太常禮院，起居院，十千。門下省，登聞檢院、鼓院，官誥院，三班院，各五十千。

歲給者：尙書都省，銀臺司，審刑院，提舉諸司庫務司，每給三十千，用盡續給，不限年月；餘文武常參官內職知州者，歲給五千至百千，凡十三等，皆長吏與通判署籍連署以給用；少卿監以上，有增十千至百千者。淳化元年九月，詔諸州、軍、監、縣無公使處，遇誕降節給茶宴錢，節度州百千，防、團、刺史州五十千，監、三泉縣三十千，嶺南州、軍以幕府州縣官權知州十千。

給券

文武羣臣奉使於外，藩郡入朝，皆往來備饔餼，又有賓幕、軍將、隨身、牙官，馬驢、橐駝之差：節、察俱有賓幕以下；中書、樞密、三司使有隨身而無牙官、軍將隨；諸司使以上有軍將、橐駝。餘皆有牙官、馬驢，惟節、察有賓幕。諸州及四夷貢奉使，諸司職掌祗事者，亦有給焉。四夷有譯語、通事、書狀、換醫、十券頭、首領、部署、子弟之名，貢奉使有廳頭、子將、推船、防授之名，職掌有傔。

京朝官、三班外任無添給者，止續給之。京府按事畿內，幕職、州縣出境比較錢穀，覆按刑獄，並給券。其赴任川峽者，給驛券，赴福建、廣南者，所過給倉券，入本路給驛券，皆至任則止。車駕巡幸，羣臣扈從者，中書、樞密、三司使給館券，餘官給倉券。

職田

周自卿以下有圭田不稅，晉有芻稾田，後魏宰人之官有公田，北齊一品以下公田有差，唐制內外官各給職田，五代以來遂廢。咸平中，令館閣檢校故事，申定其制，以官莊及遠年逃亡田充，悉免租稅，佃戶以浮客充，所得課租均分，如鄉原例。州縣長吏給十之五，自餘差給。其兩京、大藩府四十頃，次藩鎮三十五頃，防禦、團練州三十頃，中、上刺史州二十頃，下州及軍、監十五頃，邊遠小州、上縣十頃，中縣八頃，下縣七頃，轉運使、副十頃，兵馬都監押、砦主、鹽務官、錄事參軍、判司等，比通判、幕職之數而均給之。

景德二年七月，詔諸州職田如有災傷，準例蠲課。大中祥符九年，殿中侍御史王奇上言，請天下納職田以助振貸。帝曰：「奇未曉給納之理。然朕每覽法寺奏款，外官占田多踰往制，不能自備牛種，水旱之際又不蠲省，致民無告。」遂罷奇奏，因下詔戒飭之。

天聖中，上患職田有無不均，吏或多取以病民；詔罷天下職田，悉以歲入租課送官，具數上三司，計直而均給之。朝廷方議措置未下，仁宗閱具獄，見吏以賄敗者多，惻然傷之；詔復給職田，毋多占佃戶，及無田而配出所租，違者以枉法論。

又十餘年，至慶曆中，詔限職田，有司始申定其數。凡大藩長吏二十頃，通判八頃，判官五頃，幕職官四頃。凡節鎮長吏十五頃，通判七頃，判官四頃，幕職官三頃五十畝。凡防、團以下州軍長吏十頃，通判六頃，判官三頃五十畝，幕職官三頃。其餘軍、監長吏七頃，判官、幕官，並同防、團以下州軍。凡縣令，萬戶以上六頃，五千戶以上五頃，不滿五千戶並四頃。凡簿、尉，萬戶以上三頃，五千戶以上二頃五十畝，不滿五千戶二頃。錄事參軍比本判官。曹官比倚郭簿、尉。發運制置、轉運使副，武臣總管，比節鎮長吏。發運制置判官，比大藩府通判。安撫都監，路分都監，比節鎭通判。大藩府都監，比本府判官。黃汴河、許汝石塘河都大催綱，比節鎭判官。節鎭以下至軍監，諸路走馬承受幷砦主，都同巡檢，提舉捉賊，提點馬監，都大巡河，不得過節鎭判官。在州監當及催綱、撥發，巡捉私茶鹽賊盜，駐泊捉賊，不得過簿、尉。自此人有定制，士有定限，吏以職田抵罪者，視昔爲庶幾焉。

至熙寧間，復詔詳定：

凡知大藩府三京、京兆、成都、太原、荆南、江寧府，延、秦、揚、杭、潭、廣州。二十頃，節鎭〔二〕十五頃，餘州及軍淮陽、無爲、臨江、廣德、興國、南康、南安、建昌、邵武、興化。並十頃，餘小軍、監七頃。通判，藩府八頃，節鎭七頃，餘州六頃。留守、節度、觀察判官，藩府五頃，節鎭四頃。掌書記以下幕職官三頃五十畝。防禦、團練軍事推官，軍監判官三頃。令、丞、簿、尉，萬戶以上，縣令六頃，丞四頃；不滿萬戶，令五頃，丞三頃；不滿五千戶，令四頃，丞二頃五十畝。簿、尉減令之半。藩府、節鎭錄參，視本州判官，餘視幕職官。藩府、節鎭曹官，視萬戶縣簿、尉，餘視不滿萬戶者。

發運、轉運使副，視節鎭知州。開封府界提點，視餘州〔三〕。發運、轉運判官，常平倉司提舉官，視藩府通判。同提舉，視萬戶縣令。發運司幹當公事，視節鎭通判。轉運司管幹文字，提刑司檢法官，提舉常平倉司幹當公事，視不滿萬戶縣令。蔡河、許汝石塘河都大催綱，管幹機宜文字，府界提點司幹當公事，視節鎮判官。

總管，視節鎮知州。路分鈐轄，視餘州知州。安撫、路分都監，州鈐轄，視節鎮通判。藩府都監，視本州判官。諸路正將，視路分都監；副將，視藩府都監。走馬承受，諸州都監，都同巡，都大巡河，並視節鎮判官。巡檢，堡砦都監，砦主，在州監當及催綱、撥發，巡捉私茶鹽賊盜，駐泊捉賊，並視幕職官。巡轄馬遞鋪，監堰并縣、鎮、砦監當，並視本縣簿、尉。諸路州學教授，京朝視本州判官〔一三〕，選人視本州曹官。

又詔：「成都府路提點刑獄司，以本路職田令逐州軍歲以子利稻麥等拘收變錢，從本司以一路所收錢數，又紐而爲斛斗價直，然後等第均給。」自熙寧三年始，知成都府，一千石。轉運使，六百石。鈐轄二員，各五百石。轉運判官，視鈐轄。通判二員，各四百五十石。簽判，節推，察推，知錄，幹當糧料院，監軍資庫，都監，都巡檢，巡檢，係大使臣〔一四〕。走馬承受，京朝官知縣，各二百石。內職官係兩使支掌以上資序者同。如係初等及權入者，各一百五十石。監商稅、市買院〔一五〕、交子務，係京朝官或大使臣充者。視職官。城外巡檢，監排岸〔一六〕，十縣巡檢，係三班使臣者。各一百五十石。司理，司戶，司法，府學教授，係敕劄正授者。監甲仗庫，各一百石。知眉、蜀、彭、雅、邛、嘉、簡、陵州，永康軍〔一七〕，視成都通判。其通判減三之一。知威、黎、茂州，視眉、蜀通判。其都監，監押，駐泊，都巡檢，係大使臣者。簽判，推、判官，係兩使職官并支掌以上資序。知錄，京朝官幷職官知縣，監棚口鎮〔一八〕，係京朝官。視成都職官。監押，巡檢，同巡檢，駐泊，係三班使臣。初等職官或權入職官，錄事參軍，縣令，試銜知縣，視成都城外巡檢。司理，司戶，司法，諸縣主簿、尉，應監當場務選人監稅、監鹽，巡轄馬鋪，係三班使臣。視成都曹官。應諸縣令佐係職員權攝者不給。歲有豐凶，則數有少剩，皆隨時等級爲之增減。初，權御史中丞呂誨、御史知雜劉述奏詔同均定成都、梓、利、夔四路職田。誨等以成都路歲收子利稻麥、桑絲、麻竹等物逐處不同，遂計實直紐作稻穀一色，每斗中價百有二十，自知成都府以下官屬等第均定〔一九〕。及再詔詳定，而三路數少，均分不足，用定到成都路數目以聞，中書再行詳定，而有是詔。

元豐中，詔熙河、涇原、蘭州路州軍官屬職田，每頃歲給錢鈔十千。以其元給田及新造之區，募弓箭手及留其地以爲營田。元符三年，朝散郎杜子民奏：「職田之法，每患不均。神宗首變兩川之法，均給上下，一路便之。元祐中，推廣此意，以限月之法，變而均給。士大夫貪冒者，或窮日之力以赴期會，或交書請屬以倖權攝，奔競之風長，廉耻之節喪。乞復元豐均給之法，以養士廉節。」從之。

建中靖國元年，知延安府范純粹奏：「昨帥河東日，聞晉州守臣所得職田，因李君卿爲州，諭意屬邑增廣租入，比舊數倍。後襄陵縣令周汲力陳其弊，郡守時彥歲減所入十七八，佃戶始脫苛斂之苦。而晉、絳、陝三州圭腴，素號優厚，多由違法所致。或改易種色，或遣子弟公皁監穫，貪汚猥賤，無所不有。乞下河東、陝西監司，悉令改正。」從之。

大觀四年，臣僚言：「圭田欲以養廉，無法制以防之，則貪者奮矣。姦吏挾肥瘠之議，以逞其私，給田有限，課入無算，祖宗深慮其弊，以提點刑獄官察之，而未嘗給以圭租，庶不同其利而公其心也。近歲提點刑獄所受圭租，同於他司，故積年利病，壅於上聞。元豐舊制，檢法官，其屬也，當視其長。自元祐初併提舉常平司職事入提刑司，兼領編敕，遂將提舉官合給之數撥與提刑司，參詳修立，而檢法官亦預焉。」詔依舊法。

政和八年，臣僚言：「尙書省以縣令之選輕，措置自不滿五千戶至滿萬戶遞增給職田一頃。夫天下圭租，多寡不均久矣，縣令所得，亦復不齊。多至九百斛，如淄州高苑；八百斛，如常之江陰；六百斛，常之宜興。亦六百斛〔一〇〕。自是而降，或四五百，或三二百。凡在河北、京東、京西、荆湖之間，少則有至三二十斛者；二廣、福建有自來無圭租處；川峽四路自守倅至簿、尉，又以一路歲入均給，令固不得而獨有。今欲一概增給一頃，豈可得哉？」詔應縣令職田頃畝未及條格者，催促摽撥。

宣和元年〔一一〕詔：「諸路職官各有職田，所以養廉也。縣召客戶、稅戶，租佃分收，災傷檢覆減放，所以防貪也。諸縣多踰法抑都保正長，及中上戶分佃認納。不問所收厚薄，使之必輸，甚至不知田畝所在，虛認租課。聞之惻然。應違法抑勒及詭名委保者，以違詔論；災傷檢放不盡者，計贓以枉法論；入已者以自盜論。」

靖康元年，詔諸路職田租存田亡者，並與落租額。紹興間，懼其不均，則詔諸路提刑司依法摽撥，官多田少，卽於鄰近州縣通融，須管數足。又詔將空閑之田爲他司官屬所占者，撥以足之，仍先自簿、尉始。其有無職田，選人并親民小使臣，每員月支茶湯錢一十貫文。內雖有職田，每月不及十貫者，皆與補足，所以厚其養廉之利。懼其病民，則委通判、縣令覈實，除其不可力耕之田，損其已定過多之額。凡職租不許輒令保正催納，或抑令折納見錢，或無田平白監租，或以虛數勒民代納，或額外過數多取，皆申嚴禁止之令。察以監司，坐以贓罪，所以防其不廉之害。罷廢未幾而復舊，拘借未久而給還，移充糴本，轉收馬料，旋復免行，皆所以示優恩、厲淸操也。

若其頃畝多寡，具有成式：知藩府，謂三京、潁昌、京兆、成都、太原、建康、江陵、延安、興仁、隆德、開德、臨安府，秦、揚、潭、廣州。二十頃。發運、轉運使副，總管，副總管，知節鎭，一十五頃。知餘州及廣濟、淮陽、無爲、臨江、廣德、興國、南康、南安、建昌、邵武、興化、漢陽、永康軍，并路分鈐轄，一十頃。發運、轉運判官，提舉淮南、兩浙、江南、荊湖東西、河北路鹽事官，通判藩府，八頃。知餘軍及監，并通判節鎭州，鈐轄，安撫副使，都監，路分都監，將官，發運司幹辦公事，七頃。通判餘州及軍，滿萬戶縣令，六頃。藩府判官，錄事參軍，州學教授，並謂承務郎以上者。都監，發運、轉運司主管文字，滿五千戶縣令，副將官，五頃〔三〕。節鎭判官，錄事參軍，州學教授，並謂承務郞以上者。轉運司主管帳司，不滿五千戶縣令，滿萬戶縣丞，餘州都監，走馬承受公事，主管機宜文字，同巡檢，都大巡河，提點馬監，四頃。節度掌書記，觀察支使，藩府及節鎭推官，巡檢，縣、鎭、砦都監，砦主，巡捉私茶鹽，駐泊捉賊，在城監當，餘州判官、學教授，並謂承務郞以上者。軍、監都監，三頃五十畝。軍、監判官，餘州推官，餘州及軍、監錄事參軍，巡檢，縣、鎭、砦都監，砦主，巡捉私茶鹽，駐泊捉賊，在城監當，藩府及節鎭曹官，州學教授，謂承直郞以下。滿五千戶縣丞，滿萬戶縣簿、尉，巡轄馬遞鋪，縣、鎭、砦監當及監堰，三頃。餘州及軍、監曹官，州學教授，謂承直郞以下。不滿五千戶縣丞，滿五千戶縣簿、尉，巡轄馬遞鋪，縣、鎭、砦監當及監堰，二頃五十畝。不滿五千戶縣簿、尉，巡轄馬遞鋪，縣、鎭、砦監當及監堰，二頃。

校勘記

〔一〕增給　原脫，據本卷所列子目增補。

〔二〕諸司使以下至三班使臣　「以下至」原作「至下以」。按上句爲「武功大夫以下至進義校尉」，上文又有「自諸司使以下至三班借職」語，當作「以下至」是，今改。

〔三〕二十五匹　通考卷六五職官考作「十五疋」。按上文宣奉至通奉大夫春、冬絹爲各十七匹，此處通議大夫等絹數當較少，似應從通考作「一十五匹」。

〔四〕二十五貫　通考卷六五職官考作「二十貫」。按上文諸衛大將軍料錢爲二十五貫，此處諸衛將軍錢數當較少，似應從通考作「二十貫」。

〔五〕自三年至十二月　「十二月」，通考卷六五職官考作「十二年」。按上文說「各隨差使理年不等」，則「月」字當以作「年」爲是。

〔六〕絹同上　通考卷六五職官考作「餘同上」，疑是。

〔七〕著作郎　「郎」字原脫，據下文和同上書同卷補。

〔八〕十六貫　通考卷六五職官考作「十八貫」。

〔九〕二石　原作「一石」，據宋會要職官五七之七二、通考卷六五職官考改。

〔一〇〕帶遙郡團練使同　「帶」上原衍「遙」字，據下文夾注「龍、神衛諸軍都指揮使帶遙郡刺史」例，和通考卷六五職官考刪。

〔一一〕節鎮　原作「節領」，據宋會要職官五八之一二、長編卷二四三改。

〔一二〕視餘州　宋會要職官五八之一三、長編卷二四三此下都有「知州」二字。

〔一三〕京朝視本州判官　「京朝」下當有「官」字，見下文和同上書同卷。

〔四〕係大使臣　原作「以大使臣」，爲正文。按宋會要職官五八之一一作「係大使臣」，爲夾注，據改。

〔五〕市買院　「買」原作「賈」。宋會要職官五八之一一作「市買院」；永樂大典冊一五六卷一四六二二轉載吏部條法，有「監成都府商稅兼市買院二員」的記載，據改。

〔六〕監排岸　「監」字原脫，宋會要職官五八之一二「排岸」上有「監」字；永樂大典冊一五六卷一四六二二轉載吏部條法，也有「監排岸」一闕，據補。

〔七〕永康軍　「康」原作「嘉」，據本書卷八九地理志、宋會要職官五八之一二改。

〔八〕棚口鎮　疑當作「堋口鎮」，見本書卷八九地理志、九域志卷七。

〔九〕知成都府以下官屬等第均定　「下」字原脫，據宋會要職官五八之一二補。

〔一〇〕亦六百斛　按宋會要職官五八之一八：「其多有至九百斛者，如淄州高苑是也；有至八百斛者，如常州之江陰是也；有至六百斛者，如常州之宜興是也。」羣書考索後集卷一七所記同。此處於「六百斛，常之宜興」下復出「亦六百斛」四字，當係衍文。

〔一一〕宣和元年　「元」原作「九」。宣和無九年，宋會要職官五八之一八及羣書考索後集卷一七均作「宣和元年」，據改。

〔一二〕五頃　原脫，按在六頃和四頃之間，當有五頃一級；而藩府判官與節鎮判官，滿五千戶縣令與不滿五千戶縣令，自有等級差異，不應同占四頃。通考卷六五職官考此處有「五頃」二字，據補。